Chitarre Visionarie

Conversazioni con chitarristi alternativi

di
Andrea Aguzzi

Titolo | Chitarre Visionarie Conversazioni con chitarristi alternativi
Autore | Andrea Aguzzi

ISBN | 978-1-326-63991-4

Via Passo Pordoi 13
30173 Venezia Italy

Blog Chitarra e Dintorni Nuove Musiche: http://chitarraedintorni.blogspot.com/

INDICE

Mi perdonerà Andrea Aguzzi se non ricordo (i maligni potrebbero dire che non voglio ricordare) l'anno esatto in cui ci siamo conosciuti, tramite un incrocio di amicizie e di passioni comuni. Per i più puntigliosi dirò che eravamo negli anni Novanta, in uscita dal decennio del disimpegno (mica tanto vero, ma tant'è…) e travolti da una serie di musiche, dal post-rock all'elettronica, passando per le esperienze più indefinibili – quelle che ci piacevano di più, neanche a dirlo – che rappresentavano una continua tentazione per chi di suoni nuovi non era mai sazio.

Era un periodo da paese dei balocchi, in cui alle tante cose nuove si affiancavano per la prima volta massicciamente le ristampe in cd (formato che allora sembrava onnipotente e che oggi, chissà perché, è relegato un po' a emblema della sfiga nerd, rimasto fuori dalla controversa diade composta dal vinile e dai formati digitali), offrendo l'opportunità di creare una serie di percorsi originali e trasversali tra i generi.

Erano gli anni in cui si ponevano le basi – stimolati da riviste come The Wire o, in Italia, BlowUp, Rockerilla e Rumore – per una generazione di ascoltatori che non aveva molti precedenti, una generazione capace di entusiasmarsi senza distinzione per i Tortoise e per Alber Ayler, per Fred Frith e i PanSonic, per Giacinto Scelsi e per John Fahey, per Morton Feldman e i Matmos…

Una generazione che ha in qualche modo spiazzato gli stessi organizzatori di concerti, incapaci spesso di cogliere le potenzialità detonanti di questo approccio che possiamo, con buona approssimazione, definire "postmodernista", e al tempo stesso una generazione che è stata sorprendentemente spiazzata/spazzata da quella successiva, di nativi digitali per cui il rapporto con l'oggetto musicale è diventato rapidamente irrilevante.

Nasce in questo contesto la curiosità di Andrea Aguzzi, quella sua meticolosa cultura che, unita a un entusiasmo tenace, lo ha portato negli anni a raccogliere, per il suo blog Chitarra e Dintorni Nuove Musiche (diventato progressivamente un punto di vista indispensabile per tutti gli appassionati), le interviste che troviamo in questo libro.

Uno sguardo davvero a 360°, quello di Aguzzi, che scegliendo la formula dell'intervista, da un lato ci fa sentire la voce viva dei protagonisti di queste avventure musicali, dall'altro – con domande e argomenti vivacissimi – non rinuncia mai a stimolare le riflessioni più profonde nei suoi interlocutori.

Ne emerge un affresco vivido popolato di umanità complesse e diversissime, di approcci filosofici e formali molto vari, di idee e note appoggiate alle corde dello strumento come uccelli colorati sui fili della biancheria sopra una collina assolata. Capaci di rimanere, cantare, volare via, senza mai perdere un loro senso di armonia con quello che sta loro intorno.

Non a caso usa il termine "visionarie" per le chitarre che ha scelto, Andrea: è la capacità di evocare mondi e sensazioni, di non adagiarsi sulle pur affascinanti strutture del passato, ma riuscendo in quella che Gustav Mahler chiamava "custodia del fuoco della tradizione", contrapponendola alla sterile "adorazione delle ceneri".

Nomi come quelli di Paolo Angeli, Elena Càsoli, Arturo Tallini, Simone Massaron – solo per citarne alcuni – sono da anni garanzia di uno sguardo emozionante e avventuroso alla musica, di voglia di concepire lo strumento come un qualcosa di vivo e di plasmabile. Le belle interviste raccolte in questo libro ci restituiscono tutto questo.

In quelle serate degli anni Novanta passate con Andrea e altri amici a ascoltare le novità che ci facevano sognare e discutere animatamente, non credo avremmo mai pensato che un giorno potesse nascere questo libro.

Sono felicissimo che sia nato e che all'epoca non lo immaginassimo: mantenere sguardi e ascolti aperti lungo tutti questi anni è stata una magnifica avventura. Cerchiamo di non smettere!

Enrico Bettinello
(BlowUp, Il Giornale della Musica, AllAboutJazz Italia, Radio3)

> "Sì, ma è pericoloso, si può finire con l'usare di una tradizione
> disorganicamente!"
> Toshio Hosokawa [1]

> "I musicisti non solo compongono, ma pensano: a me interessa il pensiero che
> sta dietro la musica."
> Murray Perahia

Forse ha ragione Enrico Bettinello .. eravamo postmoderni .. e non lo sapevamo. Però sapevamo di essere curiosi e irrispettosi di quella gerarchia dei generi musicali che la critica musicale (pardon, una certa critica) voleva imporre come compartimenti stagni a se stanti e indipendenti. La chitarra è stata per me la chiave che ha aperto queste gerarchie e che mi ha permesso di muovermi a mio piacere all'interno di avanguardie, tradizioni, generi e stili completamente diversi. Sempre per gioco e un po' per sfida qualche anno fa ho iniziato il Blog Chitarra e Dintorni Nuove Musiche che mi ha permesso di allargare in maniera notevole i miei orizzonti musicali mettendomi in contatto con chitarristi di tutto il mondo e di tutti gli stili. In questo libro ho scelto di intervistare quindici chitarristi conosciuti nel corso di questi sette anni di attività come blogger, persone davvero speciali di cui ho imparato ad apprezzare la musica, le idee, l'istinto, il pensiero e in molti casi la piacevole compagnia. Il titolo "Chitarre Visionarie" riflette proprio questo loro atteggiamento "visionario" nei confronti della loro musica e dei loro strumenti: indipendentemente dal fatto che si tratti di musica, classica, contemporanea, rinascimentale, jazz, avanguardia, blues ciascuno di loro si distingue per il particolare e innovativo approccio nei confronti della chitarra e per il libero, a tratti anarcoide, pensiero musicale.
Per mettere meglio in risalto queste loro caratteristiche ho scelto di fare solo domande aperte lasciando loro il massimo spazio possibile, si tratta in gran parte di domande indirette, come quelle dedicate all'improvvisazione (mia personale ossessione) o all'ambiente culturale in cui vivono, in altri casi sono state poste a tutti loro le stesse domande, come quelle sui generi musicali, su Zappa, sulla "trans-genericità" della chitarra e su Adorno. Come risultato ho spesso ottenuto

---

[1]   Lotus: la musica di Toshio Hosokawa di Luciana Galliano, Auditorium, 2013, pag. 158

15 risposte diverse per ciascuno di loro, tutte ugualmente coerenti, interessanti e sincere.

Rileggendo più volte queste risposte mi sono sorpreso nel tracciare altri collegamenti e connessioni inaspettate tra chitarre, personalità e idee radicalmente diverse tra loro e credo che il risultato finale sia un libro che può presentare diverse modalità di lettura e che alla fine metta in risalto il pensiero creativo di ciascuno degli intervistati che non le loro "semplici" scelte e carriere musicali.

Se sono riuscito in questo difficile risultato devo ringraziare sinceramente, in rigoroso ordine sparso, la pazienza, la disponibilità e l'impegno di Paolo Sorge, Florindo Baldissera, Simone Massaron, Paolo Angeli, Elena Càsoli, Elia Casu, Vittorino Nalato, Gisbert Watty, Dora Filippone, Alessandra Novaga, Marco Cappelli, Maurizio Grandinetti, Donato D'Antonio, Eugenio Becherucci e Arturo Tallini. Grazie per avermi dedicato il vostro tempo sottraendolo alle vostre attività, ai vostri impegni e alle vostre famiglie.

Un sincero ringraziamento a Enrico Bettinello per la sua lunga amicizia e il suo supporto, neanch'io ricordo esattamente dove e quando ci siamo conosciuti, ma i nostri scambi musicali continuano ormai da tanto tempo ed è bello incontrarsi sempre casualmente nelle calli di Venezia continuando discorsi su musiche che sappiamo non termineranno mai.

Grazie infine alla mia famiglia. Grazie a Serena e Nicola, nel realizzare questo libro vi ho sottratto tempo, sorrisi e attenzioni. Credo sia giusto che, alla fine, sia dedicato a Voi.

Andrea Aguzzi

PAOLO ANGELI

Nato nel 1970, inizia a suonare la chitarra a 9 anni, crescendo a Palau in un ambiente musicale estremamente stimolante. La chitarra e la voce del padre, l'autobus con la batteria, le galline e i meloni, i gruppi rock 'diroccati' in una vecchia falegnameria, i concerti di piazza e le serate di carnevale, lo indirizzano verso una navigazione senza barriere stilistiche nel mondo della musica. Navigazione che continua a Bologna, dove si trasferisce nel 1989, dopo il Diploma Nautico, e dove sia laurea in Etnomusicologia al DAMS. È durante l'occupazione universitaria del 1990 che nasce il Laboratorio di Musica & Immagine: variopinto ensemble di 14 musicisti che praticando composizione e improvvisazione collettiva, si pone all'attenzione dei principali festival europei di musica innovativa. Dall'incontro-scontro tra avanguardia extra-colta e tradizione popolare nasce la chitarra sarda preparata: strumento orchestra a 18 corde, ibrido tra chitarra baritono, violoncello e batteria, dotato di martelletti, pedaliere, eliche a passo variabile. Con questa singolare propaggine, realizzata dall'artigiano Francesco Concas - Paolo rielabora, improvvisa e compone una musica inclassificabile, sospesa tra free jazz, folk noise, pop minimale.

Ha il suo attivo più collaborazioni artistiche e jam session che le righe delle magliette che indossa orgogliosamente, ma tra i sodalizi artistici vanno citati il duo con Fred Frith, quello con il pianista e fisarmonicista Antonello Salis e con Hamid Drake.

Dal 1997 collabora con l'ISRE, alla costituzione della fonoteca Archivio Mario Cervo. Come ricercatore ha pubblicato Canto in Re, volume storico analitico sul Canto a Chitarra, accompagnato da un cofanetto di 4 CD con incisioni datate tra il 1930 e il 1967. Insieme a Nanni Angeli è il direttore artistico di Isole che parlano, rassegna sospesa tra tradizione e innovazione che si svolge dal 1996 a Palau.

http://www.paoloangeli.it/

Quando hai iniziato a suonare al chitarra e perché? Che studi hai fatto e qual è il tuo background musicale? Con che chitarre suoni e con cui hai suonato?

La prima chitarra che ha incrociato la mia infanzia è stata una Carmelo Catania, una terzina. La usavamo come carretto: a turno tra fratelli ci si sedeva sulla cassa e l'altro tirava il manico. Era una chitarra slitta con cui mio padre ha accompagnato il mio imprinting musicale, farcito di canzoni d'autore. Ho iniziato a suonare la chitarra perché il Farfisa non arrivava (volevo suonare il pianoforte). Sulla chitarra sono un autodidatta, il mio background di partenza affonda le radici nel rock e nel folk americano, nel cantautorato italiano, nei repertori delle sale da ballo per le serate di carnevale. A 16 anni mi sono avviato al jazz, a 19 alla free improvvisation, a 22 alla musica tradizionale sarda. La chitarra con cui ho suonato di più è una Kingston da 90.000 lire (la comprai a 11 anni). Negli anni si sono alternate Stratocaster, classiche amplificate (Takamine), la Gaetano Miroglio (sarda). Se parlo del presente la chitarra sarda preparata che uso è una Stanzani con propaggini Concas. A casa mi fa compagnia una 'flamenca bianca' Estruch del 1983, con chiavi in legno. La mia relazione con la chitarra è paragonabile ad una storia d'amore che nasce troppo presto e che cerchi di portare avanti tutta la vita. Ho dovuto faticare a mantenere una continuità con la sei corde. Le piccole e grandi crisi negli anni mi hanno avvicinato a praticare altri strumenti in modo costruttivo. Mi considero un musicista che suona la chitarra, non un chitarrista.

Quali sono state e sono le tue principali influenze musicali? In che modo esprimi la tua "forma" musicale sia nell'ambito dell'esecuzione che nell'improvvisazione, sia che tu stia suonando "in solo" sia assieme altri musicisti? Elabori una "forma" predefinita apportando aggiustamenti all'occorrenza o lasci che sia la "forma" stessa ad emergere a seconda delle situazioni, o sfrutti entrambi gli approcci creativi?

Influenze sicuramente Fred Frith: come compositore, improvvisatore e per la sua grandiosità nel costruire letteralmente i timbri. Penso sempre più che ogni tassello, nel mosaico della nostra musicalità, abbia la medesima importanza e contribuisca a renderti maturo. Nell'ultimo periodo 'classici' come Pat Metheny, Bill Frisell e Paco de Lucia sono stati fonte di ispirazione: ho dedicato molto tempo agli ascolti dei loro percorsi musicali. Nella musica sarda i miei riferimenti sono Giovanni Scanu e Adolfo Merella. Cito solo chitarristi ma la musica ha poco a che fare con lo strumento e molto più con macro categorie: lavorare con il ritmo, con gli intervalli, con l'armonia, il timbro, la spazializzazione. Concepisco il SOLO come una navigazione libera. Quando si viaggia si deve tener conto di tutte le componenti che rendono imprevedibile l'attraversata: corrente, secche, traffico, moto ondoso, rotte di collisione, andature portanti con scarroccio. Difficilmente puoi andare dove vuoi tu senza doverti confrontare con queste problematiche. In questo senso la forma si autodetermina in tempo reale e le composizioni emergono come isole che esploro con il gusto creativo suggerito dal contesto in cui suono. Quest'approccio rende ogni concerto diverso dal precedente anche se si ha a che fare con lo stesso materiale generativo-compositivo. In duo, trio, quartetto, il tutto si complica e diventa ancora più imprevedibile.

Hai citato Giovanni Scanu, ci vuoi parlare di questo compianto grande musicista e del suo stile musicale?

Zio Giovanni è la linfa della mia ricerca. Adoro la musica tradizionale sarda e Giovanni Scanu è stato l'ultimo grande maestro della tecnica ad arpeggio. Conoscerlo è stato come accedere ad un mondo in estinzione: una sorta di passaggio di testimone, di consegna di un prezioso ricordo. È stata una vera fortuna poter essere un suo allievo. È la prima vertebra della mia spina dorsale. Rimando al mio libro Canto in Re[2] per capire quanto è stata importante la sua figura nella mia vita di musicista.

A proposito di Fred Frith. Il Professore ha dichiarato nell'intervista rilasciata Enrico Bettinello su BlowUp che "..restando nell'ambito dei chitarristi, ci sono tre musicisti con cui sento una particolare affinità in questo momento e si tratta di artisti che magari la gente non immaginerebbe: uno è Camel, uno è Paolo Angeli e l'altra è Janet Fader; sono artisti con cui sento di comunicare, oltre a essere persone straordinarie..."[3], una bella dichiarazione di stima! Ho avuto il piacere di incontrare il Professor Frith dopo il concerto di Cosa Brava a Venezia nell'aprile 2008 e sono rimasto colpito dalla sua cortesia e dal suo sense of humor, com'è il tuo rapporto con lui? Cosa significa suonare con un gigante come lui?

---

2   Paolo Angeli "Canto in re. La gara a chitarra nella Sardegna settentrionale" , ISRE, 2006

3   BlowUp 100, Settembre 2006, pag. 35

Fred è il simbolo di una musica aperta, realmente libera: un free che non si chiude ma che accoglie tutte le contraddizioni del mondo contemporaneo. Inoltre Fred è un ponte tra le generazioni. Nella sua band Cosa Brava suonano musicisti di età compresa tra i 28 e i 60 anni. Ciò evidenzia la sua curiosità e la sua innata comunicativa che lo porta ad essere adorato dai musicisti della mia generazione. Il rapporto è di profonda stima e amicizia. Nel suo disco in solo per chitarra acustica[4] uno dei brani è dedicato a me e questo mi lusinga non poco.

Il 4 agosto 2005 hai suonato al Sant'Anna Arresi Jazz Festival con Pat Metheny, Antonello Salis e Hamid Drake, essendo un fan di Metheny ho la registrazione di quel concerto, meravigliosamente basato su una rete di tessuti musicali improvvisati, che ricordi hai di quella serata? Sei sempre in contatto con Metheny, pensate di realizzare qualcosa assieme, con le vostre due chitarre sarde preparate? Ti confesso di essere molto curioso su cosa Metheny ne possa ricavare ...

Sul nostro concerto ho diversi ricordi...la scelta di impostarlo completamente libero, senza fare prove, ha generato dinamiche inaspettate. È stato un bel modo per coronare un incontro ricco di implicazioni emotive (a 16 anni suonavo tutti i suoi brani per ore!). Sul futuro lascio le evoluzioni al caso: la mia parabola artistica non è mai stata calcolatrice nell'impostare a tavolino le collaborazioni.

Mi sembra che abbia utilizzato la tua chitarra sarda preparata anche in Orchestion, vero?

Si. Pat ha utilizzato la chitarra nel Tour Orchestrion. La prima traccia del DVD la vede come protagonista. Inizialmente il brano in scaletta si intitolava 'Angeli' e in seconda battuta, per esigenze editoriali, ha preso il titolo di Improvisation. È una sorta di blues. Anche in The way up, la chitarra è stata utilizzata con le eliche in funzione di bordone.

Quale significato ha l'improvvisazione nella tua ricerca musicale? Si può tornare a parlare di improvvisazione in un repertorio così codificato come quello classico o bisogna per forza uscirne e rivolgersi ad altri repertori, jazz, contemporanea, etc?

---

[4]   Fred Frith, "To Sail, to Sail", Tzadik, 2008

L'improvvisazione è sempre esistita e sempre sarà alla base di qualsiasi stile e genere musicale. È una forma di esplorazione e indagine intima che nasce dal confronto con lo strumento e la cultura che modella le pratiche esecutrice. Esistono territori che permettono maggiori margini di libertà, altri meno. Io mi trovo a mio agio con partner che condividono il suonare senza rete, senza tabù e barriere stilistiche. Spesso la free music affonda nei cliché. In questo ha perso freschezza e smarrito il legame con la società di quando veicolava il grido: come dire ... se urlare è solo un gesto estetico, scisso da un movimento come le black panter, allora preferisco l'ascolto di un canto tradizionale della Mongolia. Il privilegio di suonare senza aver deciso un canovaccio, l'assumersi il rischio di non avere un copione è estremamente stimolante. Amo affrontare un concerto con questa pulsione ma allo stesso tempo, condividerla con gli stessi partner, riuscendo a sorprendersi anche se si hanno alle spalle 10 anni di collaborazione.

In che modo la tua metodologia musicale viene influenzata dalla comunità di persone (musicisti e non) con cui collabori? Modifichi il tuo approccio in relazione a quello che direttamente o indirettamente ricevi da loro? Se ascolti una diversa interpretazione di un brano da te già suonato e che vuoi eseguire tieni conto di questo ascolto o preferisci procedere in totale indipendenza?

Un musicista sale sul palco con la sua cultura, le sue idee, i suoi pregiudizi. Diciamo che, vinti questi ultimi, metti sul piatto gli ingredienti che ti stanno a cuore e cerchi di cucinare un piatto che in primo luogo deve piacere a te stesso. Dubito che un musicista sacrifichi il proprio ego a vantaggio di un risultato collettivo. In un contesto di improvvisazione, Marc Ribot suonerà come Marc Ribot, Evan Parker idem, etc. In questo senso trovo molto interessante come si muovono i i giovani improvvisatori: nel linguaggio solistico sono meno riconoscibili ma sono estremamente attenti al risultato sonoro finale. Ne risulta un processo corale che favorisce la condivisione delle idee e delimita la dichiarazione a volte invadente della propria individualità. Chiaramente il massimo da un punto di vista musicale si ottiene quando quattro soggetti con spiccata personalità si confrontano con rispetto e la volontà di costruire insieme.

E' vero che non sai leggere le partiture musicali, o è una leggenda?

Baso l'80% del mio approccio sull'improvvisazione. Le partiture ... lasciamo vivere la leggenda?
Non amo leggere la musica e non l'ho mai fatto in dimensione live (se non per ricordare le macro strutture). So decodificare una partitura ma non mi sognerei mai di affrontare un concerto senza averla digerita e memorizzata integralmente. Detto questo sono consapevole che è un limite ma ... superata la soglia dei quaranta cosa posso farci?

Quali sono i "materiali" musicali (melodia, timbro, suono, struttura ritmo, etc.) che principalmente scegli e che influiscono nella scelta dei brani da interpretare o nelle improvvisazioni?

Il ritmo è l'aspetto su cui negli anni ho lavorato maggiormente. Penso quasi sempre in 5, 7, 9, 11 e costruisco incastri tra i diversi ritmi zoppi. Questo succede nelle composizioni, negli arrangiamenti (es. Tessuti, in cui Hyperballad è interpretata in 7/8) ma soprattutto nell'improvvisazione, dove il beat non è mai astratto ma sempre chiaro e definito. Amo aprire e chiudere la pulsazione in modo estemporaneo, creando sequenze che non rispondono ad una metrica chiusa. Nell'ultimo anno ho lavorato molto sulle strutture armoniche alla base della solea (flamenco) e questo mi ha riportato a indagare il campo degli intervalli e delle aree totali. È stato bello riassaporare cose semplici, triadi, rivolti, modulazioni. Ho sempre chiamato il sistema tonale 'la gabbia' ma è bello a volte praticarla per capire come scappare il più velocemente possibile.

Ti faccio una domanda un po' provocatoria sulla musica in generale, che farò anche agli altri chitarristi che incontreremo in questo libro. Frank Zappa nella sua autobiografia scrisse: "Se John Cage per esempio dicesse "Ora metterò un microfono a contatto sulla gola, poi berrò succo di carota e questa sarà la mia composizione", ecco che i suoi gargarismi verrebbero qualificati come una SUA COMPOSIZIONE, perché ha applicato una cornice, dichiarandola come tale. "Prendere o lasciare, ora Voglio che questa sia musica." È davvero valida questa affermazione per definire un genere musicale, basta dire questa è musica classica, questa è contemporanea ed è fatta? Ha ancora senso parlare di "genere musicale"?

Sono d'accordo sul concetto che esprimi: 'La cornice delimita l'opera d'arte'. Luciano Nanni, straordinario docente del DAMS, diceva: l'opera d'arte non esiste

14

ma prende vita solo grazie alla cultura che la determina. Sarebbe stata una figata pazzesca soffermarsi sul water di casa nostra e pensare: wow! sono seduto su un'opera d'arte e sto producendo un'opera dentro l'opera! Invece la merda d'artista è solo quella di Manzoni e l'Urinatorio è quello di Duchamp: il loro prodotto è arte, il nostro cesso rimane tale. Cage ha traslato questo concetto in musica, con capolavori assoluti nei lavori per piano preparato. Oggi posso dire che sono saturo del mondo dell'arte, dell'accademia, dei pregiudizi che delimitano i generi e li tengono confinati, come stati racchiusi dentro frontiere posticce. In qualche modo la critica ha enfatizzato questa sterilizzazione: come definisco un oggetto musicale? Con quale parametro e paradigma compio l'indagine di descrizione? Che lente uso? Io, ad esempio, come dovrei considerare un brano come Baska[5]? Parte con riferimenti agli archi della mongolia e chiude con una dichiarazione d'amore a The Ex e alla musica del Mali. Per me è musica ed è la categoria che utilizzo quando ascolto un brano: mi emoziona, oppure no, ed in base a quello che percepisco e sento, decido se continuare ad ascoltarlo. Ha senso parlare di genere perché la musica ha a che fare con un prodotto che viene venduto. Dove metti sullo scaffale un cd? In che zona? Per me che pratico dal 1999 una musica senza steccati diventa problematico capire come possano ancora esistere barriere e pregiudizi. Riconosco l'importanza della sintassi e studiare in profondità l'ortodossia dei linguaggi serve in quanto conoscenza storica che arricchisce il nostro background, ma che non deve castrare i nostri istinti creativi.

Tu hai seguito un percorso assolutamente personale all'interno della chitarra, come hai sviluppato questo percorso, come sta proseguendo e come si è orientato all'interno del mondo della chitarra? La chitarra, con la sua presenza di musicisti virtuosi e assolutamente personali a qualunque livello e genere musicale può rappresentare una valida alternativa alla ormai tragicomica distinzione tra cultura alta e cultura popolare e all'affermazione di Schoenberg "Se è arte non è per tutti, se è per tutti non è arte"?

Ho poco da aggiungere alla tua riflessione. Condivido profondamente il tuo pensiero: se pensi alla chitarra immagini i baffi di Django, i salti di Townshend, la compostezza di Paco, i capelli di Pat, la guitar on the table di Fred. Penso che

---

[5]   Paolo Angeli, "Sale Quanto Basta", Arti Malandrine, 2013

lo strumento trasli l'idea e la cultura del musicista. Un uomo guarda il mondo e la lente attraverso cui lo interpreta è lo strumento. Nel mezzo ci sono le tecniche, che ogni musicista sceglie o inventa per permettere la realizzazione di un pensiero musicale. Mi sento allergico al mondo dell'arte e sempre più mi considero un artigiano: suono e amo farlo nel modo migliore, studio perché adoro conoscere, confrontarmi sempre con nuovi limiti e godere del gusto della sorpresa. Adoro trasmettere tutto questo a chi ascolta la mia musica e il concerto diventa il momento in cui mi confronto con esseri umani che in teoria sono li per ascoltare quello che ho da dire. Ogni sera cerco la maniera migliore per esprimere musicalmente un concetto. Devo ammettere che ho avuto anche discussioni animate con qualche spettatore alla fine di una performance ma in generale l'ascoltatore medio ha già fatto cadere le barriere tra colto e popolare da tantissimo tempo.

La tua carriera musicale va avanti ormai da diversi anni, come hai visto cambiare il mondo musicale attorno a te e per te E' cambiato e come il tuo modo di fare musica? Le nuove tecnologie (nuovi strumenti musicali, midi, network sociali, forum) hanno influenzato le tue scelte e la tua forma musicale? Come?

Si cambia, per fortuna. Dopo anni, talvolta ascolto i miei cd e trovo il gusto di riprendere alcune composizioni, attualizzarle, rinfrescarle. Come quando fai i lavori ad una barca di legno: la levighi, la stucchi, scegli i colori. L'ossatura è la stessa, semplicemente ne rinnovi la veste. Il mondo musicale cambia, la rete è una risorsa eccezionale e penso che sia un momento stupendo per indagare e intraprendere nuove direzioni musicali. Diciamo che per un autodidatta internet permette di accelerare le scoperte e allo stesso tempo crea le basi per il meticciato musicale.

Come vedi la crisi del mercato discografico, con il passaggio dal supporto digitale al download in mp3 e tutto questo nuovo scenario?

È una crisi che non coinvolge il mercato dell'artigianato. Noi siamo piccoli sognatori, che viaggiano con scatole di CD per venderli ai concerti e che determiniamo il prezzo a seconda del luogo in cui facciamo le tournée. Si ha un contatto diretto tra artisti e pubblico e alla fine della serata chi ti ascolta ama portare con se un piccolo pezzo della tua storia. Il download completa questa opportunità in cui, gratuitamente, tutti possono fruire della musica. È un importante risorsa. E vorrei smitizzare il concetto che vede in relazione MP3=bassa qualità. Sono cresciuto con l'era dei mangia dischi (45rpm) e delle mangia cassette in mono. I bassi costi di produzione permettono a chiunque di produrre un CD. È un elemento di democratizzazione del mercato discografico. Ai grandi numeri non abbiamo accesso per cui: siamo salvi!

Tu provieni da una scelta culturale, quella bolognese degli anni 90 a cui sono "sentimentalmente" affezionato: in quegli anni davo una mano a realizzare un programma radiofonico su Radio Popolare dedicato al post rock e all'avanguardia e mi ricordo diverse corse in macchina verso Bologna per assistere ai concerti al Link. Che ricordi hai di quegli anni? Ce ne vuoi parlare magari accennando a quelle fucine di talenti e idee come il DAMS e il Laboratorio di Musica e Immagine?

Ribadisco che gli anni '90 sono stati anni stupendi per una città che ha digerito una sanissima produzione culturale antagonista. Rivendico il movimento delle occupazioni. Fanno parte della mia storia, sono state il presupposto per un confronto dialettico tra realtà di incredibile vivacità. Mi sento un privilegiato nel poter circuitare nel mondo in realtà molto simili a quelle che hanno dato origine alla mia parabola artistica. A Bologna l'associazione culturale SGOE, che nasce dalla Banda Roncati, continua ad essere la realtà che, in autogestione, organizza i miei concerti. Lo stesso discorso vale per l'etichetta le Arti Malandrine. Il LM&I? Un sogno ad occhi aperti di incredibile attualità. Il post anni '90? Un sentirsi costantemente dietro le barricate a difendere con i denti stretti piccoli spazi di libertà. Questa è una delle ragioni per cui ho lasciato l'Italia.

A proposito del Laboratorio di Musica e Immagine, hai mantenuto i contatti con quel manipolo di artisti? Che cosa è successo dopo il suo scioglimento?

Con Stefano Zorzanello abbiamo continuato a suonare in duo. Gran parte degli altri musicisti hanno collaborato creativamente al mio album orchestrale Nita l'angelo sul trapezio: un manifesto che racchiude la Bologna che più ho amato. Sono in contatto con loro, ci unisce complicità e voglia di ridere, e il fatto che gran parte del LM&I si sia ritagliato un consenso internazionale è un'importante testimonianza della ricchezza di quel movimento. Inoltre è importante evidenziare che a raggiungere una maggiore notorietà siano state le ragazze:

Margaret Kammerer, Daniela Cattivelli e Olivia Bignardi, che ha un linguaggio compositivo originalissimo ed ha scritto anche per il quartetto di chitarre di Fred Frith. Un segnale che va contro la visione fallocentrica del sistema musicale italiano. Frequento ancora gli altri compagni di viaggio, con una stima particolare verso Lanteri, D'Andria e i fratelli Martignoni.

Da qualche anno ti sei trasferito a Barcellona, città stupenda e di cui sono innamorato. Come è la realtà musicale barcellonese? Conosco bene il Festival Sonar, hai trovato delle affinità con altri artisti spagnoli?

È una città che amo profondamente. Per ora osservo e godo delle intuizioni di musicisti più giovani di me. Ho condiviso concerti e registrazioni con Piccola Orchestra Gagarin (Sasha Agranov al cello e Oriol Roca alla batteria), ho suonato con Amanda Jayne, musicista americana che è la colonna sonora della Barcellona meticcia e circense, e Tal Ben Ari, con cui ho realizzato una brillante versione della Corsicana, e che, non ho dubbi, diventerà una figura importante nella world music.
Con la realtà del Sonar non ho contatti (se non da fruitore). Ma ultimamente preferisco assistere ad un festival di cinema di animazione, o ad una mostra fotografica, che andare ad ascoltare un concerto: mi sorprendo e mi emoziono con più facilità

Torniamo alle tue chitarre, come è nata la collaborazione con Stanzani per realizzare la nuova versione della chitarra sarda modificata?

La collaborazione con la Liuteria Stanzani è il naturale sviluppo di diversi litigi con Luca e Giancarlo :-) mi sbattevano letteralmente fuori dal laboratorio! Mi chiamavano 'Il sardo pazzo'. Sono straordinari artigiani che affondano le radici nella scuola emiliana e che sono stati in grado di innovare il loro background con un'apertura non comune. Luca prosegue il percorso tracciato da Giancarlo in modo egregio. In questi anno sono stati i miei principali collaboratori.

Quali sono i prossimi interventi e modifiche che pensi di apportarle, o che lei hai apportato di recente?

Il giorno che smetterò di elaborare lo strumento implicherà una fase di stanca creativa. Spero di poter lavorare tutta la vita con la stessa gioiosa curiosità che ha generato questa strana creatura. Ora è la volta della messa a punto del mollofono: una sezione dello strumento nata per realizzare un violoncello volante, trasformatasi per esigenze fisiche della chitarra in una centrale di rumore!

Una curiosità un po' sciocca se vuoi: oltre alla chitarra tu e Metheny avete in comune il gusto di suonare dal vivo indossando maglie a righe ... come mai? Semplice scaramanzia da concerto o c'è un significato particolare per te?

È il modo più semplice per sentirmi a due passi dal mare. Dopo tanti anni per me le righe sono quello che mi porta a chiudere gli occhi e... toccare la mia casa.

Ha iniziato lo studio della chitarra, con Giuseppe Della Libera prima e poi con Vincenzo Saldarelli. Si è diplomato in chitarra con il massimo dei voti e la lode nel 1985, presso il Conservatorio di Mantova, e si è successivamente perfezionato con Alberto Ponce. Sempre accolto da generosi consensi dal pubblico e dalla critica ha tenuto concerti sia come solista che come solista con orchestra o in formazioni cameristiche, esibendosi con successo in prestigiosi teatri e sale da concerto, ospite di importanti Festival e Rassegne in vari paesi del mondo. Ha eseguito in prima assoluta opere di *Gerald Garcia, Rosario Mirigliano, Vincenzo Saldarelli, Mauro Castellano, Massimo Sgargi, Giorgio Pressato, Marino Baldissera e Corrado Pasquotti*, di cui ha registrato il CD monografico Silentia lunae con la flautista Federica Lotti e il pianista Mauro Castellano. Ha registrato per RAI-3, Sud-Deutsches Rundfunk, e 1° e 2° TV Duna Budapest. Ha pubblicato i "Tres Libros de musica" per vihuela di Alonso Mudarra per la casa editrice "Ut Orpheus" di Bologna. Nel 1997 ha ricevuto il premio alla personalità artistica Teatro Cadore. Suona in Duo con Jeanne Christée, violinista tedesca con cui ha inciso 2 CD dedicati a musica italiana dell'Ottocento (Eisenkolb Musicproduction, Dresda). Suona inoltre nel Fandango Guitar Quartet e collabora con le soprano Pamela Hebert e Liana Maeran e con la flautista Federica Lotti. Svolge attività anche come vihuelista. È docente di chitarra al Conservatorio "Benedetto Marcello" di Venezia e in corsi di perfezionamento.

http://www.florindobaldissera.eu/

Quando ti sei avvicinato alla chitarra? Con che chitarre suoni e con cui hai suonato?

Ho iniziato a suonare la chitarra a 10 anni, nel 1967. Non so perché iniziai, ma ricordo una fortissima attrazione per questo strumento che avevo sentito suonare alla radio. Il chitarrista era Andrés Segovia, ma allora non lo potevo sapere. Fu come una folgorazione: dovevo studiare chitarra, e insistetti con la mia famiglia finché mi portarono da Giuseppe Della Libera, che viveva in un paese vicino al nostro. La chitarra che possedevo era una chitarra-giocattolo di plastica. Quello che sarà mio primo e importante maestro, dopo una grassa risata, ci propose l'acquisto di una chitarra "vera": una Eko che costò ben 13.000 lire. E' stata una vera e propria "vocazione". Come se mi sentissi chiamato da qualcosa di preesistente dentro me stesso che mi ha praticamente obbligato a intraprendere lo studio della chitarra pur non avendo la seppur più vaga idea di cosa fosse e di che tipo di musica avrei suonato.

Successivamente il salto di qualità avvenne con una chitarra di Leone Sanavia, il mio primo strumento di liuteria. Ho poi usato negli anni seguenti chitarre di José Ramirez, Alan Wilcox, Manuel Contreras, Mirko Migliorini, Marco Maguolo, Robert Ruck, Loris Colladon e Michele Della Giustina. Le chitarre degli ultimi tre liutai sono quelle che uso attualmente.

Deve essere stato un bel salto passare da una Eko a una Sanavia. Che studi hai fatto e qual è il tuo background musicale?

Il mio itinerario di studi ha avuto sostanzialmente tre tappe: la prima, dal 1967 al 1976 con il summenzionato Giuseppe Della Libera, che pur essendo sostanzialmente autodidatta mi fornì sicure indicazioni e mi fece nascere una autentica passione, non poca cosa per un insegnante. La seconda tappa, all'incirca dal 1977 al 1983, fu la scuola di Firenze, nella persona di Vincenzo Saldarelli, uomo di cultura e vero musicista, che mi trasmise la passione per la musica contemporanea oltre a un raffinato senso del suono e dello stile. Infine la terza tappa fu l'incontro con Alberto Ponce nel 1983. Ponce mi mise in contatto con un livello internazionale del far musica con la chitarra e si rivelò estremamente contagioso nel rinfocolare la mia passione e la fiducia in me stesso. Aggiungo che ho compiuto studi di Filosofia, Paleografia musicale e di Composizione, e che questa parte della mia formazione è stata rilevantissima per lo sviluppo delle mie idee musicali. Ho ascoltato musica pop, rock e cantautori italiani fino all'età di 16 anni, poi ho virato decisamente verso la musica colta, classica o jazz, e da allora non ho più cambiato.

Quali sono state e sono le tue principali influenze musicali? In che modo esprimi la tua "forma" musicale sia nell'ambito dell'esecuzione che nell'improvvisazione, sia che tu stia suonando "in solo" sia assieme altri musicisti? Elabori una "forma" predefinita apportando aggiustamenti all'occorrenza o lasci che sia la "forma" stessa ad emergere a seconda delle situazioni, o sfrutti entrambi gli approcci creativi?

I miei ascolti preferiti vanno dalla musica medievale alla musica elettronica, senza prevenzioni di sorta ma con grandi punti di riferimento: i vihuelisti spagnoli del 1500, Monteverdi, Bach e la musica barocca in genere, Beethoven, Rossini, Strawinsky e... Giuliani. Questi compositori mi accompagnano da sempre. In particolare il grande Johann Sebastian è divenuto il fulcro della mia carriera musicale, tanto da fondare insieme all'amico Vittorino Nalato il Bach Guitar Duo con cui eseguiamo pagine bellissime di questo sommo musicista, reinventate per due chitarre.

Predisponendo spesso le trascrizioni delle musiche che suono interagisco in modo profondo con il materiale musicale, e questo, anche se non ha nulla a che vedere con l'improvvisazione, mi permette di spostare le frasi e calibrare gli equilibri strumentali facendomi sentire, in parte, compositore anch'io dell'opera.

Entrare nella struttura compositiva e carpirne i segreti per poi cercare di farla funzionare sulle sei corde è un'operazione che richiede esperienza e immaginazione. Non tutti i pezzi sono trascrivibili, e invece alcuni brani suonano meglio nella veste di trascrizione che nell'originale! Si tratta di capire quale percorso può funzionare e quale no, e in questo ha molta parte la scelta di diversi itinerari.

E in realtà, poi, le mie idee musicali sono legate a moltissimi personaggi, scrittori, compositori e interpreti. In campo chitarristico Andrés Segovia è stato l'artefice della folgorazione, e poi Julian Bream e Oscar Ghiglia sono divenuti un modello per molti aspetti dell'arte esecutiva. In ambito più ampio sono affascinato da Glenn Gould, da Bach in genere e dalla musica non romantica. Adoro la musica complessa, sia contrappuntistica, sia dodecafonica o sperimentale. Ogni compositore che abbia aggiunto la sua voce senza troppa ridondanza ma con tratto felice mi entusiasma, e l'elenco sarebbe qui lunghissimo. Mi piace pensare in modo ampio, allo stile, alla cultura e alla storia, alle idee che sottendono le scelte artistiche, e la mia curiosità è sempre viva.

Fra i direttori d'orchestra due nomi: Carlos Kleiber e Claudio Abbado. Fra i pianisti, oltre a Gould, Andras Schiff, Emil Gilels e Sviatoslav Richter. In campo antico Jordi Savall, Gustav Leonhard, Ton Koopman e Ottavio Dantone. Infine ho un amore sviscerato per Rossini, Strawinsky e Schubert. Fra i compositori per chitarra credo vada rivalutata la portata di Mauro Giuliani.

Quale significato ha l'improvvisazione nella tua ricerca musicale? Si può tornare a parlare di improvvisazione in un repertorio così codificato come

quello classico o bisogna per forza uscirne e rivolgersi ad altri repertori, jazz, contemporanea, etc?

Con l'improvvisazione non c'è molta relazione, se non nella parte relativa alle diminuzioni e agli abbellimenti che nella musica barocca vengono di frequente improvvisati.
Per quanto riguarda la mia esperienza solistica non ho quasi mai avuto approcci con l'improvvisazione, se non nelle musiche aleatorie di alcuni compositori che ho eseguito, penso ad esempio a Bruno Maderna, o in alcune pagine di Brouwer. Oppure nelle pagine per vihuela, che frequento spesso, e dove l'improvvisazione, per me, ha molto spazio. Ma forse più che di improvvisazione potrei parlare di variazione del materiale musicale, che scrivo per esteso. Le mie improvvisazioni si limitano a pochi momenti cadenzali, dove si agisce secondo schemi abbastanza codificati.
Sono sicuro che l'improvvisazione costituisca un importante parte della formazione musicale, e che ne andrebbe recuperata l'importanza anche nel mondo classico. Un po' sta già avvenendo nei nuovi piani di studio venuti fuori dalla riforma dei Conservatori, dove l'improvvisazione compare come disciplina obbligatoria. In genere è insegnata dai docenti di jazz, proprio perché i "classici" non hanno avuto, nella loro formazione, particolari esperienze improvvisative.
Sinceramente io non mi sentirei preparato a insegnare improvvisazione, anzi mi piacerebbe molto praticarla e impararne i segreti, per applicarla soprattutto al contesto classico. Trovo che sia sbagliato il fatto che da molto tempo non si preveda che il musicista sappia sia leggere, sia scrivere: questo semi-alfabetismo su cui è costruito l'interprete uscito dai Conservatori non rispecchia la tradizione. Mauro Giuliani o Fernando Sor erano interpreti ma anche e soprattutto compositori, ed eseguivano principalmente la loro musica. Ora parlare di improvvisazione in ambito classico senza una minima conoscenza della composizione mi pare piuttosto difficile.

Con Vittorino Nalato suonate musica barocca .. non ti è mai capitato di lavorare a una improvvisazione anche solo per quanto riguarda la parte di basso continuo?

No, perché nelle nostre elaborazioni utilizziamo quasi sempre musiche polifoniche ed evitiamo le monodie accompagnate.

23

Tu sei anche insegnante di Conservatorio, nel suo libro "Improvvisazione. Sua natura e pratica in musica" Derek Bailey scrisse, nella parte dedicata alla musica barocca, "la musica classica europea ha l'effetto di pietrificare tutto ciò che tocca: jazz, molte musiche folkloristiche e tutte le musiche popolari hanno sofferto terribilmente del suo contatto. Questo ha reso piuttosto remota la possibilità di trovare nel contesto classico tracce di improvvisazione.⁶" Premesso che questo libro è stato scritto nel 1977 e che, come dicevamo prima, adesso si trovano cattedre di jazz nei Conservatori e, dato che come tu dici l'interprete che esce dal Conservatorio è visibilmente carente per questa parte di formazione musicale, che cosa occorrerebbe per cambiare mentalità? Mi sembra che l'interprete uscito dal Conservatorio sia più ossessionato dall'idea di dover conservare una tradizione invece che di perfezionarla...

Non credo si possa parlare di ossessione. Il musicista classico studia, di solito in Conservatorio, in modo da avvicinarsi il più possibile al pensiero del compositore che esegue, e in questo tentativo la sua interpretazione è tanto migliore quanto più si accosta e "rende" il dettato del compositore. L'improvvisazione si limita qui a piccoli interventi e solo su particolari generi e repertori, l'ornamentazione, alcune diminuzioni, le cadenze e, comunque è un'improvvisazione scritta, decisa in anticipo. Credo che non si debba avere un rapporto conflittuale con l'opera "cristallizzata", perché non lo sarà mai! Ogni interpretazione ha elementi di novità assoluti che rigenerano e ripropongono l'opera in modo del tutto nuovo, senza bisogno di variarne i contenuti, ma solo agendo sugli aspetti interpretativi. Basta ascoltare due versioni di uno stesso brano per capire immediatamente cosa intendo.

In una tua intervista pubblicata sul web site di PsicoLAB - Laboratorio di ricerca e sviluppo in Psicologia intitolata "La Paura del Pubblico tra i Musicisti⁷" fai riferimento a "errori rossi" e "errori blu" aggiungendo anche che "I grandi interpreti sono solitamente grandi improvvisatori perché quando c'è il vuoto di memoria colmano improvvisando certe lacune e, se uno vende bene il suo prodotto, riesce a convincere il suo pubblico, errori

---

⁶   Derek Bailey Improvvisazione. Sua natura e pratica in musica", ETS, 2010
     pag. 45
⁷   http://www.psicolab.net/2007/la-paura-del-pubblico-tra-i-musicisti/

compresi!" possiamo riaprire questo tema? Ho notato infatti che la paura dell'errore in concerto è un problema molto diffuso tra i chitarristi classici mentre non sembra colpire con la stessa forza chi suona in altri ambiti (jazz, rock, blues, etc.) e che sembrano avere un atteggiamento più rilassato ...

Suonare è una cosa fantastica! Rovinarlo con ansia, panico o peggio è un vero insulto! Ho cercato su di me e cerco di snidare in ogni modo le cause dell'insicurezza di molti chitarristi, in particolare nella fase di apprendistato. Mi sono quindi posto delle domande e delle risposte, che trovano ampio riscontro anche in studi di psicologia molto più accreditati delle mie modeste esperienze. Consiglio al proposito la lettura del libro di Christian Agrillo "Suonare in pubblico"[8].

In campi musicali in cui le altezze e durate dei suoni non rappresentano un problema, o in cui il linguaggio è semplice e ripetitivo, o in cui la gestualità è facilmente controllabile, l'ansia da prestazione si riduce in modo drastico. Anche perché non esiste un vero errore legato a una cattiva realizzazione estemporanea di un prodotto che doveva essere consegnato secondo un codice prestabilito. Se suonassi brani composti da me stesso probabilmente sarei rilassato (almeno finché questi brani non fossero conosciuti da tutti!) perché essendo difficilmente riconoscibile, l'errore non rappresenterebbe una inquietante minaccia o una irresistibile e perniciosa sirena.

Ma cos'è infine l'errore? Potremmo affermare che esso è un apostrofo rosso o blu fra i pilastri che sostengono la struttura espressiva. Lo sbaglio non è nell'imperfezione ma in chi non la tollera o, peggio, in chi la vuole correggere ad ogni costo durante l'esecuzione!

Per semplificare chiamerei errore rosso quello grave, che spezza l'andamento del brano, che fa svanire la magica atmosfera che si andava creando, e errore blu, cioè lieve, quell'imperfezione che non nuoce al disegno d'insieme, e che comunque non è vissuta come un danno all'interpretazione. In fondo un bravo interprete farà soltanto errori blu.

In che modo la tua metodologia musicale viene influenza dalla comunità di persone (musicisti e non) con cui collabori? Modifichi il tuo approccio in relazione a quello che direttamente o indirettamente ricevi da loro? Se

---

8   Christian Agrillo "Suonare in pubblico. L'esperienza concertistica e i processi neurocognitivi", Carrocci, 2007

ascolti una diversa interpretazione di un brano da te già suonato e che vuoi eseguire tieni conto di questo ascolto o preferisci procedere in totale indipendenza?

Come interprete, o musicista professionista, sono influenzato totalmente dall'ambiente che frequento. Prima di tutto eseguo cose che spesso mi vengono richieste: ad esempio pochi giorni fa la "Ciaccona del Giglio" del compositore veneziano Claudio Ambrosini, e in un'altra occasione recente "Presto e Filari" del compositore di Vittorio Veneto Corrado Pasquotti. Non avrei studiato queste musiche se non fossi inserito pienamente in un contesto veneto. Sono coinvolto, fra le altre cose, nel progetto dell'esecuzione delle musiche con chitarra di Luca Mosca, in vista della registrazione di un CD monografico, e sto preparando un programma interamente veneto dedicato a musiche di Giovanni Mancuso (veneziano d'adozione), Claudio Ambrosini, Franco Donatoni, Luca Mosca, Wolfango Dalla Vecchia e Corrado Pasquotti. Più influenzato di così...

Per quanto riguarda i problemi interpretativi, ad esempio con il Bach Guitar Duo, ascoltiamo sempre molte versioni dei brani che eseguiamo. Essendo trascrizioni spesso tratte dalla letteratura clavicembalistica ci rivolgiamo ad esecuzioni prestigiose e attendibili di specialisti come Gustav Leonhard, Ton Koopman o Andreas Staier, o di pianisti come Glenn Gould, Andras Schiff, Ramin Bahrami, Sviatoslav Richter e molti altri. Poi però è giusto fare delle scelte autonome, ma non credo sia interessante un approccio "ignorante" verso le musiche del passato. Credo che sia molto importante interagire con l'ambiente circostante, ma ancora più importante avere idee autonome. In questo contesto è decisivo essere stati influenzati da varie versioni, per superarle ed arrivare ad una propria idea o versione in modo non svincolato, né calato dal nulla. Conoscere aiuta molto e le idee sono frutto di ricerca e di esplorazione.

Quali sono i "materiali" musicali (melodia, timbro, suono, struttura ritmo, etc.) che principalmente scegli e che influiscono nella scelta dei brani da interpretare o nelle improvvisazioni?

In generale per me è molto importante in primo luogo la struttura formale dell'opera, per poi passare alle componenti ritmico-melodiche, e ovviamente al suono che è comunque determinante. Grande importanza rivestono le scelte di articolazione e di fraseggio, oltre alla dinamica che sulla chitarra è determinante e all'agogica.

Una domanda un po' provocatoria sulla musica in generale, non solo quella contemporanea o d'avanguardia. Frank Zappa nella sua autobiografia scrisse: "Se John Cage per esempio dicesse "Ora metterò un microfono a contatto sulla gola, poi berrò succo di carota e questa sarà la mia composizione", ecco che i suoi gargarismi verrebbero qualificati come una SUA COMPOSIZIONE, perché ha applicato una cornice, dichiarandola come tale. "Prendere o lasciare, ora Voglio che questa sia musica." È davvero valida questa affermazione per definire un genere musicale, basta dire questa è musica classica, questa è contemporanea ed è fatta? Ha ancora senso parlare di "genere musicale"?**

Per me la provocazione è provocazione, l'arte è arte. Comunque nessuno è titolato a dare etichette precise: tutto è soggettivo. Diciamo che l'arte è in genere qualcosa di non effimero, qualcosa che trasmette valori espressivi non scontati, ma che aggiungono un nuovo tassello alla storia della musica, incidendo davvero nella realtà e nel pensiero compositivo. In questo senso la qualità di un brano musicale è l'elemento che ne garantisce la dignità artistica, ma i punti di vista sono molteplici per cui non si può tracciare un confine perentorio.
Credo che sì, abbia senso parlare di generi musicali. La contaminazione non avrebbe senso se non esistessero chiari confini.

Luciano Berio ha scritto "la conservazione del passato ha un senso anche negativo, quanto diventa un modo di dimenticare la musica. L'ascoltatore ne ricava un'illusione di continuità che gli permette di selezionare quanto pare confermare quella stessa continuità e di censurare tutto quanto pare disturbarla", che ruolo può assumere la musica contemporanea in questo contesto?

E' una domanda difficile. La tradizione ci rassicura, l'avanguardia ci destabilizza, ma ci incuriosisce. Credo che la musica contemporanea sia troppo distante e isolata nel panorama culturale di oggi per poter essere considerata a pieno diritto una vera "voce". Una riflessione sull'efficacia della musica come comunicazione gioverebbe sicuramente ad una rinascita musicale più ampia. E la strada di Elena Càsoli mi sembra che, in questo ambito, si snodi nella giusta direzione.

Una delle cose che posso sinceramente dire di amare della chitarra è la sua capacità di trasformazione nella forma musicale nei secoli e di medium tra le varie forme musicali e sociali, non ultima quella popolare. La chitarra sembra essere lo strumento (anche logico-economico-filosofico) per contrastare le teorie della scuola di Francoforte e di Adorno. La sua incredibile capacità di diffusione è dovuta a diversi fattori non ultimo il fatto di poter essere realizzata sia in forma industriale che come prodotto di liuteria in tempi relativamente brevi sia con costi contenuti, sia il fatto di poter contare su tipologie classica, acustica e elettrica adatte a diverse culture musicali e sociali e potersi basare su un repertorio classico e popolare assolutamente trasversale. Tu hai seguito un percorso assolutamente personale all'interno della chitarra, come hai sviluppato questo percorso, come sta proseguendo e come si è orientato all'interno del mondo della chitarra? La chitarra, con la sua presenza di musicisti virtuosi e assolutamente personali a qualunque livello e genere musicale può rappresentare una valida alternativa alla ormai tragicomica distinzione tra cultura alta e cultura popolare e all'affermazione di Schoenberg "Se è arte non è per tutti, se è per tutti non è arte"?

Dire che la chitarra è popolare è una verità, ma la chitarra classica si colloca in una piccola nicchia di addetti ai lavori che non rappresentano certo un ideale di diffusione della cultura musicale. Credo sia un'utopia pensare che tutti possano amare un certo prodotto anche se di alta qualità. Non mi sono mai posto il problema di divulgare, semmai di non allontanare il potenziale fruitore dalla mia musica, ma di avvicinarlo. La divulgazione spesso deve concedere molto spazio alla semplificazione e produce effetti non positivi sulla qualità delle scelte. Nel mondo chitarristico classico si è prodotto un fenomeno contrario: è difficile sentire un concerto dove il programma sia davvero "colto". L'inseguimento di un facile edonismo, e dei gusti di un pubblico a volte poco introdotto, ha portato a fenomeni non sempre condivisibili.

Che cosa intendi per un programma "colto"?

Un programma che non concede nulla al pubblico non introdotto, che si basa solo su principi di qualità assoluta delle scelte. Ad esempio un programma monografico (solo Henze, o solo Bach, o Giuliani), o a carattere storico (solo musiche del primo Novecento), o altro. Ma che sia basato sul gusto "colto" dell'interprete e che non sia invece (come spesso avviene) ispirato soltanto a compiacere chi ascolterà queste musiche. Ad esempio Glenn Gould credeva in questo tipo di proposte e portava Schoenberg, Bach, Hindemith e Gibbons in ambienti dove avrebbero preferito il Valzer o la Mazurka di Chopin. Definirei "colta" questa scelta.

La tua carriera musicale va avanti ormai da diversi anni, come hai visto cambiare il mondo musicale attorno a te e per te? Che differenze noti tra gli allievi a cui insegni e hai insegnato? E' cambiato e come il tuo modo di fare musica? Le nuove tecnologie (nuovi strumenti musicali, midi, network sociali, forum) hanno influenzato le tue scelte e la tua forma musicale? Come?

In controtendenza rispetto ai cambiamenti avvenuti negli ultimi decenni ho cercato sempre più la purezza della musica priva di fronzoli. Quindi anche se il mondo musicale è cambiato mi sono adattato solo in parte. E' necessario essere presenti e attivi anche nelle forme virtuali della comunicazione, ma continuo a credere nel suono trasmesso con strumenti artigianali da un uomo ad un uditorio. La differenza più notevole rispetto agli anni della mia adolescenza è la difficoltà, oggi, a concentrare le proprie energie e la propria passione. La ricchezza estrema di stimoli può impoverire la capacità di dedicare le proprie energie a traguardi così assoluti come il raggiungimento di una qualità interpretativa. Ma se ben gestiti gli stimoli offerti dalla tecnologia e dal ricco mondo musicale di oggi sono un'autentica occasione.
In questo senso trovo che anche gli allievi che sappiano sfruttare al meglio le ampie possibilità di conoscenza e interazione con la realtà musicale siano privilegiati.

Mi piace molto questa tua definizione di "purezza della musica" ... possiamo approfondire un po' questa idea? Te lo chiedo perché, forse ne rimarrai sorpreso, è un concetto che ho ritrovato nelle autobiografie di diversi chitarristi blues, espresso magari come il desiderio di essere lontani da certe logiche commerciali e di voler esprimere dei valori e delle idee musicali "piene". Clapton lo scrive nella sua autobiografia "La scena musicale di oggi è un po' diversa da quella di quando ero giovane. Le percentuali sono simili: 95% di spazzatura, 5% di purezza.⁹" E' possibile sia

stato questo tuo desiderio e questa tua ricerca a portarti verso Bach e verso un musicista come Savall?

E' assolutamente così! Ognuno trova il proprio karma, la propria essenza, il centro del proprio io in una musica che sente sua. Per me Bach è stato sempre al centro, e credo che pochi siano stati più lontani dal commercio e dal consumo di massa come lui. La sua musica è pura perché scaturisce libera da costrizioni di natura economica, anche quando era commissionata.

Parliamo un attimo di Bach .. è possibile considerare la sua musica come una sorta di scienza matematica mistica? Già nel 1750 erano stati fatti dei paralleli tra Bach e Newton ... Agricola scrisse che "Quello che Newton è stato per la filosofia, Bach lo è stato per la musica" ...

Credo di sì. In Bach la geometria delle strutture è perfetta, e ciò che rende affascinante le sue composizioni è l'espressività dei contenuti unita ad una incredibile perfezione logica. La bellezza sta anche nel sentire che tutto è parte di un disegno congegnato mirabilmente, ma dove la tecnica non appare, dove comunque il messaggio è umano e profondo. Quando si parla di Bach si dimentica spesso la sua passionalità, il suo vigore, la sua potente personalità che non si piegava ai compromessi. Era ritenuto troppo complesso e difficile e criticato per questo, ma non ritenne mai di doversi adattare ad un gusto più effimero, più alla moda. Grazie a questa sua intransigenza oggi possiamo godere del ricco tesoro delle sue opere.

Io sono sempre rimasto colpito dal fatto come ascoltando una musica di Bach indipendentemente dalla trascrizione e dallo strumento che la interpreta .. alla fine si sente sempre Bach! Come ti sei rapportato nello studio delle sue musiche? Non pensi che, a volte l'esecuzione delle sue musiche dovrebbero essere un po' più spontanee? A me capita di pensarlo quando raffronto le interpretazioni di Glenn Gould con le stesse suonate da altri interpreti...

Sai che sfondi una porta aperta perché il repertorio del nostro Bach Guitar Duo si basa interamente su questo concetto. Infatti Bach suona autentico anche nelle

---

[9]   Eric Clapton "L'Autobiografia", Sperling & Kupfer, 2008, pag. 339

trascrizioni. La componente timbrica non è così essenziale, le logiche polifoniche e armoniche restano immutate e il messaggio è credibile comunque. Gould è stato un genio, di una sensibilità estrema, e le sue interpretazioni bachiane restano, per me, in molti casi ineguagliabili. La spontaneità in Bach si può e si dovrebbe guadagnare, ma ci vogliono anni di duro lavoro.

Provo a rischiare una domanda un po' ... spericolata, Bach compose a volte senza specificare la strumentazione... forse non era interessato al "suono della musica"? Che la sua musica in questo caso fosse come nascosta in uno schema, in una struttura capace di parecchie realizzazioni sonore? E il momento in cui la musica rivela la sua vera natura è contenuto nell'esercizio delle sue variazioni?

Come dicevo sopra, l'aspetto timbrico, l'effetto strumentale, non è così rilevante nella sua musica. La Chaconne è bellissima sul violino su cui fu concepita, ma le versioni pianistiche o clavicembalistiche sono altrettanto valide. Certo il violino conserva il suono vero, originale, a cui pensava l'autore, e questo ha la sua importanza.

Provo a collegare il tuo amore per Bach con la musica contemporanea... Bach compose una musica definita "barocca" e che era chiamata tale anche dai suoi contemporanei, visse un periodo di sintesi incredibilmente stimolante per gli strumenti musicali, per la teoria, per la scala temperata ... mise tutto assieme e creò una musica che era ed è allo stesso tempo tradizionale e nuova ... noi viviamo un periodo di profondi cambiamenti strutturali .. questo potrebbe portare a una nuova musica contemporanea frutto di una sintesi come quella operata da Bach?

Caro Andrea, mi fai domande troppo difficili! Oggi non ci sono le condizioni per poter operare una sintesi pari a quella bachiana, almeno credo. La varietà enorme del panorama musicale ha talmente allargato i confini che si sono creati mondi a volte staccati, altre volte collegati, che convivono felicemente pur nella loro diversità. Mi pare molto stimolante, ma anche molto complesso.

Musicista, chitarrista, interprete, compositore .. improvvisatore Eugenio Becherucci ha un curriculum vitae di ottimo livello caratterizzato da una curiosità praticamente onnivora nei confronti di ogni genere musicale. Ha ottenuto il massimo dei voti nel diploma di chitarra presso il conservatorio "L.Refice" di Frosinone in Italia, presso il Conservatorio superior de Musica di Alicante in Spagna , e presso l'Ecole Nationale de Musique et Danse di Meudon in Francia.

Ha studiato chitarra con Giuliano Balestra, Oscar Ghiglia, Ruggero Chiesa, José Tomàs, José Luis Rodrigo, Betho Davezac.

Ha studiato liuto, musica antica ed intavolature di strumenti antichi con Adriano Cavicchi, Ruggero Chiesa (Accademia Chigiana di Siena), Betho Davezac, Andrea Damiani.

Ha studiato composizione con Mauro Bortolotti, Storia del Jazz con Marcello Piras.

E' stato vincitore di borse di studio del Ministero Affari Esteri, del Ministerio de Educaciòn in Spagna, della Provincia di Latina.

Ha tenuto corsi e masterclass a Massa (MS), Budrio (BO), Teano (CE), Viterbo, Latina, Bologna, Arpino e Castrocielo (FR), Sezze (LT) in Italia, Lima (Perù), Madras (India), Hondarribia, Valencia, Granada e Salamanca (Spagna), Lisbona (Portogallo), Lugano (Svizzera).

Svolge attività concertistica come solista e in ensemble (fondatore di Duo Becherucci, Logos Ensemble, Duo Eutonos e Suoni Inauditi Guitar Duo) in Europa (Italia, Francia, Spagna, Germania, Svizzera, Inghilterra, Svezia, Norvegia, Danimarca, Grecia, Portogallo, Polonia, Ungheria, Romania, Yugoslavia), America Latina (Brasile, Argentina, Uruguay, Perù), medio ed estremo oriente (Turchia, India).

E' direttore artistico del Festival Internazionale di Chitarra di Castrocielo.

Da molti anni è attivo nel campo della nuova musica, collabora strettamente con vari importanti compositori, come Luca Lombardi, Mauro Bortolotti, Daniel Zimbaldo, Francesco Pennisi, Leonardo Gensini, Franco Donatoni, Salvatore Sciarrino, presentando in concerto prime esecuzioni assolute di loro opere; ha suonato in prestigiosi festivals internazionali con alcuni fra i più importanti performers attuali, come Otomo Yoshihide ed Elliot Sharp. Con il Logos Ensemble ha realizzato importanti progetti concertistici, tra i quali Radio

Zapping e Zapping (su musiche di Frank Zappa) e Desert Contemporain (con il musicista berbero Nour Eddine Fatty).
Nel 2007 ha collaborato con l'Ensemble Contemporaneo dell'Accademia Nazionale di S.Cecilia.
Sue composizioni sono state eseguite in importanti teatri europei, e vengono regolarmente trasmesse da radio europee ed americane. E' insomma la persona giusta con cui cominciare a indagare alcuni aspetti della musica e della chitarra contemporanea.

http://digilander.libero.it/eubec/

Quando hai iniziato a suonare al chitarra e perché?

La chitarra è stata sempre un mio interesse fin dall'infanzia, l'ho considerata fin da allora un oggetto ludico nel quale provare la mia creatività, la mia capacità di espressione. Nella mia famiglia di provenienza, italo-spagnola, è uno strumento molto amato, e sono stato indotto al suo studio da mio fratello Antonio, ma anche incoraggiato da tutti gli altri. In verità le mie prime esperienze musicali risalgono a quando ho cominciato a cantare in un coro polifonico di voci bianche in parrocchia, mentre in casa mi divertivo a scimmiottare i grandi su chitarre giocattolo. Mi ricordo molto chiaramente i primi esperimenti di registrazioni su rudimentali apparecchi Geloso a nastro, in cui cantavo e suonavo con i miei fratelli improbabili blues metropolitani...poi sono arrivati i primi gruppi, in cui ci si faceva le ossa con chitarra elettrica, acustica e classica su un repertorio vario tra il pop e il rock, non disdegnando qualche brano originale. Questo fino ai 14 anni, quando fui fulminato dall'ascolto della "vera" chitarra classica (un disco del Concierto de Aranjuez di Joaquin Rodrigo suonato da NarcisoYepes) e decisi che sarebbe stato il mio strumento.

Che studi hai fatto e qual è il tuo background musicale?

Da piccolo frequentavo parallelamente un corso di chitarra classica e un corso di violino, ma ero talmente entusiasta delle sei corde che non esitai a scegliere ... Ho studiato chitarra classica in Italia e in seguito ho viaggiato tra la Spagna e la Francia cercando suoni e musicisti che mi potessero ispirare ... ho poi svolto studi piuttosto seri di composizione e approfondimenti nel campo della musica antica e nel jazz. Dal punto di vista concertistico, oltre ai concerti solistici, le prime esperienze le ho fatte in duo con il flautista Claudio Paradiso e in duo con mio fratello Cristiano al pianoforte. Poi ho avuto la fortuna di essere affiancato da un gruppo di ottimi musicisti, il Logos Ensemble, con i quali ho avuto la possibilità di realizzare ed eseguire i miei progetti nel corso degli ultimi 20 anni. Il Logos è un gruppo ormai storico nel panorama della musica contemporanea, e in una prima fase della sua attività ha lavorato molto nel campo dell'avanguardia accademica. Col passare degli anni, spinta soprattutto da mio fratello Cristiano, pianista e tastierista, (con il quale ho un sodalizio artistico risalente all'infanzia) si è fatta forte l'esigenza all'interno del gruppo di percorrere strade più originali e staccate dai canoni classici: sono nati così gli spettacoli "Radio Zapping", e "Zapping", dedicati alla musica di Frank Zappa ed al suo mondo sonoro, Suoni Medioccidentali, Ipervlx, le collaborazioni con artisti come Otomo Yoshihide, Elliot Sharp, e Desert contemporain, con il cantante e polistrumentista berbero Nour Eddine.

Con che chitarre suoni e con cui hai suonato?

Ho suonato per anni su chitarre Ramirez da concerto, poi negli ultimi 10 anni sto suonando alternativamente su chitarre in abete di due liutai italiani, Rosazza e Massimiliani. Per quanto riguarda l'elettrica ho suonato Gibson Les Paul De Luxe e Fender Stratocaster, poi ho una Yamaha elettro/classica con spalla mancante.

Quali sono state e sono le tue principali influenze musicali?

Dall'inizio dei miei studi, siamo all'inizio degli anni '70, ricordo la curiosità onnivora che mi spingeva all'esplorazione del repertorio, tanto che in due anni avevo già letto una buona parte della letteratura per chitarra allora conosciuta, e che fuori dallo strumento mi spingeva all'ascolto di musica a 360 gradi, ma con una forte predilezione già allora verso il moderno e il contemporaneo, ma con uno sguardo speciale anche all'antico...ricordo ascolti pieni di stupore delle Cantigas de Sancta Maria o delle messe di Guillaume de Machaut, insieme al Gesang der Jünglinge di Karlheinz Stockhausen o alla Musica per archi, percussione e celesta di Bartók Béla. Ho ascoltato sempre molta buona musica di tutti i generi, comunque ho particolarmente amato Bartòk e Stravinsky tra i musicisti del '900, Lachenmann tra i più vicini a questo millennio, senza contare i grandi classici…comunque la mia preferenza va in assoluto alla musica antica e alla contemporanea…poi vedo un gigante: Frank Zappa.

Perchè Zappa?

E' un mio grande mito musicale, l'ho sempre amato e seguito fin dalle prime incisioni, l'ho anche ascoltato in concerto varie volte con il suo gruppo le Mothers of Inventions.
Mi piace il suo genio, la sua inventiva, il suo sarcasmo, ma anche e soprattutto l'estrema serietà e competenza con cui affronta nelle sue composizioni tutti i generi musicali, dalla semplice ballad al pezzo atonale o seriale. Questo amore è sfociato negli spettacoli "Radio Zapping" e "Zapping" realizzati dal 1997 al 2002 principalmente con l'apporto progettuale e artistico di mio fratello Cristiano, di cui curai la parte degli arrangiamenti oltre a quella esecutiva su chitarra elettrica e classica.

A proposito dello Zio Frank, nella sua autobiografia ha scritto: "Se John Cage per esempio dicesse "Ora metterò un microfono a contatto sulla gola, poi berrò succo di carota e questa sarà la mia composizione", ecco che i suoi gargarismi verrebbero qualificati come una SUA COMPOSIZIONE, perché ha applicato una cornice, dichiarandola come tale. "Prendere o lasciare, ora Voglio che questa sia musica." È davvero valida questa affermazione per definire un genere musicale, basta dire questa è musica classica, questa è contemporanea ed è fatta? Ha ancora senso parlare di "genere musicale"?

Ovviamente sono d'accordo con Zappa nel definire ormai assurda la distinzione tra musica classica, contemporanea, ecc. Per me si può definire "classica" la musica che si è sviluppata appunto nel periodo classico, cioè, musicalmente parlando tra la fine del XVIII secolo e una parte del XIX, tanto per essere chiari … magari distinguerei la musica d'arte dalla musica creata per fini esclusivamente commerciali. Un'altra discriminante si può poi banalmente fare tra musica buona e cattiva, entrambe presenti (massicciamente la seconda, molto meno la prima), in tutti gli ambiti musicali. Secondo me dovremmo parlare oggi di musica contemporanea comprendendo con questo termine tutte le espressioni, accademiche o meno…come d'altra parte mi sembra si faccia oggi con tutte le altre forme d'arte.

Come compositore quali sono le correnti stilistiche nella quale ti riconosci maggiormente?

E' sempre difficile oggi, con la grande varietà di atteggiamenti stilistici e linguaggi presenti nel panorama musicale riuscire a inquadrarsi in una scuola o in una corrente. Dopo gli studi di composizione in conservatorio con Mauro Bortolotti (un allievo di Goffredo Petrassi), la mia esperienza di autore è stato improntata alla più grande libertà dagli schemi accademici, anche se con la consapevolezza che un percorso di conoscenza era appena iniziato. Era un periodo di transizione, alla fine degli anni '70, in cui si stava passando dal radicalismo avanguardista di Darmstadt a posizioni meno rigide. Il mio esempio era Petrassi, che oggi si può considerare quasi un classico, ma che nel suo arco creativo aveva dimostrato che un linguaggio moderno, per essere vivo e attuale, deve possedere la forza di rinnovarsi ed evolvere, e non può e non deve essere solo autoreferenziale, né essere asservito a idee e regole che non hanno nulla di artistico.

Per tornare alla domanda potrei dire di essere un compositore eclettico, con uno sguardo speciale al minimalismo, corrente musicale che mi ha sempre affascinato.

Quale approccio segui per comporre? Usi il computer o preferisci un approccio più "tradizionale"? Scrivi su pentagramma o ricorre a altre sistemi come diagrammi, disegni etc.?

Non ho uno schema rigido di lavoro nella composizione, nel senso che il sistema può variare a seconda delle circostanze. Non mi metto mai immediatamente al computer se sto lavorando con la scrittura, preferisco semmai prendere degli appunti (spesso spunti, frammenti di idee melodiche, ma anche descrizioni di climi sonori) da cui poi svilupperò il pezzo. Altra cosa è un approccio più "materico" che può significare lavorare alla modifica di suoni mediante macchine, o studio di fasce sonore prodotte acusticamente: in tal caso il lavoro può prescindere dalla scrittura. In genere quello che mi intriga è creare diversi piani espressivi, anche nello stesso brano, dove convivano linguaggi diversi, dall'improvvisazione atonale o rumoristica al tonalismo o modalismo, all'elaborazione elettronica..

In Invisibile cities per ensemble, del 2006, ho cercato di rendere pagine sospese in una dimensione atemporale, ad un tempo antica e attuale, ispirandomi allo scritto di Italo Calvino, che sembra quasi abbia intuito che insieme alle sue parole potessero scaturire anche dei suoni con simili qualità archetipiche.

In molti miei lavori la ricerca è stata quella di dare una veste musicale ad una suggestione letteraria, nel caso del Concerto la poesia di Garcia Lorca, in Contrasto una Lauda di Jacopone da Todi, in Invisible cities il testo di Calvino, nel Notturno indiano la poesia di Tagore. Di quest'ultimo brano esiste, oltre a quella per sola chitarra, anche una versione per soprano e ensemble.

Nel comporre cerco di lavorare sui tre distinti piani percettivi dell'uomo, l'istintivo, il sentimentale e il razionale, in modo che ogni persona che ascolta, indipendentemente dalla sua età, educazione, preparazione, possa trovare degli elementi di interesse, anche se questo non vuol dire che la mia musica sia costruita coi criteri o gli stereotipi di un prodotto commerciale, in quanto essa è del tutto fuori da questa logica. Questo metodo di lavoro cerco di applicarlo a tutte le attività musicali che svolgo, ad esempio l'insegnamento o l'interpretazione.

Berlioz disse che comporre per chitarra classica era difficile perché per farlo bisognava essere innanzitutto chitarristi, questa frase è stata spesso usata come una giustificazione per l'esiguità del repertorio di chitarra classica rispetto ad altri strumenti come il pianoforte e il violino. Allo stesso tempo è stata sempre più "messa in crisi" dal crescente interesse che la chitarra (vuoi classica, acustica, elettrica, midi) riscuote nella musica contemporanea. Come compositore e chitarrista quanto ritieni che ci sia di veritiero ancora nella frase di Berlioz?

La figura del compositore nel XIX secolo era molto diversa dall'attuale, esistevano un buon numero di chitarristi compositori al di fuori della cui cerchia difficilmente ci si provava a mettere mano a brani per il nostro strumento. Infatti lo stesso Berlioz, che pure la suonava, compose solo qualche romanza con accompagnamento di chitarra... in quel periodo i grandi autori erano proiettati verso la dimensione sinfonica, le grandi sonorità orchestrali cui il nostro strumento risulta decisamente estraneo. Negli anni '80 ho avuto modo di approfondire questo particolare argomento confrontandomi con una letteratura del tutto particolare, qual' è quella per chitarra e pianoforte, suonando spesso in duo con mio fratello Cristiano. Se escludiamo pagine di autori come Carl Maria von Weber, Jan Krtitel Vanhal, e pochi altri, appartenenti al genere chiamato Hausmusik, musica da suonare in casa, questo tipo di composizioni era nell'800 esclusivo appannaggio di chitarristi come Ferdinando Carulli, Mauro Giuliani, Anton Diabelli e altre figure minori. Se andiamo poi a vedere il trattamento della chitarra esso risulta assai convenzionale e poco interessante in brani prodotti da non chitarristi, ed è curioso constatare come le parti chitarristiche di brani ad alto impegno concertistico come quelli di Johann Nepomuk Hummel e Ignaz Moscheles fossero dichiaratamente scritte da Mauro Giuliani, che era all'epoca residente a Vienna e collaborava con quei pianisti.

Se guardiamo al repertorio classico non c'è dubbio che il gap nei confronti degli altri strumenti sia pressoché incolmabile, perché, nonostante nell'immenso repertorio ottocentesco per chitarra si trovino anche esempi di buona musica, strumenti come il violino o il pianoforte straboccano di grandissima musica. Inoltre era diversa la conoscenza e lo sviluppo della tecnica strumentale della chitarra, che nel XX° secolo e poi nell'attuale ha avuto un'importante progresso. Dalla fine dell'800 a oggi sono cambiati i linguaggi e si è posto sempre di più l'accento sul timbro, sulle sonorità rarefatte, la musica occidentale ha iniziato ad esplorare mondi esotici, le culture popolari, di modo che la chitarra, in questa nuova ottica, ha avuto maggiori possibilità di essere valorizzata. Inoltre c'è da dire che i modelli di scrittura chitarristica dell'800 non sono più gli unici utilizzati oggi dai compositori: certo c'è anche oggi, come nel passato, un nutrito numero di chitarristi compositori (tra i quali mi annovero), ma la tecnica e le potenzialità dello strumento sono molto più conosciute anche tra i compositori non chitarristi. Se a questo aggiungiamo le infinite possibilità di combinazioni timbriche e di sonorità che oggi offre l'elettronica applicata a uno strumento come la chitarra elettrica, le applicazioni si ampliano enormemente.

In che modo esprimi la tua "forma" musicale sia nell'ambito dell'esecuzione che nell'improvvisazione, sia che tu stia suonando "in solo" sia assieme altri musicisti? Elabori una "forma" predefinita apportando aggiustamenti all'occorrenza o lasci che sia la "forma" stessa ad emergere a seconda delle situazioni, o sfrutti entrambi gli approcci creativi?

Gli approcci possono essere molto diversi a seconda della situazione ... come esecutore cerco sempre una mia visione originale del brano che sto suonando, naturalmente dopo averlo accuratamente analizzato e possibilmente facendo tabula rasa di eventuali altre interpretazioni ascoltate ... riguardo all'improvvisazione posso lavorare con un canovaccio sul quale costruire, oppure molto più frequentemente facendomi ispirare dal materiale stesso o dagli altri musicisti che eventualmente suonano con me. Ad esempio ricordo un concerto del 2005 del mio ensemble con Otomo Yoshihide che consisteva in un'improvvisazione di un'ora e mezza durante la quale ognuno di noi ha avuto il privilegio di dialogare con questo straordinario musicista. Solo nel primo brano del concerto, della durata di circa 10 minuti, era stata concordata una piccola struttura grafica relativa all'intensità e alla frequenza degli interventi strumentali: questo tempo è servito per ascoltarci, sentire i timbri e l'attacco di tutti gli strumenti e capire come interagire, per il resto della performance siamo andati avanti come se avessimo suonato insieme da sempre.

A proposito di improvvisazione, che significato ha nella tua ricerca musicale? Si può tornare a parlare di improvvisazione in un repertorio così codificato come quello classico o bisogna per forza uscirne e rivolgersi ad altri repertori, jazz, contemporanea, etc?

Nelle mie composizioni, ad esempio, amo alternare una scrittura definita con parti aleatorie, più o meno strutturate, e molte idee le ricavo da momenti improvvisativi sul mio strumento, ma anche su altri oggetti sonori, come percussioni, piccoli strumenti a fiato e, naturalmente, il pianoforte. In molti miei progetti è presente l'aspetto improvvisativo che ha un ruolo speciale nel mio mondo espressivo. Nella tradizione della musica occidentale l'improvvisazione è sempre esistita come prassi, anche se a poco a poco la scrittura ha avuto il sopravvento. Sarebbe sano se nei conservatori e nelle scuole di musica si istituisse un corso di improvvisazione, che per me resta di importanza vitale per la reale conoscenza dello strumento e per mettere in atto la spinta creativa presente in ognuno.

Quali sono i "materiali" musicali (melodia, timbro, suono, struttura ritmo, etc.) che principalmente scegli e che influiscono nella scelta dei brani da interpretare o nelle improvvisazioni?

La fascinazione del suono e del timbro hanno giocato e ancora giocano per me un ruolo tutto particolare già nella scelta dello strumento (la chitarra è una fucina di suoni, timbri e colori diversi) e sicuramente nella scelta dei brani da interpretare: ad esempio, ho scelto di studiare il monumentale brano di Helmuth Lachenmann "Salut für Caudwell", solo per averlo ascoltato e per esserne stato rapito dall'assoluta novità e pregnanza dell'aspetto timbrico. Un altro esempio:

nelle mie improvvisazioni per AlchEmistica[10] ho scelto prevalentemente delle particolari tessiture timbriche, suoni armonici, fasce di glissando, suoni smorzati con varie tecniche, per caratterizzare i tre brani registrati.

Una delle cose che posso sinceramente dire di amare della chitarra è la sua capacità di trasformazione nella forma musicale nei secoli e di medium tra le varie forme musicali e sociali, non ultima quella popolare. La sua incredibile capacità di diffusione è dovuta a diversi fattori non ultimo il fatto di poter essere realizzata sia in forma industriale che come prodotto di liuteria in tempi relativamente brevi sia con costi contenuti, sia il fatto di poter contare su tipologie classica, acustica e elettrica adatte a diverse culture musicali e sociali e potersi basare su un repertorio classico e popolare assolutamente trasversale. Tu hai seguito un percorso assolutamente personale all'interno della chitarra, come hai sviluppato questo percorso, come sta proseguendo e come si è orientato all'interno del mondo della chitarra?

Concordo con la tua visione della chitarra come passepartout tra le più variegate esperienze musicali nelle varie epoche, e un segnale della sua vitalità è certamente il fatto innegabile che anche in ambito accademico è uno dei pochi strumenti che oggi riscuotono un notevole successo di iscrizioni a tutti i tipi di corsi. Per quanto riguarda la mia esperienza anch'io ho seguito un percorso trasversale passando senza troppi problemi tra i diversi ambienti musicali, anche attualmente ho progetti che si situano sia nel versante più accademico di interprete di musica d'arte, sia nella parte più sperimentale.

La tua carriera musicale va avanti ormai da diversi anni, come hai visto cambiare il mondo musicale attorno a te e per te? Che differenze noti tra gli allievi a cui insegni e hai insegnato? E' cambiato e come il tuo modo di fare musica? Le nuove tecnologie (nuovi strumenti musicali, midi, network sociali, forum) hanno influenzato le tue scelte e la tua forma musicale? Come?

A causa della velocità che ha caratterizzato in questi anni lo sviluppo degli strumenti tecnologici, il panorama musicale ha cambiato notevolmente la sua

---

[10] http://www.alchemistica.net/releases/al002.html

prospettiva, mutando soprattutto nella visione che è diventata globale, almeno per chi ha la possibilità di accedere alla rete. La mia posizione sulle nuove tecnologie è di apertura massima se esse aiutano nella creazione di una coscienza musicale e sono uno strumento per la creatività artistica, ma resto molto legato ad una visione della musica che sia un'alta espressione dell'umano sentire...infatti rimango molto incuriosito e affascinato da tutte quelle espressioni musicali che rimangono ancora sconosciute al grande pubblico e "a latere", perché sono anche quelle che meno di altre corrono il rischio dell'omologazione, insito in tutti i processi di globalizzazione. Ai miei studenti raccomando un ascolto critico del "mare magnum" di materiale audio e video che proviene dalla rete, che innegabilmente ha dato loro possibilità di accedere alla conoscenza del repertorio ad esempio, in modo molto più rapido di quanto avveniva quando io ero studente.

Ho notato in questi ultimi anni un progressivo avvicinamento tra due aspetti della musica d'avanguardia, da un lato l'aspetto più accademico e dall'altro quello portato avanti da musicisti ben lontani dai canoni classici e provenienti da aree come il jazz, l'elettronica e il rock estremo come Fred Frith, John Zorn, la scena downtown newyorkese e alcune etichette di musiche eletroniche come la Sub Rosa e la Mille Plateux. Prima hai parlato di Otomo Yoshihide, uno dei migliori rappresentanti dell'avanguardia e dell'improvvisazione non accademica. Che ne pensi di queste possibile interazioni e pensi che vi sia spazio anche per esse in Italia? Come è nata l'esperienza di suonare con Yoshihide?

Naturalmente penso tutto il bene possibile di queste collaborazioni e auspico che ne possano nascere di nuove anche in Italia. Il problema è solo trovare la disponibilità di questi artisti, in genere tutti con una agenda piuttosto intensa. L'esperienza con Otomo Yoshihide è stata esaltante, perché è maturata dopo un lungo periodo in cui con il Logos Ensemble lavoravamo regolarmente in sedute di improvvisazione radicale, quindi come gruppo eravamo pronti a confrontarci con questo mostro sacro..

La sensazione che ho ascoltandoti suonare è che tu sia in grado di suonare qualsiasi cosa: indipendentemente dal repertorio, da con chi stai suonando, dal compositore, dallo strumento che adoperi dimostri sempre un totale

controllo sia tecnico che emotivo, quanto è importante il lavoro sulla tecnica per raggiungere a questo livello di "sicurezza"?

Questa domanda mi fa rammentare i primi anni di studio, in cui sfruttavo ogni minuto utile per esercitarmi sullo strumento, ascoltare musica e leggere, la mattina prima di andare a scuola, prima dell'ora di pranzo, al pomeriggio una volta sbrigata la formalità dei compiti scolastici, la sera dopo cena...si può dire che la musica e la chitarra mi riempissero le giornate, anche se qualche ragazza avrebbe preferito altrimenti...

L'acquisizione di una solida base tecnica è fondamentale per affrontare tutti i tipi di repertorio. Bisogna poi che questo saper fare non sia cristallizzato, ma sappia anche adattarsi alle proposte della musica nuova, che spesso trascendono i limiti della tecnica usuale. Mi è spesso accaduto di dover inventare delle soluzioni poco ortodosse per risolvere passaggi particolarmente ostici, o addirittura tecniche che prescindono dalla tradizione dello strumento classico, come avviene in brani come Ko-tha di Giacinto Scelsi o Memoria di Fausto Razzi, in cui l'approccio è totalmente percussivo. L'altro requisito fondamentale è una grande passione per il tuo lavoro, che ti porta a impegnare molte ore della giornata nello studio. E' chiaro che il lavoro fatto nei primi anni

di studio è essenziale: è come con la lingua, una volta acquisito l'alfabeto non è necessario passare tutta la vita a compitarlo, ma è altrettanto chiaro che la lingua va praticata, altrimenti la si dimentica...Non si deve comunque sopravvalutare l'apporto pur fondamentale dell'acquisizione del controllo dei propri mezzi tecnici sullo strumento, in quanto è altrettanto importante avere una visione realmente musicale del brano che si va a interpretare, dunque l'approccio analitico, storico, stilistico...

Parlando di te una volta Arturo Tallini mi ha detto " Eugenio Becherucci, che ha suonato tutto il suonabile ...." come è nata la vostra collaborazione in Suoni Inauditi?

L'idea del progetto Suoni Inauditi è nata intorno a quella che per entrambi è stata una sfida, comunque piacevole per chi è accomunato come noi dal voler mettersi in gioco, anche se talvolta il gioco può risultare molto impegnativo. Questa monumentale opera pone gli interpreti di fronte a problemi di esecuzione che possono apparire insormontabili se non si ha la ferma volontà di portare a termine il lavoro ad ogni costo, cosa che ci siamo giurati quando abbiamo avuto l'occasione di ascoltare il pezzo. Conoscevo quest'opera dall'inizio degli anni '90, quando l'avevo suonata in concerto per un paio d'anni, allora con il bravissimo collega Antonio D'Augello. Purtroppo le occasioni per suonarla si erano diradate, quindi il brano fu messo da parte. Dopo circa un decennio l'incontro con Arturo Tallini mi ha permesso di rimettere mano a questa musica, intorno alla quale abbiamo costruito un progetto, con il brano "Ultima rara" di Sylvano Bussotti insieme a una mia composizione, "Contrasto su una lauda di Jacopone da Todi". Suoni Inauditi è uno stimolante viaggio dentro il corpo e l'anima della chitarra, in cui il classico ruolo dell'esecutore è ormai del tutto superato, l'antica figura del "virtuoso" completamente rivista in chiave attuale, e dove i due musicisti diventano di volta in volta attori, mimi, cantanti...

Con chi ti piacerebbe suonare?

Un sogno nel cassetto ce l'hanno tutti, e non sempre realizzabile...infatti un mio desiderio di sempre sarebbe stato suonare con il gruppo di Frank Zappa, ma tant'è, quando sarebbe stato possibile ero troppo giovane e inesperto, ora è semplicemente impossibile...tornando nel mondo reale devo dire che sono piuttosto appagato nel mio lavoro, ma se dovessi esprimere un desiderio particolare forse sarebbe quello di suonare con Steve Reich, Leo Brouwer, Jan Garbarek, Egberto Gismonti, almeno loro sono vivi...

Finiamo questa chiacchierata con un gioco: ti faccio alcuni nomi, che penso possano avere qualche contatto con le tue idee musicali, mi dici che cosa significano o se hanno un significato per te? Incomincio:

Julian Bream: tra i grandi chitarristi del '900 è sicuramente quello che mi convince di più, sia sul piano della scelta del repertorio, sempre con un occhio attento alla musica contemporanea, sia sul piano interpretativo, in quanto ha sempre saputo dare una sua versione dei brani eseguiti coerentemente ad una rispettabile visione stilistica.

I Raga indiani: l'esperienza del viaggio in India a vent'anni è stata per me indelebile, sia sul piano umano che artistico. Nel 1978 ebbi la fortuna di fare una tournée in quello straordinario paese, con concerti nelle principali città del subcontinente, e in quell'occasione ebbi la possibilità di entrare in contatto con quella civiltà, compresa la sua incredibile musica ... molti anni più tardi ho portato in concerto una trascrizione di un raga di Ravi Shankar per chitarra, tastiera e percussione: avevo ascoltato questo pezzo in un disco che il sitarista indiano incise col violinista Yehudi Menhuin. Nel mio brano "Notturno Indiano", del 2001, versione per soprano ensemble, le liriche sono prese da una poesia di Rabindranath Tagore, dunque sembra che il mio rapporto con l'India e la sua arte continui nel tempo...

Italo Calvino: per me resta un grandissimo genio della letteratura del '900, e la lettura delle sue opere è per me quanto mai appagante, vi si trova la modernità, l'audacia e fantasiosa inventiva, ma anche la sapienza costruttiva e stilistica, la profonda conoscenza della lingua...sulle sue Città Invisibili ho costruito un progetto musicale, che per ora consta di tre brani per ensemble, ma conto di allargarlo fino a renderlo autonomo come programma da concerto con voce narrante, o per una incisione discografica.

Igor Strawinsky: impossibile negare la grandezza di questo autore, che da sempre suscita in me una profonda ammirazione. Alcune sue opere sono state fondamentali per lo sviluppo della musica moderna d'arte, pensiamo solo a "Le sacre du Printemps" o alla "Sinfonia di Salmi". E' un compositore che ho studiato a fondo e di cui ho anche trascritto varie opere per il Logos Ensemble in occasione degli spettacoli dedicati a Zappa (non dimentichiamo che Zappa dichiarò più volte di essere stato influenzato da Strawinsky, e chi conosce i due autori non può che costatarlo...).

Johann Sebastian Bach: Che dire del grande Bach che non sia stato già ampiamente discusso e sviscerato? Posso solo aggiungere una notazione personale: la musica di Bach mi è stata compagna, quotidianamente, sia nell'ascolto che nell'esecuzione sulla chitarra, dal giorno in cui ho conosciuto la sua musica fino ad oggi.

Giacinto Scelsi: Un'altra grande e originale personalità musicale del '900, il suo brano Ko-tha è presente nel mio repertorio solistico da più di 20 anni, ha contribuito con il suo speciale approccio al nostro strumento a uscire dalla visione stereotipata della chitarra classica, aprendo nuove strade a chi volesse esplorarne le ampie e fino ad allora inusitate possibilità timbriche e coloristiche.

Steve Reich: L'incontro con Steve Reich e la sua musica risale al 1990, quando al Festival di Cambridge dove ero stato invitato a suonare con il Logos Ensemble ascoltai per la prima volta quello che secondo me è uno dei suoi capolavori: "Different Trains" per quartetto d'archi e traccia audio. Mi intrigò moltissimo la capacità di questo autore di creare con pochi ingredienti un forte effetto drammatico, e da allora non ho mai abbandonato la mia frequentazione con la sua musica, ho suonato numerose volte "Electric Counterpoint" per chitarra e traccia audio.

Dopo gli studi accademici presso il Conservatorio di S. Cecilia di Roma e successivamente la Musik Akademie di Basilea con Oscar Ghiglia, Marco Cappelli e` ormai da anni protagonista di un singolare percorso artistico, che lo vede passare con disinvoltura dall'esecuzione della scrittura musicale più rigorosa alla pratica dell'improvvisazione. Dalla rosa delle sue collaborazioni (Anthony Coleman, Michel Godard, Butch Morris, Mauro Pagani, Jim Pugliese, Enrico Rava, Marc Ribot, Adam Rudolph, Elliott Sharp, Giovanni Sollima, Markus Stockhausen, Cristina Zavalloni ...) emerge il respiro internazionale e trasversale della sua attivita` concertistica, che lo vede regolarmente protagonista sia in stagioni concertistiche di musica classica e contemporanea (Teatro Massimo di Palermo, Associazione A. Scarlatti di Napoli, Ravenna Festival, Festival Traiettorie di Parma, Cinque passi nel '900 al Teatro Lirico di Cagliari, Guggenheim Museum in New York, Italian Academy at Columbia University New York, Salzburg Festival, Ruhr Triennale, Ludvigsburg Festival...) che da festival di jazz e di improvvisazione (Saalfelden Jazz Festival - Austria, Pomigliano Jazz - Italy, Grim in Marseille - France, Barnsdall Theatre in Los Angeles, Tonic in New York, OutPut Festival in Amsterdam...) tanto come solista che in diverse combinazioni di ensemble. Socio fondatore dell'Associazione Dissonanzen di Napoli (e chitarrista dell'omonimo Ensemble) vive attualmente a New York per la maggior parte del tempo, interagendo attivamente con la ricchissima scena musicale dell'avanguardia newyokese

http://www.marcocappelli.com/

Quando hai iniziato a suonare al chitarra e perché? Che studi hai fatto e qual è il tuo background musicale? Con che chitarre suoni e con cui hai suonato?

A dieci anni, mingherlino, timido e impacciato alle porte dell'adolescenza, vidi mio fratello maggiore affascinare delle belle cugine suonando la chitarra: lo guardavano estasiate mentre "stonava" una canzone di Battisti. Non ebbi dubbi sulla mia vocazione.
Considerata la mia incapacità totale di superare il muro di timidezza ostruito ulteriormente da un paio di spesse lenti da miopia, feci due più due...e simulai

con i miei una folgorazione sulla via di Damasco per la musica. Mi mandarono da un maestro, un amatore che ebbe il merito di farmi appassionare moltissimo allo strumento (si tratta di quel Gino Bufano con la cui collezione di strumenti etnici ho registrato, molti anni dopo, il nastro di Electric Counterpoint di Steve Reich).

La cosa buffa è che la chitarra come "mezzo di socializzazione" funzionò per poco: solo fino a quando, diventato leggermente più bravo della media dei miei coetanei strimpellatori, gli amici vari si intimidivano a suonare dopo di me, con il fantastico risultato che sulla spiaggia davanti al classico falò, tutti "combinavano" e io rimanevo da solo con la stramaledetta chitarra in mano.

Allora smisi: basta socializzazione. E cominciai a studiare.

Ho suonato per anni la chitarra classica, con una parentesi adolescenziale con plettri bassi (mandola e mandoloncello) e basso acustico freatless. Da una decina d'anni suono molto la chitarra elettrica, appena sfiorata da ragazzino, allargando a dismisura il parco chitarre. Sono un feticista della chitarra, recupero rottami e non butto mai via niente: in tal modo mi sono costruito una nutrita collezione di strumenti, tra cui spiccano due Marseglia e una Scandurra, una Gretsch 6120, una Mogar (chitarra resa famosa da Celentano negli anni 60), una Key d'epoca degli anni '50 con un bellissimo suono vintage ed una simil-telecaster artigianale costruita a New York dal liutaio Kelly.

Attualmente suono due chitarre di Alessandro Marseglia: una classica da concerto e uno strumento che gli ho commissionato io, con la cordiera di risonanza e predisposto per l'amplificazione, ma comunque con un ottimo suono acustico grazie alla scelta di tenere tutta la parte elettronica per quanto possibile fuori dalla cassa. Questa seconda Marseglia ha sostituito la Yahiri 90 sulla quale avevo condotto i miei "esperimenti genetici": una chitarra alla quale sono molto affezionato ma che ha un orribile suono acustico, a causa delle sevizie subite.

Quali sono state e sono le tue principali influenze musicali?

Io nasco come interprete di musica contemporanea, un lavoro che mi piace moltissimo e con il quale mi tengo costantemente in contatto: è quello che ho fatto fino al trasferimento a New York, dove mi sono trovato abbastanza per caso a mettermi in gioco come band leader.

Da allora guardo all'interpretazione sotto una luce diversa: da tutto ciò che studio tendo a trarre una lezione da utilizzare io stesso.

I riferimenti sono innumerevoli, citerò qui quelli più direttamente "chitarristici" e che considero i miei maestri: Oscar Ghiglia e Marc Ribot.

Come è nato il tuo interesse verso il repertorio contemporaneo e quali sono le correnti stilistiche nella quale ti riconosci maggiormente?

Quando ancora non studiavo la chitarra classica seriamente, il maestro da cui andavo svogliatamente si mise in testa di mandarmi ad una edizione dei primi anni '80 del Concorso Sor. Io senza conoscere il solfeggio e senza avere la più pallida idea del "mondo di lupi" col quale avrei avuto a che fare, presi la cosa molto seriamente e studiai il pezzo d'obbligo: Tiento, di Maurice Ohana. I miei familiari, tra i quali nessuno brillava per cultura musicale, erano molto turbati da quel brano, ragion per cui io lo studiavo per ore ogni giorno, convinto, da buon quindicenne, che quella musica che i miei non capivano fosse il terreno di riscatto esistenziale per un'adolescenza critica. Ho poi mantenuto, proseguendo negli studi, una particolare interesse per la musica contemporanea, poi diventata il centro della mia attività... anche perché il mondo della chitarra romantica o "segoviana" non mi ha mai attratto particolarmente, mentre una chitarra tagliente, ruvida, anti-gentile rispecchiava molto di più la mia natura musicale. Ah, naturalmente al concorso fui eliminato alla prima prova, ma il caso volle che il Tiento di Ohana uscisse come prova d'analisi scritta al concorso per l'insegnamento in Conservatorio ... incredibile! Mentre la maggior parte dei candidati si abbandonava a scene di panico io me la ridevo perché quel pezzo lo conoscevo da sempre, nota per nota...

Come è nato il tuo interesse per gli studi del Book of Head di Zorn? Non sono molto diffusi tra i chitarristi classici, io li ho sentiti suonare circa 10 anni fa a Venezia da Marc Ribot e mi ricordo la sorpresa nel vedergli suonare la chitarra con palloncini e in maniera assolutamente non ortodossa, mi è sempre rimasta la curiosità di sapere se hanno delle parti in cui si può improvvisare o se invece sono studi dalla struttura già ben definita?

C'è stato un momento, verso la fine degli anni '90, in cui collaboravo molto spesso a delle prime esecuzioni e cercavo brani per chitarra ai "confini" del repertorio e del linguaggio scritto. Daniele Ledda, un ottimo musicista e amico di Cagliari, mi fece ascoltare il disco di Ribot dove suonava i 35 studi del Book of Heads di Zorn, e scoprii che erano pubblicati da Carl Fisher. Mi procurai la partitura e mi trovai di fronte a questi rettangoli pieni di geroglifici, tra cui qualche nota musicale, aperti da destra: a significare che, una volta esposto il materiale contenuto nei rettangoli, si poteva, volendo, improvvisare con esso. Se non fosse stato per l'aiuto di Ribot probabilmente sarei ancora li a decifrare i geroglifici...invece ne scelsi 10 e li registrai del cd YUN MU.

All'interno del libretto del cd Estudios Sencillos tu scrivi: "L'improvvisazione è educazione all'ascolto, composizione estemporanea, analisi, conoscenza dello strumento, relazione cosciente col proprio background musicale e tanto altro ancora ..", queste parole mi ricordano quelle di un grande chitarrista Derek Bailey e il suo libro "Improvvisazione". Quale significato ha l'improvvisazione nella tua ricerca musicale?

Senti, io ho avuto esattamente lo stesso problema per anni: ero attratto dall'improvvisazione come idea, ma essendo un chitarrista classico non riuscivo a trovare un ambito musicale e un ambiente di musicisti nel quale sviluppare questo mio interesse. Dovevo arrivare a New York per smontare definitivamente questo pregiudizio, che avevo già intaccato durante gli anni di formazione in Svizzera, studiando molte partiture, sia solistiche che per ensemble, nelle quali erano espressamente richiesti elementi di improvvisazione.
Improvvisare è un gesto del tutto naturale per chiunque suoni uno strumento musicale: è solo la contorsione mentale della nostra accademia (la minuscola è intenzionale) che ha quasi del tutto eliminato lo sviluppo di tale attitudine elementare dal proprio percorso di studi. In Svizzera, ad esempio, ricordo la classe di Improvvisazione tenuta alla Musik Akademie di Basilea da Walter Fändrich (consiglio a tutti il suo cd "Viola" edito da ECM[11]): un modello geniale di didattica, che meriterebbe un spazio ad hoc per essere descritto.
A New York invece trovo che l'approccio improvvisativo che accomuna musicisti di qualsiasi background dipenda da un lato da un fatto di "tradizione" e dall'altro da un elemento "sociologico": la vita newyorkese è talmente frenetica che semplicemente non c'è il tempo di provare! Dunque è l'ambiente ideale per sviluppare un codice comune basato sulla composizione estemporanea: di necessità virtù`...

---

11   Walter Fändrich, "Viola", ECM, 1991

E allora approfondiamo, secondo te, si può tornare a parlare di improvvisazione in un repertorio così codificato come quello classico o bisogna per forza uscirne e rivolgersi ad altri repertori, jazz, contemporanea, etc?

Non esiste un esperienza musicale che non passi attraverso un rapporto con l'improvvisazione: i grandi del passato ci insegnano come l'attuale condizione della didattica musicale italiana, che confina l'interpretazione e la composizione in universi separati e relega l'improvvisazione al solo ambito jazzistico, sia un'aberrazione. Secondo me la divisione della musica in generi è un delitto, ancorché` talvolta utile ad orientarsi, ma pur sempre un delitto.

A proposito di New York e del suo particolare approccio, in che modo la tua metodologia musicale viene influenza dalla comunità di persone (musicisti e non) con cui collabori? Modifichi il tuo approccio in relazione a quello che direttamente o indirettamente ricevi da loro? Se ascolti una diversa interpretazione di un brano da te già suonato e che vuoi eseguire tieni conto di questo ascolto o preferisci procedere in totale indipendenza?

Il processo di mutua influenza con l'ambiente che si frequenta (che giustamente definisci di musicisti e non) è molto spontaneo. Se si verificano delle influenze non sono ne` programmate ne` volute, ma frutto di un naturale processo di osmosi. Per quanto riguarda i brani che interpreto, in fase di studio tendo a non ascoltare mai una diversa interpretazione, per stabilire un rapporto diretto con la sola partitura. Poi, a conoscenza acquisita, è sempre interessante ascoltare cosa fanno altri.

Quali sono i "materiali" musicali (melodia, timbro, suono, struttura ritmo, etc.) che principalmente scegli e che influiscono nella scelta dei brani da interpretare o nelle improvvisazioni?

Ho sempre avuto il sospetto di essere un percussionista mancato: dunque, per quanto trovo la domanda un po' forzata (e` difficile vivisezionare la musica nelle componenti che citi, in quanto esse sono sempre interdipendenti) ammetto di essere particolarmente sensibile all'aspetto ritmico.

Una domanda un po' provocatoria sulla musica in generale, non solo quella contemporanea o d'avanguardia. Frank Zappa nella sua autobiografia scrisse: "Se John Cage per esempio dicesse "Ora metterò un microfono a contatto sulla gola, poi berrò succo di carota e questa sarà la mia composizione", ecco che i suoi gargarismi verrebbero qualificati come una SUA COMPOSIZIONE, perché ha applicato una cornice, dichiarandola come tale. "Prendere o lasciare, ora Voglio che questa sia musica." È davvero valida questa affermazione per definire un genere musicale, basta dire questa è musica classica, questa è contemporanea ed è fatta? Ha ancora senso parlare di "genere musicale"?

Questa domanda richiama ad un discorso più ampio sull'arte concettuale in generale: può una ruota di bicicletta essere esposta al Moma? (Duchamp). Può un gallerista essere attaccato alla parete con il nastro adesivo e costituire l'opera? (Cattelan). Possono due tonalità di nero separate da un confine appena accennato costituire un quadro? (Rotko). Secondo me la risposta è si. E' il pensiero che conta: la forma artigianale che lo esprime è secondaria. E per altro è sempre stato così': non è solo la maestria del disegno a fare di Michelangelo un genio immortale, bensì la sua capacità di rendere umana una visione mistica. Quanto ai generi musicali sono, come ho già detto, una pericolosa mistificazione della complessità, inventata appunto per semplificare.

Una delle cose che posso sinceramente dire di amare della chitarra è la sua capacità di trasformazione nella forma musicale nei secoli e di medium tra le varie forme musicali e sociali, non ultima quella popolare. Tu hai seguito un percorso assolutamente personale all'interno della chitarra, come hai sviluppato questo percorso, come sta proseguendo e come si è orientato all'interno del mondo della chitarra? La chitarra, con la sua presenza di musicisti virtuosi e assolutamente personali a qualunque livello e genere musicale può rappresentare una valida alternativa alla ormai tragicomica distinzione tra cultura alta e cultura popolare e all'affermazione di Schoenberg "Se è arte non è per tutti, se è per tutti non è arte"?

Guarda, mi dispiace dirlo ad un cultore appassionato come te, per la cui opera nutro un grandissimo rispetto: a me la chitarra in se non interessa gran che. La suono perché quando ho deciso di fare il musicista professionista me la trovavo in mano da abbastanza anni da pensare che non fosse opportuno cambiare strumento, e la stramaledico spesso per i suoi limiti (repertorio, concorrenza etc. etc.). Di buono c'è, come dici tu, che è uno strumento trasversale ai generi e che spinge alla ricerca: dunque i chitarristi sono statisticamente tra i musicisti più dotati curiosità e fantasia. Personalmente cerco di pensare alla musica dimenticando che cosa ho in mano per produrla. Quanto all'affermazione di Schoenberg, ne colgo e ne apprezzo il potere provocatorio, ma sono convinto che la penserebbe diversamente se avesse vissuto tempi di consistenti fenomeni culturali di massa. In fondo lui si e` perso l'apoteosi e la crisi del mercato discografico e soprattutto il mondo secondo internet. Che dovremmo dire, per esempio, del solo di David Gilmour su "Shine On You Crazy Diamond"? Che non è arte perché ha venduto milioni di copie?

Sto soffrendo le pene dell'inferno per questa risposta che getterebbe nel più profondo sconforto Theodor Adorno ... a proposito di pezzi trendy sembra che Electric Counterpoint stia diventando un pezzo da repertorio "classico" per chi vuole cimentarsi con la musica contemporanea, vuoi parlarci del tuo approccio e della sua interpretazione a questo pezzo? Come è nata l'idea di suonarlo ricorrendo a strumenti di origine folk invece che alla chitarra e al basso elettrico? Sai se Reich ha mai ascoltato la tua interpretazione?

L'idea di reincidere il nastro è nata dal disagio che, nell'ascoltare quel pezzo straordinario, ho sempre avvertito per quel suono geometrico e computeristico delle versioni disponibili. In più da sempre volevo utilizzare in qualche modo la straordinaria collezione di strumenti etnici del mio primo insegnante Gino Bufano, che da bambino mi aveva tanto impressionato da lasciarmi un'indelebile passione per gli strumenti etnici. Così passai una notte a registrare patterns utilizzando una ventina di strumenti inaccordabili, per montarli successivamente con Daniele Ledda a Cagliari negli studi di Ti con Zero. Il risultato fu che il nastro suonava come una banda di paese più che come un computer... fortunatamente piacque anche a Steve Reich, che confessando un leggero fastidio iniziale per l'intonazione "poco temperata" se ne lasciò conquistare scrivendomi una bellissima lettera e parlando della mia interpretazione in diverse interviste. Per me era già tanto che non mi avesse mandato una lettera del suo avvocato...

Ma dai, Steve Reich non mi sembra così cattivo ... A proposito di avvocati, parliamo di marketing? Quanto pensi che sia importante per un musicista

moderno? Intendo dire: quanto è determinante essere dei buoni promotori di se stessi e del proprio lavoro nel mondo della musica di oggi?

Purtroppo è fondamentale. Dico purtroppo perché appartengo ad una generazione di idealisti che è cresciuta con il mito dell'artista dedito solo alla creazione mentre un'agente si occupa di lui. In realtà se questo era vero in passato parzialmente e solo per alcuni grossi nomi, oggi non lo è quasi più per nessuno. I canali attraverso i quali passa la propria proposta musicale sono saturi di informazione, e far breccia nel muro dell'iper-produzione di arte non è facile. Probabilmente il futuro è di chi capirà come manovrare bene le nuove leve della comunicazione, e questo è difficile che capiti a chi si ricorda ancora dei telefoni grigi della Sip con la rotella che girava per fare i numeri.

Per adesso mi pare che la qualità della proposta non sia meno importante del modo in cui viene impacchettata e venduta, se il fine è farla arrivare al pubblico. Io ho un rapporto ambiguo con questa realtà: a volte mi diverte e mi sento molto "moderno" nel dover avere a che fare con questo problema comunicativo che mi affascina sotto il profilo direi... sociologico.

Altre volte mi viene voglia di chiudere completamente la bottega in cui "vendo il mio prodotto", e di dedicarmi solo a pensarlo, registrarlo e chi si è visto si è visto.

Ho notato in questi ultimi anni un progressivo avvicinamento tra due aspetti della musica d'avanguardia, da un lato l'aspetto più accademico e dall'altro quello portato avanti da musicisti ben lontani dai canoni classici e provenienti da aree come il jazz, l'elettronica e il rock estremo come Fred Frith, John Zorn, la scena downtown newyorkese e alcune etichette di musiche elettroniche come la Sub Rosa e la Mille Plateux. Che ne pensi di queste possibili interazioni e pensi che vi sia spazio anche per esse in Italia?

Il fenomeno culturale che descrivi molto bene è in realtà frutto della curiosità dei musicisti più intelligenti, ed in qualche modo è sempre avvenuto nell'ambito delle cosiddette avanguardie: penso ad esempio alla sensibilità di Ravel per il jazz o ai rapporti di Stravinsky con la danza e il teatro.

Se invece ti riferisci alla programmazione delle sale di concerto, la progressiva "istituzionalizzazione di ragazzi cattivi" è in atto da diversi anni: per dare dei riferimenti, almeno da quando le grandi associazioni di musica classica hanno cominciato ad includere nelle proprie stagioni i compositori minimalisti come

Glass e Reich o da quando l' ECM ha cominciato a pubblicare la musica di Arvo Part.

Mi astengo dal giudizio se ciò sia bene o sia male, cioè intendo tenermi fuori dalla diatriba che coinvolge i difensori del purismo estetico dei vari mondi musicali, a cominciare da quello della chitarra per finire a quello ad esempio del jazz o della musica classica. Di fronte a qualcosa che "è" non mi interessa dare un giudizio di valore ma piuttosto armarmi degli strumenti per comprendere ed interpretare la realtà di fatto.

Naturalmente l'Italia arriva sempre ultima nel comprendere dove si muove la tendenza culturale dominante, e vedo nei cartelloni concertistici più l'affanno di seguire la moda che la capacità di comprendere dove sia la novità nella musica contemporanea. Con le dovute eccezioni, naturalmente.

La tua carriera musicale va avanti ormai da diversi anni, come hai visto cambiare il mondo musicale attorno a te e per te? Che differenze noti tra gli allievi a cui insegni e hai insegnato? E' cambiato e come il tuo modo di fare musica? Le nuove tecnologie (nuovi strumenti musicali, midi, network sociali, forum) hanno influenzato le tue scelte e la tua forma musicale? Come?

Mah… quando io studiavo c'era molto più idealismo che concretezza. Altrimenti difficilmente avrei passato anni e anni a studiare la chitarra classica. Cosa che comunque oggi mi rende un uomo ed un musicista completo e soddisfatto, con la certezza di avere molto da cercare e, si spera, da trovare. Per lo stesso motivo sento sempre un certo imbarazzo, insegnando, nel prescrivere cure nutrite di pezzi il cui serio studio richiede ore e ore… per come stanno le cose che faranno questi poveri disgraziati dopo il diploma in chitarra? Loro pero` sembrano avere una risposta, quale che sia, a dispetto del mio pessimismo: i ragazzi oggi hanno in genere una visione molto più scaltra della vita, che gli si annuncia di certo più difficile (non e` piu` un mistero che la famosa "crisi" sia di fatto una crisi di sistema). Da loro bisogna imparare, osservandoli con curiosità e condividendo la propria esperienza quel tanto che possa essergli utile, senza rompere troppo le scatole pensando di sapere come andrà a finire.

Tu fai parte da diversi anni dell'Ensemble Dissonanzen, nel 2008 è uscito il disco dedicato alla Musica da camera di Henze e nel 2006 quello dedicato alle musiche di Dalla Piccola e Petrassi, come è nato questo Ensemble?

L'Ensemble Dissonanzen[12] e` un gruppo legato all' Associazione omonima, con base a Napoli. Intorno all'appuntamento annuale del Festival, negli anni si e` sviluppato un nucleo di soci-musicisti provenienti da percorsi diversi (jazz, musica contemporanea, musica antica) che suonano insieme in diverse formazioni: da progetti originali (sonorizzazioni di film muti, composizioni dei membri dell'Ensemble, commissioni ad illustri ospiti) alle pagine di repertorio che hai citato. E` un gruppo con un'identità trasversale, molto prolifico ed originale, i cui membri stanno sviluppando percorsi individuali prestigiosi nei rispettivi ambiti, come ad esempio il pianista Ciro Longobardi.

Una realtà ormai solida della quale sono onorato di far parte praticamente sin dagli albori. Dissonanzen ha da poco compiuto 20 anni, celebrati dall'etichetta Die Schachtel con la pubblicazione di uno splendido cofanetto contenente registrazioni inedite[13].

Senti .. una volta il serafico Robert Fripp rispose a un punk che lo accusava di essere un ipertecnico dinosauro "Chi è più schiavo della tecnica? Chi ne ha troppa o chi non ne ha?" quanto è importante il lavoro sulla tecnica per raggiungere quel livello di "sicurezza" che esprimi così bene?

Sono arrivato ad una conclusione: dando per scontata la preparazione di base necessaria per maneggiare uno strumento musicale, la sicurezza di cui parli dipende da una questione "concettuale": è importante sapere cosa si sta facendo e perché.

Inoltre più che la tecnica - che tuttavia ho studiato tanto, anche troppo! - oggi tendo a studiare cercando di ascoltare profondamente di quello che suono: quanto più il livello di ascolto e` raffinato e tanto più chiara e` la domanda che rivolgo ai miei mezzi tecnici, tanto più realizzeranno la risposta raffinandosi essi stessi. Insomma, ad un certo punto si stabilisce un circolo virtuoso tra ciò che immagino, ciò che ascolto e ciò che suono: e le tre dimensioni finiscono per integrarsi migliorandosi a vicenda.

---

[12] http://www.dissonanzen.it/
[13] Ensemble Dissonanzen, "Dissonanzen", Die Schachtel, 2014

Ti propongo un gioco: ti faccio alcuni nomi, che penso possano essere legati e non alle tue idee musicali, mi dici che cosa significano o se hanno un significato per te? Incomincio:

- Julian Bream: GRANDEZZA E' DDIO
- I Raga indiani: PROFONDITA' DI ASCOLTO
- Italo Calvino: IMPRESCINDIBILE
- Frank Zappa: STELLA COMETA
- Johan Sebastian Bach: L'ASSOLUTO
- Steve Reich: GENIALE
- Jimi Hendrix: LIBERTA`
- Giacinto Scelsi: LA GIUSTEZZA DELL'OSSESSIONE
- Ennio Morricone: MAESTRIA

Sperimentazione, ricerca, collaborazioni con compositori, teatro musicale, chitarra classica, acustica, elettrica, arciliuto, p'i'p'a' cinese, strumentazioni elettroniche, multimediali, impiego di prototipi tecnologici, linguaggi diversi, di repertorio o inediti, di confine.

Questi i materiali e gli ambiti nei quali si incontra Elena Càsoli, interprete di nuove invenzioni per i suoi strumenti.

Ospite di festival internazionali europei, americani e giapponesi, come solista (Australia-Melbourne Festival, Hamburg Festspiel, Saitenfestival Bern, Prague Premieres, Biennale Venezia, Dresdner Musikfestspiel, Universidad de los Andes Bogotà, Singapore Int. Guitar Festival, Liten Gitarrakademi Ingesund, MilanoMusica), con orchestre sinfoniche (Mahler Chamber Orchestra, Orch. Naz. RAI, Camerata Bern, Concerto Budapest), In duo con Jürgen Ruck (Magnus Haus Berlin, Münster Festival, Dampfzentrale Bern), in collaborazione con ensembles (Divertimento Ensemble, Ensemble Modern, Sentieri Selvaggi) e studi di informatica musicale (Agon-Milano, Akademie der Künste-Berlin, DIST/Genova, HKB-Bern).

Nel 2009 Al Gran Sole ha prodotto e realizzato un film documentario di Francesco Leprino a lei dedicato, intitolato "Nelle Corde di Elena". Nel 2010 ha partecipato alla realizzazione di un film documentario sempre di Francesco Leprino dedicato all'Arte della Fuga di J.S.Bach.

Dal 2013 collabora con il chitarrista folk Jan Ekedahl.

Si è formata con Ruggero Chiesa e Oscar Ghiglia.

Dal 1994 collabora come giornalista con la rivista musicologica di liuto e chitarra Il Fronimo.

Dal 2002 è docente di Chitarra e Interpretazione della Nuova Musica presso la Hochschule der Künste di Berna e tiene masterclasses in Italia e all'estero.

http://www.elenacasoli.com/

Quando hai iniziato a suonare la chitarra e perché? Che studi hai fatto e qual'è il tuo background musicale?

Se sei d'accordo ti rispondo solo in viaggio, treno e aereo. Un tempo in cui non posso suonare, un limbo nel quale, mentre scorre il paesaggio, i pensieri prendono forma. Dunque...una bambina di sette anni, papà appassionato di musica classica e teatro, a scuola la proposta di iniziare a suonare la chitarra. E' stato come imparare a nuotare o andare in bicicletta, divertente e inconsapevole. In casa il giradischi, meccanismo per me inavvicinabile e i dischi in vinile. Un rito quando li metteva sul piatto rotante: spazzolino per la polvere-braccio-solco-puntina-suono. Nei rifugi, i cori di montagna. A otto anni uno studio di Carulli suonato e risuonato sino allo sfinimento. Poi l'incontro con un maestro "all'antica", un uomo mite che mi diceva che la musica è passione. A dodici, due scoperte: "Peschator che va cantando" di Pietro Paulo Borrono e "La città Vecchia" di De André. Quaranta candidati, un posto. Così sono entrata nella classe di Ruggero Chiesa al Conservatorio di Milano. E' stato l'incontro con un Maestro, che riconosceva le diverse personalità degli allievi, accendeva gli animi e sapeva dare risposte vere. Per alcuni anni ho ascoltato tanti, davvero tanti concerti e scoperto il teatro, quasi ogni sera. Non capivo, a volte mi addormentavo, ma qualcosa in me lasciava un segno. Poi l'Accademia Chigiana, Oscar Ghiglia, l'incontro con nuovi musicisti, altri maestri, altri concerti.

Allora chiacchieriamo così, internet è perfetta per queste cose ... con che chitarre suoni e con quali hai suonato?

Te le presento in ordine di apparizione. Dopo una piccola 3/4 e una Yamaha da studio, è arrivata la Pietro Gallinotti. L'ho vista mentre la costruiva nel suo laboratorio di Solero, nel 1974, avevo solo 12 anni, ho capito che era un momento importante, che quella chitarra costruita per me sarebbe stata una presenza nella vita. La suono ancora in concerto. Poi la Masaru Kohno del 1977, la chitarra degli anni della formazione, la compagna dei primi concerti all'estero. Io e lei, in viaggio, da sole, in treno, in camerino, sul palco e nelle camere d'albergo. Sembra un po' banale detto così, ma si diventa amiche a viaggiare spesso insieme. A Tokyo nel 1997 ha incontrato il suo artefice, che è stato felice di ascoltarla, dopo tanti anni, e io di conoscere lui. Nel 1992 è arrivata la Blue Blade, solid-body. Un'elettrica di classe, bella tastiera. Pensata per altra musica, nelle mie mani ha retto più di vent'anni di sperimentazione, ed è ancora in forma. Nel 1994 un viaggio a Vinci, in Toscana, per l'arciliuto Pascal Goldsmith, copia Sellas 1613. Era maggio, sulla strada del ritorno per la prima volta l'ho suonato in un prato pieno di fiori. Anche lui, non poteva immaginare di essere così interessante per i compositori di questo secolo. E invece s'è trovato subito battuto da archetti, in scena accanto a clarinetto basso e chitarra elettrica. E ancora

58

strumento della Nuova Musica, nel dicembre 2012 a Roma, in un concerto monografico dedicato ad Aldo Clementi. Poi, un giorno, nel laboratorio di Lucio Antonio Carbone, ho incontrato la Luis Panormo 1846. Uno strumento intrigante, ancora prima del restauro. Una signora dopo l'intervento sapiente di Lucio, subito in concerto a Manchester e Liverpool, e tutt'ora spesso in viaggio con me, negli ultimi tempi suonando anche folk svedese. Nel 1997, lavorando in duo con Jürgen Ruck al disco dedicato ad Hans Werner Henze, ho conosciuto a Monaco il liutaio Fritz Ober. Avevamo bisogno di una stessa voce, di un solo suono nel duo. Così nel 1998 è stata pronta. A Marino, sui Colli Romani l'ultimo incontro con Henze, e abbiamo inciso il disco. E poi è arrivato il dicembre 2000, anno di cambiamenti. Parigi, teatro Chatelet, John Adams "El Nino", Kent Nagano sul palco. Due steel string guitars in orchestra. Una era la Robert Taylor, ridondante di risonanze e armonici, suonandola ho davvero scoperto cos'è il sustain...

E' vero, quelle chitarre hanno un suono così ampio che continua a respirare dopo che l'ultima nota è stata scoccata e continua a far vibrare l'ambiente che le circonda ... tra i tuoi strumenti confesso che quello che mi incuriosisce di più è la Panormo del 1846 che hai adoperato in "Changes-Chances" per i brani di Riley, dando un particolare colore a quelle musiche, ma anche Scarlatti e Paganini se non ricordo male ... Ricordo una intervista a Uto Ughi dove lui parlando del suo Stradivari si considerava come l'ultimo "custode" di uno strumento al di là del tempo e del semplice concetto di nuda proprietà...

Incontrare una chitarra così è stata una fortuna. Non tutte le Luis Panormo ancora in circolazione sono uguali e di egual valore, anche per i danni del tempo. Questa è, nonostante gli anni, uno strumento vivo, pronto a vibrare appena lo si sollecita. A volte cerco di immaginare chi l'avrà suonata prima di me. Strumenti così sono un bene comune, vivono solo temporaneamente tra le mani di un solo chitarrista. Spero che questa Panormo avrà ancora lunga vita, quando non sarò più io a suonarla.

E la Blade? E' una chitarra con pickup attivi, EMG, giusto? Come mai la scelta di quei pickup? Cosa usi come amplificazione e effetti? Nel 2009 alla Biennale di Venezia avevi un Fender Twin Reverb e passavi tutto attraverso il Mac ...

Pickup attivi, sì, potenza e qualche colore in più. Gli amplificatori si concordano di volta in volta, a seconda delle situazioni e delle musiche in programma. E anche per gli effetti, come mi ha insegnato un saggio dell'elettrica anni fa, "dipende da cosa devi fare...". Con alcuni compositori si lavora insieme all'elettronica, altri si affidano a me, altri ancora amano i prototipi, nuove macchine, nuovi software ... E' un po' come per i pianisti. Arrivi alle prove e hai bisogno di un po' tempo per conoscere il nuovo strumento. A volte ho tutto il teatro per me per ore. Altre, come con l'Ensemble Modern l'ultima volta, il volo è in ritardo, perdi il treno all'aeroporto di Francoforte e sei in sala prove solo mezz'ora prima. Gli ottoni si stanno già scaldando, non puoi avere un momento di silenzio, perdi ancora tempo tra saluti agli amici e accordatura ... devi avere un suono in mente, regoli i parametri fidandoti dell'esperienza ed è già il momento in cui il direttore dà l'attacco.

Una cosa che mi ha sempre stupito è la tua versatilità, la disinvoltura con cui ti muovi tra i diversi tipi di chitarre sempre con l'intento di essere il più possibile al servizio del compositore ... come riesci a gestire questo "parco" di chitarre? Quali sono le difficoltà che hai incontrato passando da uno strumento all'altro?

I compositori sono curiosi, si lasciano affascinare dal suono. E così riescono a pensare in scena l'arciliuto accanto all'elettrica. Oppure ti trovi a suonare la p'i'p'a' per "The sound of a voice" di Philip Glass, o la classica con l'elettrica già a tracolla per fare il cambio in tempo in "Musique pour le soupers du roi Ubu" di Bernd Alois Zimmermann. Ora è arrivato anche un sitar. Accordarlo è stata un'esperienza. Potrei tenerlo nascosto ai compositori, ma sarebbe un peccato. Sentire ogni strumento sotto le dita, cogliere la sua natura, acustica o elettrica che sia, trovare il suono: questo è quello che mi interessa. Sono attratta dagli strumenti con corde tese. Come riuscire a passare dall'uno all'altro diventa secondario, una questione tecnica.

Prima hai citato Jürgen Ruck, da quanto tempo continua la vostra collaborazione musicale?

Ho incontrato Jürgen ai corsi estivi di Oscar Ghiglia. Anni dopo ci siamo ritrovati ai Ferienkursen für Neue Musik di Darmstadt nel 1988. Al termine di quelle due settimane di una folle entusiasmante abbuffata di Nuova Musica dal mattino a tarda notte, ci siamo detti: "Perchè non suoniamo in duo?". E così è andata. Poi negli anni ci siamo ritrovati a suonare insieme anche con la Chamber Orchestra of Europe, i Berliner Philarmoniker e la Deutsche Symphonie Orchester. Belle esperienze con Heinz Holliger, Kent Nagano e Claudio Abbado, che accanto ai concerti in duo hanno contribuito a rendere la nostra collaborazione più profonda e duratura. Alcune opere che abbiamo commissionato ci hanno messo a dura prova, come i pezzi di Klaus Ospald e Claus-Steffen Mahnkopf, ma suonare insieme è ancora un grande piacere. Uno dei periodi più intensi del nostro lavoro è stata la realizzazione per due chitarre di Memorias da El Cimarròn e Minette dall'opera The English Cats, su invito e in collaborazione con Hans Werner Henze. Qualche tempo fa abbiamo riascoltato la voce di Henze durante una prova nella sua casa di Marino: è stato emozionante ripensare a quei momenti vissuti nel far musica accanto ad una personalità così forte, così carismatica. E poi tanti concerti e un cd monografico che ha vinto a Berlino l'Echo Klassik Preis 2000[14].

Quali sono state e sono le tue principali influenze musicali?

Come saperlo veramente ... sono solo frammenti che appaiono nella memoria ... a otto anni un LP di Segovia che suonava il Concierto del Sur di Ponce. I concerti di Pollini e del Quartetto Italiano alla Scala. Schubert, Beethoven, L'Arte della Fuga, Nono. Le prove generali dell'Orchestra RAI ascoltate dalle ultime file di Sala Verdi, ogni giovedì pomeriggio, con i compagni del Conservatorio. Grazie ad un amico jazzista, una registrazione del Köln-Concert di Keith Jarrett e dei dischi degli Oregon. Un concerto dal vivo dei Rolling Stones a Torino e uno di Frank Zappa a Milano, Redecesio, nell'estate del 1983. Suonare la Sinfonia Dal Nuovo Mondo di Dvoràk in orchestra con l'oboe. La scoperta della musica tradizionale indiana e di Bill Evans. Esser stata ai Ferienkürsen di Darmstadt alla fine degli anni '80. Ho suonato tanto, tante ore della vita, ho ascoltato tanto. Ed è ancora così, ogni giorno.

A proposito di oboe, qualche tempo fa ho fatto ascoltare le tue incisioni di Giuliani a un amico appassionato di jazz ... ti ha definito una chitarrista classica con un insolito senso del breath ... tu non sei solo chitarrista ma

---

[14] Elena Càsoli Jürgen Ruck "Henze Chamber Music Vol. 1", MDG, 1999

anche oboista, suoni ancora questo strumento? Pensi che ti abbia influenzata come chitarrista?

L'oboe è stato per me l'esperienza fisica del "crescendo" e "diminuendo" su un'unica lunghissima nota. Il suono che nasce dal respiro, che è respiro. E poi essere parte dell'orchestra per la Sinfonia n.5 di Beethoven, suonare le Sinfonie di Mozart nell'orchestra da camera di Fiesole, i Gurrenlieder di Schoenberg con l'Orchestra della RAI di Milano e tanta musica da camera ... immersa nel suono di un'orchestra, seguire il direttore, ascoltare l'intonazione con gli altri fiati. E poi una sera scoprire Paul McCandless, l'oboista degli Oregon, e rendersi conto di quanta altra musica si poteva ancora fare con questo strumento.

In che modo esprimi la tua "forma" musicale sia nell'ambito dell'esecuzione che nell'improvvisazione, sia che tu stia suonando "in solo" sia assieme altri musicisti?

Metto in contatto il passato con l'ascolto del momento. Come una cartina al tornasole, reagisco al suono, all'agire degli altri musicisti e a ciò che accade con il mio strumento.

Elabori una "forma" predefinita apportando aggiustamenti all'occorrenza o lasci che sia la "forma" stessa ad emergere a seconda delle situazioni, o sfrutti entrambi gli approcci creativi?

Suono. Immagino. Ascolto. Cerco idee. Leggo le vite degli artisti. Questo me l'ha insegnato un giorno Sylvano Bussotti. Suono. Mi faccio un tè. Suono. Leggo, tanto. Poi vado a fare due passi. Arrivo a una prova. Suono. Insegno. Pedalo per la città. Viaggio spesso con le partiture piegate nello zaino. In metropolitana, in treno, in aereo. Le apro, le suono con la mente. E in questi ultimi anni ascolto tante canzoni. Cucino. E poi ancora suono.

Quale significato ha l'improvvisazione nella tua ricerca musicale? Si può tornare a parlare di improvvisazione in un repertorio così codificato come quello classico o bisogna per forza uscirne e rivolgersi ad altri repertori, jazz, contemporanea, etc?

Io improvviso l'interpretazione di ciò che tu definisci codificato. La musica scritta richiede un'etica di rispetto, attenzione, vicinanza e conoscenza della sua estetica, osservazione del segno lasciato dall'autore. Ma è materia mobile, viva, inafferrabile, intangibile, che attende l'incontro con un atto interpretativo. E quest'incontro, in concerto, contiene uno spazio d'improvvisazione, ogni sera nuovo, diverso.

In che modo la tua metodologia musicale viene influenzata dalla comunità di persone (musicisti e non) con cui collabori? Modifichi il tuo approccio in relazione a quello che direttamente o indirettamente ricevi da loro?

Se suono con altri musicisti, condivido, assorbo, reagisco, sto in ascolto, continuamente. Non può che essere così.

Se ascolti una diversa interpretazione di un brano da te già suonato e che vuoi eseguire tieni conto di questo ascolto o preferisci procedere in totale indipendenza?

Mi serve conoscere, mi serve restare indipendente. Ascolto e poi metto da parte, e se mi piace magari riascolto, prima-dopo-durante, dipende. Può anche essere lo stesso autore, ma altri strumenti, per Bach ad esempio. Non posso avere una sola modalità. Spesso suono opere in prima esecuzione, non c'è ancora la possibilità di ascoltare, solo di immaginare.

Quali sono i "materiali" musicali (melodia, timbro, suono, struttura ritmo, etc.) che principalmente scegli e che influiscono nella scelta dei brani da interpretare o nelle improvvisazioni?

I miei materiali sono le partiture. Di oggi o del passato. Quasi sempre musica scritta. Anche se con grafie insolite e lunghe legende per decodificarle. Ogni tanto appare sullo spartito un "pittografico", o uno spazio percorso da onde, frecce, rettangoli riempiti di note, puntini, segni in libertà. Qualche volta, ultimamente, lo spartito non c'è. Come nel febbraio 2012 nel Münster di Berna. Accanto ad organo e clarinetto basso, con l'elettrica, nuove strutture non scritte hanno preso forma. Esperienze, suoni, gesti già sperimentati. Nuova la situazione, inedito quel tempo nel quale io, Daniel Glaus ed Ernesto Molinari ci siamo ascoltati e abbiamo agito, in un'acustica dal respiro ampio, 7 secondi di riverbero, riempiendo di suono le volte alte e buie della cattedrale medievale.

Una domanda un po' provocatoria sulla musica in generale, non solo quella contemporanea o d'avanguardia. Frank Zappa nella sua autobiografia scrisse: "Se John Cage per esempio dicesse "Ora metterò un microfono a contatto sulla gola, poi berrò succo di carota e questa sarà la mia composizione", ecco che i suoi gargarismi verrebbero qualificati come una SUA COMPOSIZIONE, perché ha applicato una cornice, dichiarandola come tale. "Prendere o lasciare, ora Voglio che questa sia musica." È davvero valida questa affermazione per definire un genere musicale, basta dire questa è musica classica, questa è contemporanea ed è fatta? Ha ancora senso parlare di "genere musicale"?

Sono linguaggi. Come le lingue parlate, i linguaggi musicali hanno grammatica, sintassi, vocabolario, accenti, modi di dire, espressioni colte e dialettali. Esprimono, nelle loro strutture intrinseche, una storia e un modo di pensare. Vivono di sfumature e inflessioni. Esiste la lingua madre, che hai appreso da bambino, in modo inconsapevole. Della quale conosci molto di più di quello che pensi, così come dell'architettura del luogo dove sei cresciuto, anche se non sei uno che osserva con attenzione come son fatte le case. E allo stesso modo, forse esiste una musica madre. E poi esiste la possibilità di imparare altre lingue. Ma farle proprie al punto da non rivelare più un accento "straniero" richiede immersione nel contesto sonoro e culturale, buon orecchio e lunga attenta pratica. Sempre che si considerino un valore, la purezza, la maestria, il virtuosismo nell'uso del linguaggio. Le lingue parlate possono essere usate da chiunque per comunicare. Ma acquistano nuova luce e potere quando scrittori o poeti le interpretano. Si possono anche parlare più lingue contemporaneamente, con accenti misti, sintassi insolite, parole inventate. E tutto questo è sempre linguaggio. Si può anche tacere e solo guardare, osservare. Ciò che fa la differenza è perchè, con che intensità, con quale profondità di pensiero, o virtuosismo compositivo e interpretativo, con che forza, con che bisogno di esprimersi, si usa un linguaggio -che sia musicale o parlato- sulla carta, nel computer, dal vivo, in disco, sul palco. Che la materia prima sia il suono del succo di carota forse non è determinante. Il materiale più semplice o più raffinato acquistano interesse e vita in musica, a seconda di come e perché avviene l'atto dell'invenzione, del comporre, del suonare, della comunicazione.

So che hai dei bei ricordi di Frank Zappa ...

Estate del 1983, caldo e polvere a Redecesio, una grande band sul palco, suono elettrico, ironia, groove straordinario. Pensiero indipendente. Anni dopo incontrarlo da vicino, mentre provava con l'Ensemble Modern, a Francoforte. Una stampante sfornava senza sosta le parti di The Yellow Shark. Qualche sera dopo, essere tra il pubblico dell'Alte Oper piena, un lungo applauso al suo ingresso ... era il 1993 o il 1994?

Settembre 1993 ... una delle sue ultime apparizioni pubbliche, poi il male ce lo porterà via dopo pochi mesi .. hai mai provato a suonare qualcuno dei suoi assoli in Guitars e Shut Up 'n Player Guitar? So che hai gli spartiti con le trascrizioni di Steve Vai ...

Ho il libro, ho suonato, provato, studiato, cercato il suo suono...anche per un concerto in suo omaggio, per il quale Maurizio Pisati e Giorgio Magnanensi avevano scritto pezzi con stretti riferimenti a questi assoli. Ma, come dicevo parlando di linguaggi, c'è una distanza: La possibilità d'incontro è per me reale solo se mediata da altri pensieri, da mani di compositori. Come scrive Goethe: "Impossibile sempre è la rosa, incomprensibile l'usignolo"...una parte importante resta inafferrabile. Solo attraverso un avvicinamento alchemico gli elementi possono davvero incontrarsi.

Una delle cose che posso sinceramente dire di amare della chitarra è la sua capacità di trasformazione nella forma musicale nei secoli e di medium tra le varie forme musicali e sociali, non ultima quella popolare. La chitarra sembra essere lo strumento (anche logico-economico-filosofico) per contrastare le teorie della scuola di Francoforte e di Adorno. La sua incredibile capacità di diffusione è dovuta a diversi fattori non ultimo il fatto di poter essere realizzata sia in forma industriale che come prodotto di liuteria in tempi relativamente brevi sia con costi contenuti, sia il fatto di poter contare su tipologie classica, acustica e elettrica adatte a diverse culture musicali e sociali e potersi basare su un repertorio classico e popolare assolutamente trasversale. Tu hai seguito un percorso assolutamente personale all'interno della chitarra, come hai sviluppato questo percorso, come sta proseguendo e come si è orientato all'interno del

mondo della chitarra? La chitarra, con la sua presenza di musicisti virtuosi e assolutamente personali a qualunque livello e genere musicale può rappresentare una valida alternativa alla ormai tragicomica distinzione tra cultura alta e cultura popolare e all'affermazione di Schoenberg "Se è arte non è per tutti, se è per tutti non è arte"?

Tu sai bene che ho già scritto proprio questo anni fa nel booklet di un mio cd[15] ... La chitarra è una trasformista. Può essere una signora molto classica, ma anche presentarsi sempre nuova, diversa, colorata, ama l'amplificazione, la sovrabbondanza di corde, le forme insolite... Pensa quanto meno s'è modificato uno strumento come l'oboe...è anche per questo che tanti la amano. E forse Schoenberg l'ha usata nella sua Serenata op.24, proprio perchè voleva un colore "popolare" per il suo Waltz tutto storto, affinchè suonasse più "autentico". Così come Berg, che ne ha messe due nella scena del Biergarten, in Wozzeck. Come poteva essere altrimenti, pensando musica per un'orchestrina da ballo? Mentre scrivo queste righe, ascolto la chitarra ruvida di Neil Young. E oggi ho fatto lezione su Bach e Vivaldi. Sempre di chitarra si tratta....è uno strumento così, ed è proprio così che mi piace.

In quel booklet hai anche scritto: "Suono uno strumento che vive oggi uno dei momenti più felici della sua lunga storia. Uno strumento che ha saputo evolversi adeguando struttura e caratteristiche timbriche ai mutamenti del pensiero musicale, fino a trovare nel XX secolo una molteplicità di forme ed espressioni pari solo al periodo rinascimentale e barocco." Devo ammettere di essere rimasto molto impressionato da questa dichiarazione di intenti: spesso e volentieri ho letto di chitarristi lamentarsi della "povertà" del repertorio chitarristico, nei confronti di quello di altri strumenti come il violino e il pianoforte. Tu sembri invece ribaltare questa questione ... sottolineando la "contemporaneità" della chitarra ...

Che esista tanta bella musica per chitarra scritta e pubblicata è un dato di fatto. Un po' mi stupisco quando leggo o sento di chitarristi che lamentano la carenza di repertorio. Nel mio studio si accumulano spartiti di pezzi nuovi e non, che ricevo dai compositori e dalle case editrici. Non ho fisicamente il tempo di

---

[15] Elena Càsoli "StrongStrangeStrings", Stradivarius, 2002

suonare e di mettere in programma in concerto tutta questa Nuova Musica, è un peccato, altri lo faranno ... non mi sembra un repertorio "povero".

Sempre nel libretto di "Changes-Chances", fai più volte riferimento alla "Nuova Musica", in particolare parlando di Terry Riley. Lo stesso Riley in alcune sue incisioni parla di "New Music", ma non sono riuscito a capire cosa si intende effettivamente ... è un genere musicale o un diverso atteggiamento verso la musica?

Quando parlo di Nuova Musica mi unisco a quella comunità internazionale di musicisti, musicologi, critici e pubblico che riconosce come tale tutta la musica che viene scritta con un'intenzione di ricerca, di sperimentazione e di creazione artistica. Che gli esiti siano poi più o meno sperimentali questo dipende dal percorso di ogni compositore, ma comune è l'atteggiamento. Oggi può essere una definizione imperfetta, se si considera la vastità e varietà della produzione musicale di ricerca a livello internazionale.

E' un mondo di pura creazione, affascinante e multiforme, nel quale i compositori inventano, elaborano, trasformano la materia musicale. I loro pensieri si fissano sulla carta o nelle tracks di un computer a volte in totale sfrenata indipendenza da qualsiasi condizionamento, che non nasca dalla loro ispirazione.

E' una miniera di musica per la quale chiedo aiuto anche ai miei allievi di Berna, affinché li leggano e li suonino nei loro concerti.

La tua carriera musicale va avanti ormai da diversi anni, come hai visto cambiare il mondo musicale attorno a te e per te? Che differenze noti tra gli allievi a cui insegni e hai insegnato? E' cambiato e come il tuo modo di fare musica? Le nuove tecnologie (nuovi strumenti musicali, midi, network sociali, forum) hanno influenzato le tue scelte e la tua forma musicale? Come?

Appena letto, viaggiando in treno, in un libro di Philip Roth: "Niente dura, e non di meno niente passa. E niente passa proprio perché niente dura". Può essere una risposta? I bisogni, i desideri importanti, miei, dei musicisti con i quali suono o degli allievi, non sono così cambiati. Abbiamo nuovi strumenti per suonare e comunicare, ma ciò che suoniamo e scriviamo...è veramente diverso? Il modo di far musica cambia con me, perché nulla sta fermo, neanche quando si vorrebbe. Come questo treno.

Oltre a svolgere una notevole attività come concertista insegni anche presso la Hochschule der Künste di Berna, come riesci a combinare queste due attività? A volte si ha l'impressione di una dicotomia tra le due "carriere": che un concertista non riesca ad essere allo stesso tempo anche un insegnante...

Per me sono due espressioni diverse e interattive del mio essere musicista. La mia attività concertistica credo sia di stimolo e non di ostacolo per i chitarristi che lavorano con me a Berna, così come l'energia dei miei studenti è per me nutrimento come concertista. A Berna ho la classe di Chitarra e di Interpretazione della Musica Contemporanea, oltre a gruppi di musica da camera e progetti particolari in collaborazione con i dipartimenti di Elettronica, Teatro, VideoLab. Questo fa sì che i chitarristi incontrino e lavorino accanto ad altri strumentisti, attori, compositori e imparino attraverso questo contatto a vivere la musica come un mezzo di comunicazione con altri artisti e con il pubblico. Ciò che dico potrebbe sembrare un'ovvietà a chi non frequenta il mondo della chitarra classica, ma ha un fondamento, perché nel mondo chitarristico purtroppo l'isolamento ha a volte arenato talenti molto promettenti che, non nutrendosi del dialogo continuo con altri musicisti, hanno finito per non credere più in ciò che stavano facendo. E il primo a mettermi in guardia da questo pericolo è stato proprio Ruggero Chiesa.

Una volta parlando di Ruggero Chiesa mi hai detto che era solito ripetere che "un chitarrista non dovrebbe mai rimanere isolato" ... è questo a cui ti riferivi?

Credo che più volte avesse assistito con tristezza a questa strana forma di "invecchiamento precoce" del chitarrista classico, come lui stesso la definiva. Quando insegno cerco di aiutare ognuno a scoprire la propria direzione, a capire il perché di questo desiderio forte di voler fare della musica la propria vita, e come si può realizzare attraverso le scelte di repertorio e i contatti con il mondo musicale. Nel momento in cui un allievo trova chiarezza nelle sue motivazioni manifesta uno slancio e una energia straordinari, acquista la capacità di studiare ore e ore fino a dare una forma concreta, interessante e davvero personale alle proprie aspirazioni.

Non è la prima volta che parli di Ruggero Chiesa, ho conosciuto diversi suoi allievi e ho sempre avvertito il profondo rispetto che ispirava come persona e come artista. Nel 2013 sul Corriere Musicale hai parlato della "leggerezza ed essenza di un vero Maestro". Era davvero una persona così carismatica?

Sai, insegnare è un atto importante e delicato. Il centro d'attenzione sembra essere la materia su cui si lavora insieme, la musica in questo caso. Ma, in realtà, per me, come insegnante, il vero centro è il giovane musicista che ho di fronte. Ovvero come la materia, la musica, possa diventare l'occasione per questa persona di dar senso al proprio fare e, se possibile, di regalare momenti sublimi al mondo. E questo è interessante, appassionante e non sempre facile da governare. Ruggero Chiesa credo possedesse questa abilità. Era un uomo colto, elegante, curioso, conosciuto e stimato da altri musicisti, non solo da chitarristi, e un maestro capace di lasciar spazio attorno ad ognuno di noi. Credo che proprio questo spazio, unito alla conoscenza e alla fiducia, ci abbia consentito di crescere. Ognuno diverso, ognuno autonomo.

Tu hai dedicato il tuo talento e le tue chitarre al repertorio e ai compositori contemporanei, prima hai parlato di Bach e Vivaldi, qual è il tuo rapporto con la tradizione classica, suoni mai pezzi che so del repertorio ottocentesco o rinascimentale?

Mi sono formata con questo repertorio, che continua ad appartenermi. Lo suono in concerto, l'ho inciso, seguo gli allievi che lo studiano e lo amo. Non è in contraddizione, ma in condivisione del mio tempo e delle mie energie con il repertorio contemporaneo, anche se quest'ultimo per il suo carattere di work in progress continuamente in collaborazione con altri musicisti occupa una parte importante del mio lavoro.

Tanto penso che approfondire la conoscenza di un dato repertorio o autore sia importante, quanto credo che ogni musicista possa sviluppare un pensiero elastico, duttile, che gli consenta di spostarsi, non dico tra i generi, dote riservata solo a pochi, ma tra gli autori di uno stesso genere, arricchendo la propria prospettiva interpretativa e mantenendo alta la qualità artistica.

E quindi Bach?

Una presenza costante nella vita. Il ritorno ad un centro nella pratica quotidiana, nei momenti felici e in quelli molto difficili.

E i Raga indiani ...

Pandit Ravi Shankar, il suono del suo sitar. Suonare L'Aube Entchantée con il tabla. L'incontro con Terry Riley, una serata a Cagli a parlare di musica indiana e del suo maestro Pandit Pran Nath. Il suo concerto la sera dopo. Cercare i raga nel suo Book of Abbeyozzud. Un pomeriggio passato in casa di LaMonte Young al Village, ascoltando un raga infinito.

E Italo Calvino?

Lezioni Americane: il capitolo sulla Leggerezza. Barone Rampante: il coraggio di ribellarsi a ciò che è inaccettabile. L'armatura vuota/piena del Cavaliere Inesistente. Racconto nel racconto, nel racconto, nel racconto....

... Electric Counterpoint di Steve Reich ...

Tre notti in studio con Michele Tadini a registrare e montare le tracce di Electric Counterpoint. Un pomeriggio ai tavolini di un caffè alle Zattere, a Venezia, a parlarne con Gianni Di Capua, prima di realizzare il video. E poi la ripresa, in piano sequenza, senza tagli, al Teatro delle Fondamenta Nove a Venezia.

Un posto a cui sono molto affezionato ... Electric Counterpoint è un pezzo davvero particolare .. mi sono sempre domandato perché Reich abbia chiesto proprio a Metheny di interpretarlo per primo ... New York ha sempre offerto una platea di chitarristi elettrici ben preparati tra cui poter scegliere .. perché proprio un jazzista? Può essere che l'abbia fatto per superare quello che è il peccato originale di questo brano? Il fatto che il musicista alla fine suoni sempre con se stesso, con la base pre-registrata, col risultato di un'esecuzione un po' piatta?

Il caso, qualcuno che ha suggerito o provocato quest'incontro, lavorare in un luogo come New York, l'amicizia forse, la stima reciproca...non sappiamo quale sia il motivo, cosa sia venuto prima. Ma io trovo che sia stata una collaborazione interessante, di stimolo anche per i chitarristici "classici", e mi piace l'esecuzione di Pat Metheny. Io ho suonato Electric Conunterpoint con la base di Metheny, con l'elettrica e con la classica, con la mia base e con ensemble di chitarristi. Ogni volta è diverso, ma mai poco interessante. E ha il potere quasi sempre di indurre uno stato d'animo gioioso e una reazione d'entusiasmo in chi lo ascolta.

... Giacinto Scelsi ...

La tristezza di Marianne Schröder nel Dom di Speier, estate 1988, durante i Ferienkürsen für Neue Musik di Darmstadt. Lui appena scomparso, la sua musica all'organo. Tornare all'origine del suono e del ritmo, delle sei corde a vuoto. Un'occasione di pensare la chitarra, anzi due chitarre, da tutt'altra prospettiva.

C'è un tuo video di Ko-tha dove suoni con due chitarre .. come mai questa scelta[16]?

Sai, a volte si combinano stranamente il caso e una ricerca che stai facendo... nei giorni in cui cominciavo a metter le mani sulla chitarra per Ko-Tha stavo studiando un pezzo di un altro compositore, scritto per il duo. Una delle due chitarre era interamente accordata un'ottava più grave, con anche corde per la chitarra a dieci corde. Intanto raccoglievo informazioni e racconti su Scelsi, musicisti che l'avevano conosciuto, suoi scritti. Leggevo libri e ascoltavo musica tradizionale indiana, cercavo di capire il culto di Shiva, così lontano dal mio pensiero occidentale...e così, cercando un suono per Scelsi, questa chitarra ottavata è entrata nel gioco, lì sul pavimento, accanto all'altra. Corde di nylon, di metallo, accordature sulle scale indiane...giorni e giorni di tentativi. E poi ecco una delle possibili soluzioni, quella che hai ascoltato nel video.

Ennio Morricone ...

Un'intervista per Il Fronimo a Roma, iniziata di cattivo umore e finita con un sorriso. Ritrovarsi anni dopo a suonare il suo Concerto per Chitarra, Marimba e Orchestra. In Sala Verdi al Conservatorio di Milano, accanto ad Andrea

---

16   http://youtu.be/6kZ4zh138aU?list=UUNeN6WnbXokERg-4eHPK7zw

Dulbecco, Ennio Morricone in sala, la sua stretta di mano e di nuovo il sorriso, dopo, nel camerino.

Credo che il tuo treno stia per entrare in stazione, c'è solo il tempo per un'ultima domanda ... val sempre la pena di vivere a Milano?

Poche sere fa sono andata al Teatro Elfo Puccini, in bicicletta, prima che uno strano temporale si scatenasse su Milano per la seconda volta in due giorni. C'era una performance di Virgilio Sieni per il Festival di danza contemporanea Milano Oltre, un appuntamento ormai di lunga data per la città. Con Virgilio avevo lavorato nel 2010, per il Festival Firenze per Bussotti. Era stata un'esperienza di quelle che ti ritornano in mente e così questa era l'occasione di rivedere la danza di Virgilio dal vivo. Lo spettacolo è stato di una sapienza, bellezza, forza commoventi. Un'amica era con me a condividere tutto questo, anche lei arrivata al teatro al volo, dopo una giornata vissuta di corsa in città. Il giorno dopo, ho preso la bicicletta e pedalato nel traffico, tutti di fretta, un'energia nervosa, frenetica e impaziente. C'erano studenti che si stavano radunando in Corso Buenos Aires per la manifestazione. Ho bevuto un caffè, sono passata da Piazza del Duomo, abbagliante il suo marmo bianco in quella giornata di sole. Sono andata a vedere una mostra a Palazzo Reale, poi al Libraccio vicino a Piazza Fontana a cercare libri usati.

Quando ritorno da un viaggio, dopo esser stata in giro a suonare, arrivo a Malpensa, prendo il treno. A Cadorna scendo in metrò, e lì ritrovo la mia città, questa strana società, volti di tutti i paesi, gente che legge su carta o schermi luminosi, facce stanche, chi racconta la propria vita al telefono a decine di sconosciuti. E io sono lì, con la chitarra e la valigia, la mente piena dei luoghi dove ho suonato, aspettando di arrivare alla mia fermata e intanto osservo e sono parte di questo popolo della città. Per gli amici e per questa vita animata, un po' nervosa e affollata, ma curiosa e non provinciale, per me, vale la pena vivere a Milano. E di scappare, ogni tanto, verso monti o laghi, come fanno spesso i milanesi.

ELIA CASU

Elia Casu, nato nel 1986, inizia lo studio della chitarra a sedici anni come autodidatta. Il suo approccio è rivolto a tutto ciò che è suono, rumore, silenzio, paesaggio sonoro; si impegna verso uno studio personalizzato e non convenzionale della chitarra, con l'intento di promuovere la commistione della musica con le altre arti, favorendo quindi la collaborazione con il teatro, il cinema, la danza e la pittura. Dopo aver suonato in diverse situazioni musicali si avvicina al jazz conseguendo nell'anno accademico 2008/09 il diploma accademico di primo livello in chitarra jazz e per un biennio frequenta i Laboratori Permanenti di Ricerca Musicale presso la Fondazione Siena Jazz (dal 2011 terzo polo universitario della città toscana).

Dal 2008 collabora stabilmente col percussionista Paolo Sanna, con cui fonda il duo OnGaku2, che lo porta a suonare in diversi festival internazionali, in Italia e all'estero. Da questa collaborazione nasce anche il Collettivo di resistenza culturale, un ensemble cangiante e costituito da musicisti sempre diversi interessati alla sperimentazione e alla composizione istantanea, documentato dal disco ONE, pubblicato dall'etichetta Setola di Maiale (SM2220) e uscito nel febbraio 2012, e dal disco TWO, registrato a Forlì durante la rassegna "Musica extra ordinaria".

È co-fondatore, assieme a Matteo Muntoni e Stefano Vacca, del Piccolo Ensemble Elettroacustico, trio che ha ricevuto numerosi consensi dalla critica grazie al disco "OSTinLOOP", e dal 2009 è membro stabile della Rural Electrification Orchestra, un "nonetto sardo d'assalto" che si muove tra free jazz, rock e sperimentazione.

Dal 2011 entra a far parte del gruppo della cantante Laura Mura e dal 2012 collabora all'interno dei progetti Nick Rivera e Takoma, progetti caratterizzati da un sound folk malinconico introspettivo con derive post rock, con forti interessi verso la musica sperimentale e le forme libere di scrittura e esecuzione musicale.

Collabora stabilmente col Moex ensemble (un progetto di orchestra sperimentale mutante che realizza progetti musicali originali finalizzati a proporre nuovi rapporti tra musica e spazio, tra suono e immagine), col Yakamoz Ensemble (un progetto interdisciplinare in cui musica e arte visiva si incontrano attraverso i mezzi espressivi tipici dell'improvvisazione totale) e con Geometrie Variabili (quartetto sperimentale che si muove tra improvvisazione totale e scrittura contemporanea).

Quando hai iniziato a suonare al chitarra e perché? Che studi hai fatto e qual è il tuo background musicale? Con che chitarre suoni e con cui hai suonato?

Ho iniziato a suonare la chitarra da adolescente. Un po' per spirito di emulazione verso i miei idoli, un po' come rifugio, come intimo approdo in cui accucciarmi. Inizialmente ho studiato da autodidatta e mi sento ancora tale nell'approccio e nel rapporto con lo strumento, ma terminati gli studi liceali ho preso una laurea in chitarra jazz al conservatorio di Cagliari e frequentato per un biennio i corsi di ricerca e alto perfezionamento musicale presso la fondazione Siena Jazz, ora terzo polo universitario della città. Le mie radici musicali affondano dapprima nella musica che ascoltavo in famiglia, con cui sono cresciuto e con cui ho convissuto prima di sapere di essere un musicista. Parlo del progressive inglese, delle chitarre distorte di Hendrix e di Jimmy Page e dei cantautori americani. Col tempo e con l'avanzare degli studi ho scoperto il jazz, il free jazz e l'avanguardia europea, che fu una vera rivelazione, il che ha coinciso anche col mio interessamento verso l'improvvisazione non idiomatica, la ricerca e la sperimentazione. Per quanto riguarda le chitarre sono un vero affezionato del suono Fender: Telecaster, Stratocaster o Jazzmaster che sia. Ultimamente ho acquistato una Meazzi degli anni '60 e sono molto soddisfatto, per via del suo suono cristallino e con poco corpo, caratteristica che da sempre cerco nelle mie chitarre. Sono molto affascinato dal suono "diverso", estremamente personale.

Conosco bene quel suono ... ho anch'io una Stratocaster e quel suono ... è un qualcosa che credo ormai sia stato inciso nella memoria genetica dei chitarristi, il suono Fender è una specie di archetipo, una timbrica che ha segnato la storia della chitarra elettrica. Per il resto cosa usi come amplificazione e effetti?

Sono assolutamente d'accordo, anche se poi ritengo che sia necessario non "accontentarsi" mai di un determinato suono o timbro, bisogna sempre ricercare, evolversi e trasformare. Per quanto riguarda l'amplificazione non sono un cultore di un preciso amplificatore o sistema audio complesso, mi accontento di un buon amplificatore, possibilmente transistor, ma non disdegno certamente gli ampli a

74

valvole, d'altronde come non si può rimanere affascinati dalla timbrica di un Twin? Personalmente comunque il più delle volte uso un ampli a transistor ultra leggero e piccolissimo, un AER compact 60, progettato per strumenti acustici ma a me piace molto la timbrica che tira fuori da una elettrica. Come effetti sono un amante dei pedali, devo averne provati a centinaia, e ne posseggo tutt'oggi una vasta collezione. Mi piacciono molto gli Electro-Harmonix perché sono in grado di spingere al massimo la timbrica dello strumento, ma utilizzo anche pedali più classici come delays, quello della Line6 è uno dei miei preferiti, distorsioni e armonizzatori, ultimamente Eventide PitchFactor.

Ho notato una cosa nei giovani che vogliono suonare una elettrica oggi, rispetto a 20 anni mi sembra che ci sia meno una ricerca dello strumento dal suono particolare e una maggiore attenzione verso pedaliere e effetti .. a volte mi chiedo se oggi le chitarre non siano in realtà diventate delle piattaforme per diavolerie e alchimie elettroniche, ho notato che questo accade anche nell'ambito dei compositori contemporanei, pochi lavorano col suono puro della elettrica, per il resto è una corsa agli effetti, penso che questo vada bene per gente come Adrian Belew e per The Edge .. ma per il resto non si sta esagerando? O è una scusa per saltare il classico processo di apprendimento basato sul suonare i vecchi classici?

Certamente la tecnologia, rispetto ai decenni passati, è oggi alla portata di tutti, e con poca spesa e una connessione internet è facile entrarne in possesso ma anche avere degli spunti per come utilizzarla al meglio. È certo che se questa ricerca diventa uno sterile accumulo di suoni ed effetti potenziali, se costituisce quindi il fine ultimo della ricerca di un musicista, stiamo sbagliando strada; la tecnologia deve essere un mezzo, ma credo che le differenze vadano ricercate nella qualità e nell'autenticità delle intenzioni di un musicista o compositore. A mio parere non si esagera se questa corsa agli effetti è motivata, spinta da un autentico spirito di creazione e immaginazione. Diventa una scusa nel momento in cui è svincolata da qualsiasi processo creativo vero, reale e vitale.

Quali sono state e sono le tue principali influenze musicali? In che modo esprimi la tua "forma" musicale sia nell'ambito dell'esecuzione che nell'improvvisazione, sia che tu stia suonando "in solo" sia assieme altri musicisti? Elabori una "forma" predefinita apportando aggiustamenti

all'occorrenza o lasci che sia la "forma" stessa ad emergere a seconda delle situazioni, o sfrutti entrambi gli approcci creativi?

Non mi metto limiti in rapporto agli approcci creativi; la forma musicale che deriva dalle mie improvvisazioni non è mai frutto dello stesso principio creativo, ma mi piace trovare un approccio sempre diverso alle cose e al far musica. Mi capita di suonare in maniera totalmente libera, "tabula rasa", per esempio nel primo disco OnGaku2 (TiConZero 2008), suonare "a distanza" su un'improvvisazione già registrata (OnGaku2, Dialoghiattraversofilielettrici 2009), improvvisare liberamente ma rispettando rigidamente un minutaggio preconcetto, come nell'ultimo lavoro OnGaku2, SHORT STORIES (La Bèl Netlabel 2013), in cui ogni improvvisazione ha la precisa durata di due minuti e trenta.

Per me è anche improvvisazione suonare su un preordinato schema armonico, tonale o modale, o lavorare ad una improvvisazione a blocchi, in cui la forma cambia ma le parti del puzzle sono già costituite, come con gli ultimi lavori del Piccolo Ensemble Elettroacustico.

Gli approcci sono molteplici, perché è sfaccettata e nebulosa la natura dell'improvvisazione in sé, metodologia applicabile a qualsiasi approccio e situazione musicale.

A proposito di queste collaborazioni da quanto tempo suoni con Paolo Sanna per gli Ongaku e con Matteo Muntoni e Stefano Vacca per il Piccolo Ensemble Elettroacustico? Come sono nate queste formazioni? Sentendovi suonare si sente un rapporto molto stretto, quasi simbiotico …

Il primo lavoro OnGaku2 è uscito nel 2008, per cui sono ormai sei anni che ho condiviso e condivido con Paolo tante idee sulla musica, tanti concerti in giro per la Sardegna, per l'Italia e per l'Europa. Con Matteo e Stefano invece il rapporto è iniziato ancora prima, condividiamo tante cose, tra cui l'insegnamento, la musica, le esperienze quotidiane; siamo come dei fratelli. Credo che questo si percepisca nel nostro modo di fare musica e di stare assieme su un palco, di guardarci, di sentirci l'un l'altro. Ora stiamo lavorando ad un nuovo disco che ci sta entusiasmando molto, dal piglio decisamente più rock, che spero possa uscire presto.

Quale significato ha l'improvvisazione nella tua ricerca musicale? Si può tornare a parlare di improvvisazione in un repertorio così codificato come quello classico o bisogna per forza uscirne e rivolgersi ad altri repertori, jazz, contemporanea, etc?

Ci sono aspetti della vita e dell'uomo che sono difficilmente definibili in una chiara oggettività, ma che d'altra parte hanno pieno diritto di far parte della nostra "realtà di senso". Uno di questi aspetti è a mio parere immancabilmente l'improvvisazione musicale, realtà inafferrabile, particolarmente impalpabile e alle volte indefinibile, ma proprio per questo affascinante. Non so a quale repertorio bisogna rivolgersi per incontrare la vera improvvisazione, se mai questa esista o sia esistita, anche perché tutto ciò è inappropriato ad un'arte in continua evoluzione e perfezionamento, mai fissa, troppo sfuggente per analisi e descrizioni precise. Ci si rincorre troppo spesso alla ricerca di una definizione esauriente e compiacente di improvvisazione, ma io non l'ho ancora trovata e non sono alla ricerca di una soddisfazione terminologica. Improvvisazione è per me agire al limite, su quella punta estrema che separa il sapere dall'ignoranza, operando all'interno del margine che esiste tra noto e ignoto, dice Jacques Siron. Per quanto riguarda la mia ricerca musicale personale, l'improvvisazione ha costituito, ed è tuttora, uno dei fattori principali della mia liberazione e identità, sia artistica che sociale.

Questo mi piace moltissimo. Credo che tu abbia centrato uno dei noccioli della questione: secondo me non si può parlare di improvvisazione senza interrogarsi contemporaneamente sui processi che sono alla base della creatività. Derek Bailey sosteneva che la vera improvvisazione deve essere non idiomatica, che il musicista non deve muoversi all'interno dei linguaggi esistenti, ma alla fine anche lui ha generato un suo idioma, un suo marchio di fabbrica sonoro che lo distingueva dagli altri chitarristi e allo stesso tempo agli improvvisatori viene spesso rimproverato (dai compositori) il fatto di essere dispersivi e di essere legati all'effetto di quel momento. Chi ha ragione in questo gioco delle parti?

Credo che non ci sia una risposta univoca all'idea di improvvisazione. Hanno ragione tutti, proprio perché in fin dei conti si tratta di una pratica così personale e difficilmente afferrabile. Aveva ragione Derek Bailey quando sosteneva di voler promuovere un'improvvisazione non idiomatica, che poi è diventata un idioma essa stessa, aveva ragione John Cage, quando per sfuggire alle condotte già percorse o alle scelte di un improvvisatore si rivolgeva al caso, ma ritengo autentica anche l'improvvisazione jazzistica basata sulla costruzione di un determinato vocabolario fatto di "licks", alla ricerca timbrica di un "improvvisatore radicale" che rifiuta a priori qualsiasi accenno di melodia, ritmo o qualsiasi elemento di grammatica musicale, o al suonatore di launeddas che improvvisa una determinata variazione di "nodas". Tutto ciò è improvvisazione.

Entrando un po' più nei dettagli tecnici del tuo modo di suonare ... ascoltando i tuoi assoli non mi sembra che tu sia un chitarrista legato ai "lick", che "vocabolario" adoperi nelle tue musiche? Usi delle scale particolari? Ti capita mai di accorgerti di usare una frase che hai già suonato prima? Ti capita mai di sentire di dover smettere di usare qualcosa che già sai che avrebbe funzionato? Usi mai delle frasi di riempimento?

Il mio modo di improvvisare varia in base al contesto in cui mi trovo a suonare. In generale però non mi sono mai riconosciuto nei lick e nelle frasi di riempimento; ho sempre cercato una mia strada assolutamente personale e identitaria. È evidente poi che in un processo di creazione fondato sulla trasformazione dell'attimo, siano inevitabili i rimandi al proprio bagaglio tecnico e melodico, per cui è logico incappare in frasi o condotte già esplorate (che si tratti di un profilo melodico o di un gesto, il concetto è lo stesso), ma questo non è per forza un male, anzi, ci riporta alla natura umana della musica, imperfetta come ogni nostra azione. Lo stimolo va ricercato nel modo in cui condotte già esplorate si mescolano a gesti nuovi, inusuali, inaspettati. Se vogliamo è un gioco del puzzle, in cui troviamo un determinato numero di tessere sempre uguali, e un altro numero di tessere mutevoli, sconosciute; la bravura sta nel creare combinazioni sempre diverse, nuove e necessarie.

In che tipo di stato mentale ti trovi quando improvvisi?

Quando improvviso cerco di sintonizzarmi con ciò che sta accadendo in quell'istante e in quel posto, entrando in una sorta di trance che mi permette di "bypassare" gli elementi inutili in quel contesto. Chiaramente non sempre ci riesco e non sempre è possibile, ma stiamo parlando chiaramente di uno stato ideale delle cose, in cui ci sono io, la musica e nient'altro.

Come fai a evitare di suonare quello che è nella "memoria muscolare", frasi che hai studiato e che inconsciamente potresti ripetere?

Credo sia impossibile evitare completamente la memoria muscolare, ma la cosa importante sta nell'equilibrio, nel sapere mescolare nuovo e vecchio, passato, presente e futuro, silenzio e suono, ripetizione e variazione, simbiosi e trascendenza.

Quali sono gli errori più comuni che possono accadere quando si improvvisa?

Non ci sono errori, secondo me l'errore sta nel non essere se stessi, nel non viversi il momento. Nel fingere, questo è l'errore, poi tutto è concesso.

Ti è mai capitato di dover spiegare il tuo modo di improvvisare a dei musicisti classici? E come hanno reagito? Te lo domando perché a volte vorrei vederli all'opera su un chorus di "All the things you are". A proposito qual è il tuo atteggiamento nei confronti degli standard?

Non tutti i musicisti classici rifiutano a priori l'idea di improvvisazione, anzi, mi è capitato spesso di confrontarmi spesso con musicisti molto affascinati e aperti verso l'improvvisazione, tonale, radicale o jazzistica. Personalmente gli standard sono stati una buona palestra durante gli anni al triennio jazz, e mi sono serviti per costruire una base utile e solida al mio percorso personale, ma non rappresentano sicuramente la mia aspirazione in termini estetico-musicali.

Forse questa domanda ti farà arrabbiare .. o non dovrebbe mai essere posta a un jazzista .. ma ti è mai capitato di pensare "perché essere spontanei durante una esecuzione? Perché non pianificare tutto prima?"

Premesso il fatto che io non sono un jazzista, ma la risposta a questa domanda verte intorno allo stesso concetto di prima. Essere se stessi, non fingere.

In che modo la tua metodologia musicale viene influenza dalla comunità di persone (musicisti e non) con cui collabori? Modifichi il tuo approccio in relazione a quello che direttamente o indirettamente ricevi da loro? Se ascolti una diversa interpretazione di un brano da te già suonato e che vuoi

eseguire tieni conto di questo ascolto o preferisci procedere in totale indipendenza?

Sono sempre stato uno spirito libero, nella vita quanto nella musica, nel rapporto con le persone e con le cose. Il mio approccio è in continuo cambiamento, le mie strategie musicali mutano e si accomodano continuamente in base alle strategie dell'altro, ossia agli approcci dei musicisti con cui suono.

Quali sono i "materiali" musicali (melodia, timbro, suono, struttura ritmo, etc.) che principalmente scegli e che influiscono nella scelta dei brani da interpretare o nelle improvvisazioni?

Utilizzo tutti i materiali e parametri che hai elencato. Dipende sostanzialmente da come mi sento in quell'istante, o in che contesto mi trovo. Poi è chiaro che il mio modo di improvvisare è molto cambiato rispetto agli anni passati. Prima ero più categorico, mi soffermavo su un parametro e non lo mischiavo con gli altri. Avevo molta paura delle note, dell'armonia e del ritmo se utilizzati in stretto contatto con una ricerca timbrica. Ora per me è la stessa cosa, e mi piace inserire delle cellule melodiche o armoniche anche con un forte carattere tonale all'interno di un contesto strettamente timbrico, atonale o disarmonico.

Una domanda un po' provocatoria sulla musica in generale, non solo quella contemporanea o d'avanguardia. Frank Zappa nella sua autobiografia scrisse: "Se John Cage per esempio dicesse "Ora metterò un microfono a contatto sulla gola, poi berrò succo di carota e questa sarà la mia composizione", ecco che i suoi gargarismi verrebbero qualificati come una SUA COMPOSIZIONE, perché ha applicato una cornice, dichiarandola come tale. "Prendere o lasciare, ora Voglio che questa sia musica." È davvero valida questa affermazione per definire un genere musicale, basta dire questa è musica classica, questa è contemporanea ed è fatta? Ha ancora senso parlare di "genere musicale"?

Per me la musica è una, realtà totalizzante ma vera in tante sfaccettature, visioni. Ho sempre detestato la divisione in generi, e per questo gli ho chiamati "cassetti".
Vedo la musica, la mia musica perlomeno, come un grande armadio in legno, senza cassetti, pieno di vestiti e indumenti diversi, riposti apparentemente alla

80

rinfusa e in qualche modo ordinati secondo un ordine a me sconosciuto, misterioso, forse superiore. Ogni giorno apro l'armadio, resto a fissarlo prima di scegliere cosa indossare, come abbinare i diversi indumenti e per quanto usarli. Tutti gli abbinamenti sono possibili, la libertà è massima e le regole secondo cui usare i vestiti le decido io. Credo che ci si trovi, nel momento in cui si parla di musica e di generi, di fronte ad un macroconcetto, e rispetto a quest'idea mi piace riportare le parole di Edgar Morin: "Non bisogna mai cercare di definire attraverso le frontiere le cose importanti. Le frontiere sono sempre sfumate, sono sempre interferenti. Bisogna dunque cercare di definire il cuore, e questa definizione richiede spesso dei macroconcetti".

Una delle cose che posso sinceramente dire di amare della chitarra è la sua capacità di trasformazione nella forma musicale nei secoli e di medium tra le varie forme musicali e sociali, non ultima quella popolare. Tu hai seguito un percorso assolutamente personale all'interno della chitarra, come hai sviluppato questo percorso, come sta proseguendo e come si è orientato all'interno del mondo della chitarra?

Il mio percorso, seppur al di fuori dei canoni del "chitarrismo modello", è stato un percorso naturale e spontaneo. Non ho mai preso una strada precisa e spero di non prenderne nessuna in futuro, mi sono sempre lasciato trasportare dal mio intuito, seguendo quelle che erano le mie inclinazioni personali, attingendo alla mia identità sonoro-musicale direttamente e indirettamente, bagnandomi col sonoro ambientale e culturale della mia, ma non solo, esperienza. Alle volte è stato il caso a guidarmi, ma sempre spinto da un forte desiderio di cambiamento, rinnovamento e ricerca della bellezza. Il rapporto con lo strumento è alle volte complicato, amore e odio, ma è stata questa la spinta che mi ha portato e mi porta tuttora a ricercare timbricamente sullo strumento, a trasformare la chitarra in altro, come una sorta di mutazione fenotipica guidata. Mi sono nutrito di tutte le musiche, di tutti i chitarrismi, senza mai pormi limiti o paraocchi, altrettanto affascinato dalla chitarra di Carulli quanto a quella di Hendrix, dalle melodie di Bill Frisell alle disarmonie di Keith Rowe.

Hai nominato alcuni chitarristi davvero interessanti, approfondiamo un po' la cosa, ti faccio alcuni nomi: Jimi Hendrix ...

Rappresenta sicuramente uno dei miei idoli musicali dall'infanzia, sono cresciuto con la sua musica e ne sono tuttora oggi influenzato e profondamente affascinato. Rappresenta un'ideale tecnico sicuramente ma anche un esteta della musica a mio parere, il suo suono era oltre il bello. È stato insieme e prima di Zappa un visionario che ha portato la chitarra un gradino avanti, che ha dimostrato che i limiti di uno strumento non sono fissi ma in continua mutazione.

Frank Zappa...

Trovo difficile che una persona non possa essere affascinata o perlomeno incuriosita dalla per me particolare in quanto è con lui che identifico il "genio musicale moderno", e perché è anche grazie a lui che la chitarra elettrica ha fatto un passo in più verso la contemporaneità, verso ciò che oggi noi intendiamo per chitarra.

Hai mai suonato qualcuno dei suoi assoli in Guitars e Shut Up 'n Player Guitar?

Sinceramente no! Colpa mortale! Provvederò, ma bisogna vedere se sarò in grado!

Le trascrizioni le ha curate Steve Vai ... altro personaggio, uno dei pochi ipervirtuosi che riesco a sopportare anche perché riesce a non prendersi tanto sul serio ... Che ne pensi di Bill Frisell ... L'ho visto suonare dal vivo un paio di volte e mi ha sempre incantato, che ne pensi di un disco come "Before we were born" e di quello che ha suonato coi Naked City? Hai mai suonato una Klein?

Ho visto Bill Frisell di recente, per la presentazione di "All we are saying", il disco tributo alla musica di John Lennon, e sono anch'io rimasto incantato, anche perché adoro John Lennon. Per quanto riguarda "Before we were born" devo dirti che non è tra i miei preferiti, per quanto mi riguarda Bill Frisell è come il vino, più invecchia e più e buono, e questo vale anche per i Naked City, che adoro, ma più per le idee e per il sound d'insieme che per il suono di Frisell. Il mio disco preferito è piuttosto recente, "Floratone II", ma amo i suoi dischi con Paul Motian, con Elvin Jones o in solo.Non ho mai visto dal vivo ne provato una Klein, e tu?

No, non ho mai avuto l'occasione, sono chitarre ad li là della mia portata e ... ti dirò che non amo i pickup attivi. A proposito di Keith Rowe ... si può definirlo solamente come un chitarrista? O è un generatore di suoni "opportunamente casuali", uno che ha anticipato Cage? Che ne pensi del suo modo quasi alla Picasso di rivedere la fisicità della chitarra e del suo modo di suonarla?

Keith Rowe rappresenta sicuramente una delle mie figure di riferimento. Sono arrivato a conoscerlo grazie agli ascolti di AMM, e il passo è stato veloce. Ho diversi suoi dischi e sono rimasto folgorato la prima volta che l'ho ascoltato, così come si rimane positivamente sconcertati al primo ascolto di Derek Bailey, o di John Coltrane! Io credo si possa definire certamente un chitarrista, a prescindere dall'utilizzo che egli fa della strumento, è semplicemente l'evoluzione della storia, della musica e del processo creativo; perché se ci poniamo questi dubbi, allora neanche Robert Johnson può esser definito tale rispetto a David Ryckaert III, o Jimi Hendrix rispetto a Segovia. Adoro il suo modo di suonare o di fare rumore, per me è la stessa cosa, non m'importa se sia un chitarrista o meno. Il suo obiettivo è la bellezza, e questo è tutto ciò che m'interessa.

E di Pat Metheny che ne pensi? E' ancora un innovatore come ai tempi di Song X e Zero Tollerance for Silence o sta cominciando a ... essere troppo fedele a se stesso?

Pat Metheny è un professionista, un musicista con la M maiuscola, e non c'è niente che possa dire di negativo nei suoi riguardi. Chiaramente dopo quarant'anni di carriere è difficile innovarsi e trovare nuove strade, ma Pat Metheny è Pat Metheny insomma!

Che ne pensi di un interprete classico come Julian Bream?

Apprezzo molto le sue interpretazioni del repertorio Bachiano, rappresentano in qualche modo un ideale forse inarrivabile di tecnica e interpretazione.

Restiamo un attimo in ambito classico e parliamo di Bach, ho notato che forse è il compositore di musica classica che piace di più ai jazzisti, forse per colpa (o merito) del Modern Jazz Quartet, cosa ne pensi della sua musica?

Che dire, ha detto e fatto tutto! Adoro tutta la sua opera, e mi diverto molto da chitarrista non classico a studiare le trascrizioni dei suoi capolavori, con non poca fatica!

Io sono sempre rimasto colpito dal fatto come ascoltando una musica di Bach indipendentemente dalla trascrizione e dallo strumento che la interpreta .. alla fine si sente sempre Bach! Come ti sei rapportato nello studio delle sue musiche? Non pensi che, a volte l'esecuzione delle sue musiche dovrebbero essere un po' più spontanee? A me capita di pensarlo quando raffronto le interpretazioni di Glenn Gould con le stesse suonate da altri interpreti ...

Ma sai, Bach è una figura quasi sacralizzata nell'universo musicale occidentale, per cui credo ci sia una sorta di stereotipia per quanto riguarda le interpretazioni, e questo può tradursi in una sorta di "omologazione interpretativa". Ho un'idea, facciamo suonare Bach a Keith Rowe?
Io credo poi che la spontaneità debba essere una caratteristica innata, non ricercata. Altrimenti è un palese artificio. Se ci capita di notare queste cose quando ascoltiamo un'esecuzione di Bach, o di qualsiasi altro autore, dobbiamo interrogarci sul perché certe interpretazioni risultino poco spontanee, innaturali. Forse le radici vanno ricercate nel modo in cui impariamo a suonare, alle accademie, ai conservatori, o forse più semplicemente perché di Glenn Gould ne nasce uno ogni cento anni.
Io mi sono approcciato allo studio delle sue musiche in maniera totalmente libera e personale, come faccio con tutte le cose, ma va anche detto che io non sono un chitarrista classico e tantomeno svolgo un'attività concertistica di questo tipo, il che mi solleva da questa enorme responsabilità!

Non sarebbe male provare ... magari Rowe si lancerebbe molto nella gestione dei bordoni. Una volta ho visto Steve Swallow in concerto in solo e a un certo punto, durante un'improvvisazione, è andato avanti 5 minuti buoni a giocare sulle Suite per Violoncello. A fine concerto gli ho chiesto come mai fosse finito su Bach e mi ha risposto che era rimasto agganciato a una frase che aveva suonato in precedenza e che poi non era stato capace di uscirne, colpa delle geometrie mi disse ... scherzava o diceva sul serio?

Io ci credo, assolutamente!

Provo a rischiare una domanda un po' .. spericolata, Bach compose a volte senza specificare la strumentazione .. forse non era interessato al "suono della musica"? Che la Musica in questo caso sia nascosto in uno schema, in una struttura capace di parecchie realizzazioni sonore? E il momento in cui la musica rivela la sua vera natura è contenuto nell'esercizio delle sue variazioni? Bach a questo punto avrebbe composto degli ... standard ...?

Sono assolutamente d'accordo quando dici che ha composto dei veri e propri standard. La musica di Bach è aperta a tutti i generi e a tutti gli schemi, è in un certo modo universale.

La tua carriera musicale va avanti ormai da diversi anni, come hai visto cambiare il mondo musicale attorno a te e per te? Che differenze noti tra gli allievi a cui insegni e hai insegnato? E' cambiato e come il tuo modo di fare musica? Le nuove tecnologie (nuovi strumenti musicali, midi, network sociali, forum) hanno influenzato le tue scelte e la tua forma musicale? Come?

Pur essendo molto giovane, ho iniziato ad insegnare chitarra e improvvisazione molto presto, per cui sono tanti gli allievi a cui ho insegnato e a cui insegno tuttora. Essere un didatta richiede una forma mentale senz'altro diversa da quella del musicista, ma per molti versi anche simile, almeno per quanto mi riguarda, in quanto bisogna essere sempre pronti a saper rinunciare a se stessi, a mettersi sempre in dubbio e a concedersi all'altro in tutto e per tutto, senza se e senza ma, con estrema responsabilità e dedizione. È un lavoro complesso ma che sa regalarti grandi gioie e gratitudine. Non noto grandi differenze tra gli allievi del passato e quelli del presente, anche perché, parliamoci chiaro, ho solo ventotto anni, ma vedo nelle nuove generazioni un forte condizionamento da parte delle tecnologie, che alle volte si tramuta in spinta creativa e stimolo di conoscenza e curiosità, alle volte purtroppo costituisce la tomba dello spirito creativo e mentale. Per quanto mi riguarda sono un affamato di tecnologia, un mio grande amico dice sempre che devo aver fatto un "corso prenatale" visto il feeling che ho con queste risorse. Utilizzo la tecnologia sia in veste di didatta sia in veste di musicista, promuovendo la mia musica attraverso il web e i social network, componendo e suonando sovente con strumenti totalmente digitali e registrando il più delle volte i miei lavori a casa, con la mia strumentazione, i miei tempi e le mie idee; il mio modo di fare musica tuttavia non è cambiato, ho sempre creduto di essere un artigiano del suono, che con fatica e con le proprie mani plasma le sue creazioni in base ad un'intuizione, un'idea o un atto estemporaneo, così come il fabbro col ferro e il falegname con il legno, discostandomi un po' da un frequente atteggiamento "intellettuale" e da un'idea profetica e messianica del fare musica.

Ti piace Italo Calvino?

Ho letto fin da ragazzo i suoi romanzi, su tutti il "Visconte dimezzato" e "Il Barone rampante". Nel 2009 ho partecipato con OnGaku2, ad un documentario sulle "Lezioni americane" (SIX MEMOS, TiConZero), insieme ad altri artisti improvvisatori, nel quale ognuno dava una propria particolare lettura in chiave musicale leggerezza, rapidità, esattezza, molteplicità, visibilità.

Io sono un fan delle "Città Invisibili". Che risposta hai dato tu ai temi presenti nelle "Lezioni Americane"? Io sono rimasto affascinato dal quel saggio, è sulla letteratura ma certi concetti penso possano essere utili anche come spunti di riflessione sulla musica, in particolare quando parla delle leggerezza. La musica è leggerezza, ha natura corpuscolare, si dissolve mentre si crea e si ascolta, è effimera di natura .. così come lo è anche l'improvvisazione no?
Il lato "pesante" della musica potrebbe essere dato dai musicisti e dal "peso" della strumentazione?

Si tratta di un saggio molto stimolante, sotto tutti i punti di vista, e ci sono diverse riflessioni che possiamo portare anche al campo della musica. La mia preferita in assoluto, tratta dalle "Lezioni Americane", è un'antica storia cinese che ci fa riflettere sulla natura dell'improvvisazione in quanto evento improvviso, istantaneo e spontaneo, ma dalla preparazione per niente superficiale, stratificata e dilatata nel tempo e nello spazio. Sono stato molto colpito da questa storia, che calza a pennello con la mia idea di improvvisazione, arte dalla natura effimera, leggera, ma estremamente profonda, avvolgente, travolgente e vitale: "Tra le molte virtù di Chuang-Tzu c'era l'abilità nel disegno. Il re gli chiese il disegno di un granchio. Chuang-Tzu gli disse che aveva bisogno di cinque anni di tempo e di una villa con dodici servitori. Dopo cinque anni il disegno non era ancora cominciato. "Ho bisogno di altri cinque anni" disse Chuang-Tzu. Il re glieli accordò. Allo scadere dei dieci anni, Chuang-Tzu prese il pennello e in un istante, con un solo gesto, disegnò un granchio, il più perfetto granchio che si fosse mai visto".

Che significato ha avuto per te Ennio Morricone?

Ha significato tanto per me. Sia i suoi lavori in ambito contemporaneo, con gruppo di improvvisazione Nuova Consonanza, sia le sue colonne sonore, e i film per cui ha prestato le sue musiche, al punto tale da ispirare un lavoro discografico del Piccolo Ensemble Elettroacustico uscito nel 2009[17].

Ho ben presente quel disco! Secondo me lì avete fatto un ottimo lavoro di arrangiamento dei brani, non deve essere stato facile in trio riuscire a coprire tutta l'orchestrazione di Morricone. Mi è piaciuto anche molto l'uso della voce narrante per spezzare e ricostruire in modo cinematica i brani. Ho letto in una intervista a Morricone che secondo lui "musica è orchestrazione"[18], questo potrebbe spiegare il fatto che indipendentemente da chi li esegue e come i suoi brani, soprattutto quelli dei film di Sergio Leone sono immediatamente riconoscibili? In quel disco la tua chitarra ha un suono davvero molto bello, sempre Fender vero?

Non è stato facile lavorare sulle musiche di Morricone, ma è stato un processo molto naturale, istintivo. Tutti e tre proviamo un amore viscerale per le sue musiche, per cui è stato anche divertente e stimolante. Abbiamo poi voluto utilizzare anche una voce narrante per dare un taglio più cinematico alla musica, per riportare l'ascoltatore direttamente alle scene dei film, e poi perché troviamo interessante mescolare la musica con altre forme d'arte, come il teatro, il cinema e la danza. Ti ringrazio per i complimenti, la chitarra che suono in quel disco è la mia fedelissima e strapazzatissima Telecaster.

Tra l'altro Morricone è stato uno dei primi a sdoganare la chitarra elettrica dall'ambito rock per portarlo nelle sue colonne sonore, ma sempre con un

---

[17]   OstInLoop "A Tribute to Morricone", PUSHinRECORDS, 2009
[18]   Sergio Miceli "Morricone, La Musica, Il Cinema", Mucchi Editore, 1994

suono molto riconoscibile, l'altra sera ascoltavo Apache degli Shadow ... che si sia anche lui ispirato a quel suono Fender?

Gli anni sono sicuramente gli stessi, "Per un pugno di dollari" di Sergio Leone è del '64 e Apache è del '60, quindi ritengo plausibile che Morricone possa essere stato influenzato da queste sonorità, d'altronde non è mai stato un compositore chiuso in se stesso e nelle proprie convinzioni, ma ha sempre esplorato e ricercato, in ambito musicale e culturale spinto dalla sete di conoscenza e dal suo eclettismo.

Donato D'Antonio è un musicista decisamente versatile, si è esibito in sale da concerto e teatri come Leopold Mozart Saal e Wiener Saal (Salisburgo), Palau de la musica (Valencia), Legacy Hall (Columbus USA), Uragami Hall (Hagi - Giappone), Teatro Lope de Vega (Siviglia), Teatro Isabelita (Granada), Alvar Aalto City Theatre (Seinajoki), Teatro Municipal (Valparaiso), Teatro Heredia (Santiago de Cuba), Teatro Ariosto (Buenos Aires), Castello Louis XI (La Cote St. Andrè, Teatro do Sesc (Santos e Riberao Preto – Brasile) e suona stabilmente con le seguenti formazioni cameristiche: Open Quartet, Tango Tres, Grupo Candombe e in duo con il flautista Vanni Montanari, il violinista Roberto Noferini e il chitarrista Estone Tiit Peterson.
Ha effettuato concerti insieme al flautista Massimo Mercelli, alla virtuosa americana Sharon Isbin, al chitarrista Marko Feri (Slovenia), agli attori Ivano Marescotti, Ruggero Sintoni, Paola Baldini, Enzo Vetrano, Stefano Randisi e Roberto "Freak" Antoni e in qualità di solista con le Orchestre Giovanile di Fiesole, Cherubini di Piacenza, Filarmonica USP dello Stato di S.Paolo.
Ha inciso per Materiali sonori, Fare dollars music, Edizioni Borgatti, ERP.
Ha completato la sua formazione musicale diplomandosi in chitarra classica nel 1990 a pieni voti presso il Conservatorio "Bruno Maderna" di Cesena. Ha ultimato nel 2008, presso il Conservatorio "Gian Battista Martini" di Bologna e sotto la guida di Walter Zanetti, il biennio di specializzazione di II livello, laureandosi con il massimo dei voti con la tesi: "Manuel de Falla - Homenaje pour le tombeau de Claude Debussy".
E' stato "Guest Professor" alla Columbus State university (USA) e alla USP di Riberao Preto (Brasile) e svolge attività didattica presso Istituzioni Musicali Statali in Emilia Romagna. E' co-fondatore di Diatonia con cui si occupa dal 1996 di progetti legati all' arte contemporanea, Curatore musicale del Museo Carlo Zauli e Coordinatore artistico della Scuola Comunale G. Sarti di Faenza.

www.donatodantonio.org

Quando hai iniziato a suonare la chitarra e perché?

Provengo da una famiglia di musicisti dilettanti da almeno tre generazioni, mio padre mi faceva ascoltare i dischi di Mario Del Monaco quando ero piccolo e la musica era molto presente nella mia infanzia, ho sempre pensato che avrei suonato la chitarra e un bel giorno in quinta elementare mio padre e mio zio mi regalarono a sorpresa una Eko model L …

Mi sa che con le Eko ci siamo passati quasi tutti. Poi che studi hai fatto e qual è il tuo background musicale?

E' una domanda molto complicata … ho sempre pensato di poter coltivare due passioni l'architettura e la musica, così per molti anni ho tentato di studiare seriamente entrambe convinto di avere le capacità per portarle a termine ...
La svolta arrivò in occasione del compimento medio di chitarra, pensavo di essere un genietto dello strumento per fortuna presi una bella scoppola, fui promosso per miracolo...questo mi permise di capire che avevo sbagliato tutto, l'approccio, il pensiero... Fu come se improvvisamente mi svegliai dal torpore, dal giorno successivo all'esame decisi che sarei diventato musicista nel giro di qualche mese andai alla ricerca di un insegnante più vicino ai miei pensieri musicali... e lo trovai, lasciai architettura a Firenze (21 esami su 30 sostenuti) e cominciai ad interessarmi alle contaminazioni fra linguaggi artistici cercando sempre riscontri non con musicisti ma con architetti, designer, artisti, scenografi, attori, poeti, insomma si attivò nella mia testa un bel "casino" positivo. la conseguenza immediata fu che vivevo lo studio del repertorio per chitarra come un limite e un piccolo mondo dove si incontravano solo chitarristi classici... che noia!!!

Dopo la Eko con che chitarre hai suonato e con cosa suoni adesso?

In realtà la Eko è servita per le prime lezioni, era un regalo! Poi sono passato ad un Di Giorgio che è durata due settimana e ad una Yamaha prima di approdare alla Ramirez, il mio primo strumento professionale, una chitarra classica Ramirez da concerto. Dopo alcuni anni, non più soddisfatto ho seguito una mia necessità di ricerca e controllo del suono e sono andato alla ricerca di chitarre "nuove"; ora suono con una chitarra fantastica del liutaio tedesco Gernot Wagner, è una bomba con un suono impressionante, Wagner utilizza le stesse tecniche costruttive di Mattias Dammann, ho anche una Kohno del '98, una delle ultime del Maestro Masaru Kohno, è la Model 50 Special è in abete è molto equilibrata con un suono molto pieno e mi ha dato molte soddisfazioni soprattutto con Bach; è arrivata da agosto anche una chitarra italiana di un liutaio interessante serio, preparato, etico Marco Maguolo, è un esperimento per me... ha il diapason 640 ed è in abete, è il primo strumento che ho comprato sulla fiducia è anche il primo strumento italiano.

Sto tentando di comprare una chitarra di un liutaio tedesco che adoro Schneider (cedro) fantastica devo "solamente" convincere un mio caro amico a vendermela ... e non è per nulla intenzionato.

Con Tango Tres uso una Takamine 132SC con un amplificazione AER compact 60 e in questo caso AER fa la differenza, e con il Grupo Candombe oltre alla Takamine più l'AER uso un Tres comprato a Cuba durante la tournee del 2003, con Open Quartet uso oltre alla Wagner una chitarra elettrica Hohner G3T (modello Steinberger) con vecchia pedaliera Roland D50 modificata. Vorrei diventare più esperto nelle tecniche di elaborazione dei suoni al momento mi sento molto limitato.

Una curiosità ... parlando sempre di chitarre, ma come mai molti di voi (fascia di età 40-50) hanno una Kohno, che avevano così di speciale quelle chitarre? Sai che anche Mick Goodrick suona quella Hohner?

La Khono era un riferimento per molti chitarristi dell'area Milanese e per molti allievi del Maestro Ruggero Chiesa, personalmente lo ritengo uno strumento magnifico. Oscar Ghiglia ha una Khono Maestro straordinaria ad esempio... Mick Goodrick potrebbe suonare perfettamente anche un monocorde.

Quali sono state e sono le tue principali influenze musicali?

Dipende dal contesto artistico e creativo, è molto difficile per me pensare a questo, posso dire che sicuramente nei miei ascolti alcuni musicisti mi hanno influenzato fortemente da un punto di vista emotivo ma non sono in grado di dire se hanno avuto anche ripercussioni sul mio modo di intendere la musica.. Ho sempre avuto una propensione verso certi repertori, quando frequentavo architettura ascoltavo quasi esclusivamente Xenakis e Talking Heads, nel 1987 ebbi l'occasione di ascoltare Stockausen a Ravenna, fu un concerto performance entusiasmante, lui era al mixer e alla fine del concerto andai a conoscerlo per avere un autografo, non ho dimenticato i suoi occhi così carichi di umanità; in quegli anni suonavo il basso in una band che faceva musica neo psichedelica e punk rock (cover e brani originali) vivevo queste sollecitazioni così differenti fra loro, con naturalezza, rimasi impressionato qualche anno fa da un concerto dei

Balanescu quartet e dai Kronos quartet, adoro John Zorn ... Chick Korea, Robert Fripp, Thelonius Monk, Garbareck, Feldman, Cage, Satie, Berio, Sciarrino, Scelsi, Takemitsu, sicuramente ho una propensione per la corrente del cosiddetto "pensiero debole" che in musica si può definire Minimalista, forse perché nei linguaggi contemporanei è stato più facile utilizzarla per mescolare gli ambiti, ho avuto più volte occasione di eseguire In C di Terry Riley ed è stata una esperienza quasi mistica, adoro Reich e Glass soprattutto "Lighting". Quando ascolto una sonata di Brahms o la ciaccona di Bach eseguita al violino oppure il quartetto di Ravel in sol, oppure Monteverdi rimango egualmente abbagliato, forse la risposta non esiste, rimango colpito da alcuni suoni, alcune frequenze, alcune modulazioni, alcune timbriche.

Tu fai parte del trio Tango Tres con cui avete pubblicato l'ottimo "Guardia Vieja" dedicato al tango pre-Piazzolla, come è nato questo progetto musicale e come mai la scelta di questo particolare repertorio?

Ho conosciuto Silvio Zalambani nel 1996 (eravamo colleghi alla scuola Civica di musica G. Sarti di Faenza) è subito nata una volontà forte di collaborazione, mi impressionò subito la sua musicalità notevole e il suo interesse per il tango (non ancora un fenomeno di moda) e in generale sulla cultura ispanoamericana, ricordo che discutemmo a lungo di Villa-Lobos, coinvolgemmo nel progetto Vittorio Veroli, un violinista esperto nel repertorio (aveva avuto modo di collaborare più volte con Hugo Aisemberg in Argentina) e aiutati da Ruben Andres Costanzo (collezionista e storico del tango) abbiamo iniziato ad indagare il repertorio iniziale, la cosidetta "Guardia Vieja" gli strumenti tipici dell'epoca erano trii con un fiato, una chitarra e un arco, la novità è stata quella di utilizzare il sax soprano.Abbiamo lavorato con molta attenzione sull'insieme. Per circa sei mesi abbiamo provato regolarmente per affinare il repertorio che ha sempre arrangiato Silvio Zalambani. Il nostro esordio è stato a Valencia al Palau della musica nel 1997 durante il festival internazionale del sax e da allora a parte una pausa di quasi due anni ci siamo tolti belle soddisfazioni.

In Storia del Tango su Evaristo Carriego Borges parla della natura rissosa del tango con queste parole "..io direi che il tango e la milonga esprimono in maniera immediata qualcosa che molte volte i poeti hanno voluto dire con parole: la convinzione che combattere possa essere una festa.[19]" al di là del gioco poetico nascosto nelle parole di Borges, come senti il Tango?

Borges sosteneva che il tango è un pensiero triste che si balla, io penso che il tango è un pensiero triste che si suona.

Tu operi comunque in diversi progetti: solista, narratore e chitarra, Tango Tres, Gruppo Candombe, il duo chitarra flauto e chitarra violino, il quartetto, le Ondes Martenot ... come mai così tanti interessi e come cambia il tuo modo di suonare a seconda dei diversi contesti?

Sono sempre stato curioso musicalmente e ho sempre cercato relazioni artistiche con musicisti interessanti spesso non chitarristi. E' importante sapere sempre quello che si fa, l'approccio deve necessariamente tener conto del contesto musicale e di conseguenza devi sapere qual è la pronuncia più adatta e lo stile e per farlo consapevolmente è necessario approfondire. Il tango delle origini necessita di un suono rurale quasi da incisione a 78 giri, con il Grupo Candombe è importante una pronuncia ritmica notevole, con strumentisti di estrazione classica devi suonare pensando che non devono sentirti a fatica ma anzi quasi non devono pensare che sei un chitarrista, l'ondes martenot si adatta moltissimo al suono della chitarra e ha un repertorio contemporaneo soprattutto francese molto interessante, con Open Quartet (chitarra, flauto, violoncello, violino) ci dedichiamo molto alla musica contemporanea Riley, Maderna e compositori che hanno scritto per noi e a rifacimenti di brani di Fripp, Corea, Zappa.

Hai studiato Architettura, poi pur non laureandoti e scegliendo un'altra via ha "... dirottato la mia voglia di progetti su Diatonia, costituita assieme a Matteo Zauli e Luigi Cicognani, quale laboratorio concreto delle nostre follie artistiche.." e anche sul fatto di essere il curatore musicale del Museo Zauli a Faenza, sembra che con te le "deviazioni" non manchino mai ...

Ho avuto la fortuna di incontrare due persone meravigliose Luigi (architetto e designer) e Matteo (direttore del Museo Zauli e organizzatore culturale) con cui condivido da ormai più di 10 anni la voglia di sperimentare idee, abbiamo costituito anni fa Diatonia che ha contribuito ad aiutare la città di Faenza ad avvicinarsi all'arte contemporanea, poi Matteo Zauli ha creato il Museo Carlo Zauli dove abbiamo continuato a proporre e promuovere la nostra idea di

---

[19] Jorge Luis Borges "Evaristo Carriego", Einaudi, 1999 pag.90

mescolanza di linguaggi tenendo sempre la barra dritta sul contemporaneo. I Notturni sono una rassegna musicale che partita nel 2008 è l'anima musicale del Museo, non voglio dilungarmi troppo preferisco che attraverso il sito e attraverso Facebook ci si possa rendere conto del lavoro fatto in questi anni nel museo20.

In che modo esprimi la tua "forma" musicale sia nell'ambito dell'esecuzione che nell'improvvisazione, sia che tu stia suonando "in solo" sia assieme altri musicisti? Elabori una "forma" predefinita apportando aggiustamenti all'occorrenza o lasci che sia la "forma" stessa ad emergere a seconda delle situazioni, o sfrutti entrambi gli approcci creativi?

L'aspetto fondamentale è legato all'ascolto delle idee musicali e del climax che si sta creando in quel momento e il fatto di farne parte musicalmente nello stesso istante diventa l'elemento fondamentale per valorizzare quello che succede o per modificarlo o per rafforzarlo, la forza dell'improvvisazione estemporanea è data dalla sua capacità di diventare in quell'istante l'elemento guida del discorso che si sta facendo, è come quando incontri una persona che riesce pur non facendo nulla, ad avere una grande capacità magnetica e ti senti portato ad imitarla o ad ascoltarla.

Quale significato ha l'improvvisazione nella tua ricerca musicale? Si può tornare a parlare di improvvisazione in un repertorio così codificato come quello classico o bisogna per forza uscirne e rivolgersi ad altri repertori, jazz, contemporanea, etc?

Ho sempre ammirato molto gli improvvisatori, sia quelli che arrivano dalla musica jazz che quelli che con gran maestria ornamentano la musica barocca, per non parlare delle culture musicali orientali, mi sono fatto delle idee e credo che nella musica contemporanea sia fondamentale improvvisare tenendo conto del musicista con cui si sta suonando o del compositore che si sta eseguendo soprattutto quando come in questi ultimi anni si mescola tutto volutamente (improvvisazione totale) come in uno shaker, intendo dire che conta molto l'aspetto del suono che si vuole avere in un istante preciso in rapporto a quello che accade e che vuoi o puoi modificare grazie alla tua personalità musicale.

---

20   http://www.museozauli.it/

In che modo la tua metodologia musicale viene influenza dalla comunità di persone (musicisti e non) con cui collabori? Modifichi il tuo approccio in relazione a quello che direttamente o indirettamente ricevi da loro?

Suonare assieme richiede un coinvolgimento emotivo nei confronti degli altri assoluto, occorre ascoltare e ascoltarsi, è come se si creasse una relazione magica basata solo sui suoni, non esiste null'altro, in questo senso il giochetto funziona se ci si mette in gioco emotivamente in funzione di un risultato esclusivamente di dialogo musicale.

Ti piace di più suonare "con" o suonare "contro"?

Suonare con.

Se ascolti una diversa interpretazione di un brano da te già suonato e che vuoi eseguire tieni conto di questo ascolto o preferisci procedere in totale indipendenza?

Difficile pensare a cosa è meglio, penso che sarebbe più corretto approfondire autonomamente e senza sollecitazioni esterne il lavoro da eseguire in modo da creare una migliore empatia con la composizione, basandosi esclusivamente sull'analisi della composizione, ma io non ci riesco, ho necessità di ascoltare e capire da chi meglio di me affronta con naturalezza e con il suono giusto quel determinato brano e mi serve molto di più capire come ha fatto ad arrivare a quel risultato... a volte rimango abbagliato da esecutori fantastici non per la tecnica o per la pulizia ma per la forza comunicativa che hanno nel raccontare una storia con il brano.

Quali sono i "materiali" musicali (melodia, timbro, suono, struttura ritmo, etc.) che principalmente scegli e che influiscono nella scelta dei brani da interpretare o nelle improvvisazioni?

Dipende dai contesti sonori è evidente che le variabile sono moltissime come anche le strade che si possono percorrere

Una domanda un po' provocatoria sulla musica in generale, non solo quella contemporanea o d'avanguardia. Frank Zappa nella sua autobiografia

scrisse: "Se John Cage per esempio dicesse "Ora metterò un microfono a contatto sulla gola, poi berrò succo di carota e questa sarà la mia composizione", ecco che i suoi gargarismi verrebbero qualificati come una SUA COMPOSIZIONE, perché ha applicato una cornice, dichiarandola come tale. "Prendere o lasciare, ora Voglio che questa sia musica." È davvero valida questa affermazione per definire un genere musicale, basta dire questa è musica classica, questa è contemporanea ed è fatta? Ha ancora senso parlare di "genere musicale"?

Non mi è mai piaciuta troppo il termine "genere musicale", è evidente che esistono forme storicizzate e riconducibili a generi ormai assodati, forse tutto questo non è ancora possibile nella musica dei nostri giorni che ricordiamolo, è ancora in continua (e non potrebbe essere altrimenti) evoluzione. Le musiche odierne si alimentano con molta più libertà e serenità prendendo dal passato e da mondi apparentemente lontani. Diventa fondamentale la figura del "medium" musicista/compositore/improvvisatore capace di dialogare creando ponti fra culture lontane.
Correndo il rischio di sembrare banale trovo molto più interessante leggere cosa pensa della musica Brian Eno che tanti compositori accademici che si rifugiano nell'aridità degli schemi compositivi tradizionali.
John Cage ha avuto un grandissimo merito, percepire con netto anticipo che oggi accanto alle forme musicali tradizionali codificate con schemi tradizionali, esiste un modo e un approccio molto più ampio dato anche dall'utilizzo dell'elettronica che ovviamente non è codificabile secondo gli schemi notazionali tradizionali.. il musicista che non si accorge di questo è come il fedele soldato giapponese dimenticato sull'isolotto del Pacifico...
Citazione tratta da "Silenzio" di John Cage[21]: "Un suono non si ritiene un pensiero una necessità, o come avente bisogno di un altro suono per chiarimento o altro, non ha il tempo, è troppo impegnato nell'esecuzione delle proprie caratteristiche".

Sempre a proposito di Zappa, che ne pensi di lui?

---

[21] John Cage "Silenzio", Shake Edizioni, 2010

Il musicista più avanti in assoluto, l'uomo marketing, il dittatore assoluto! Tutti sotto contratto e sotto registrazione, l'uomo che ha inventato il non diritto alla privacy

Zappa ha dimostrato che un artista deve anche essere manager oculato di e stesso e della propria produzione e sicuramente il rigore che pretendeva nelle esecuzioni da parte di chi lavorava con lui sono entrati nella leggenda (una volta Jürgen Ruck mi ha raccontato di che mazzo ha fatto all'Ensemble Modern in occasione delle registrazioni di Yellow Shark) nonché uno stakanovista tremendo nel suo lavoro .. non è che è stato un po' frainteso, nel senso di è badato di più, soprattutto in Italia all'aspetto freak e meno alla musica? Come chitarrista e improvvisatore poi lui era davvero un capace di uscire dagli schemi, per ritornare al discorso di prima?

Secondo me sì! A modo suo era un visionario, i veri fans di Zappa lo amavano per come era.

Lo penso anch'io ... da fan sfegatato. Tu hai eseguito alcune sue musiche con l'Open Quartet se non ricordo male, so che diversi artisti hanno avuto seri problemi legali con la Zappa Family nell'eseguire le sue musiche, voi avete avuto contatti con loro per poterli suonare?

Noi abbiamo rielaborato "liberamente" alcuni suoi brani che il nostro arrangiatore Paolo Geminiani ha regolarmente depositato.

Una delle cose che posso sinceramente dire di amare della chitarra è la sua capacità di trasformazione nella forma musicale nei secoli e di medium tra le varie forme musicali e sociali, non ultima quella popolare. La chitarra sembra essere lo strumento (anche logico-economico-filosofico) per contrastare le teorie della scuola di Francoforte e di Adorno. La chitarra, con la sua presenza di musicisti virtuosi e assolutamente personali a qualunque livello e genere musicale può rappresentare una valida alternativa alla ormai tragicomica distinzione tra cultura alta e cultura popolare e all'affermazione di Schoenberg "Se è arte non è per tutti, se è per tutti non è arte"?

La chitarra è per me un mezzo di espressione, un'appendice, un modo per comunicare il mio Io interiore, è anche un grande errore, se potessi ricominciare forse suonerei il violoncello!!
La seconda parte della domanda è molto complicata, ha implicazioni profonde nel percorso di ogni artista e ha molteplici risposte, in questi ultimi anni ho un approccio più naturalistico, sono passato da momenti in cui credevo all'affermazione di Schoenberg e la combattevo sostenendo che l'arte fosse un diritto di tutti... al momento credo che l'arte sia un diritto di tutti quelli che la comprendono e la vivono grazie alla loro chiave di lettura.
L'arte è la capacità a mio avviso di aprire delle valvole interiori differenti per ogni essere umano, è la capacità di mettere in relazione te stesso con una parte di te che non parla molto, è la forza di dire qualcosa che in un qualche modo di scombussola, ti toglie un finto equilibrio, ti anticipa dei meccanismi che dopo consideri normali.
Una sera al Museo Zauli in una delle frequenti conferenze sul contemporaneo, un notissimo esperto gallerista italiano affermò che era stufo di tutti quei bravissimi preparatissimi giovani artisti colti e consapevoli di ogni loro processo creativo, ma assolutamente aridi; molto meglio un istintivo e quasi analfabeta homeless/artista capace di portare alla luce con rabbia atavica la sua energia creativa!! Allora mi sembrò una forzatura, ma forse aveva ragione...

Forse quel gallerista amava il blues o John Zorn? Le sue idee mi ricordano proprio il fingerpicking blues, musicisti meravigliosi come Mississippi John Hurt e altri visionari come John Fahey e Robbie Basho, non a caso la loro musica è sempre attuale ... tu hai citato i Talking Heads ... un disco come "Remain in Light" non è meglio di tanto serialismo?

Per quello che mi riguarda si!

Luciano Berio ha scritto "la conservazione del passato ha un senso anche negativamente, quanto diventa un modo di dimenticare la musica. L'ascoltatore ne ricava un'illusione di continuità che gli permette di selezionare quanto pare confermare quella stessa continuità e di censurare tutto quanto pare disturbarla.[22]", che ruolo può assumere la musica contemporanea in questo contesto?

---

[22] Luciano Berio "Un ricordo al futuro. Lezioni americane", Einaudi, 2006 pag.

Sono un convinto sostenitore della sperimentazione artistica, è fondamentale nella nostra società il ruolo degli artisti in quanto anticipatori delle sensibilità future della collettività, è utile spostare in avanti il limite.... l'ascoltatore deve anche sentire composizioni che lo mettono a disagio è giusto che ne abbia una percezione anche negativa, ma è interessante il fatto che grazie a questa spinta possa dire: "ho sentito quel brano e non mi è piaciuto", la difficoltà sta nel fatto di non uniformarsi nelle proposte, meglio sviluppare un senso critico per apprezzare le grandi opere.

Come vedi la crisi del mercato discografico, con il passaggio dal supporto digitale al download in mp3 e tutto questo nuovo scenario?

E' fantastico il modo in cui ormai si può acquistare musica su internet, mi dispiace vedere che le major sono al collasso, ma le politiche dissennate fatte in questi anni stanno dando purtroppo i loro frutti, ovviamente mi dispiace per chi lavora nel settore della discografia, nella musica pop si può parlare di marketing aggressivo e di qualità nella comunicazione ma con tutto il rispetto, non di qualità musicale anche se moltissimi arrangiatori sono musicisti preparatissimi in grado di scrivere in molti stili. Un discorso a parte merita la musica jazz, etnica, la classica e la contemporanea/sperimentale dove il cd ha anche un valore di documento storico (la visione di un interprete) e anche strumento artistico di promozione delle proprie capacità artistiche

La tua carriera musicale va avanti ormai da diversi anni, come hai visto cambiare il mondo musicale attorno a te e per te?

Il mondo musicale "colto" e/o d'avanguardia è sempre stato di nicchia, certo non ci sono mai state situazioni di Eldorado, ma neanche di quarto mondo, è indubbio che sopravvive solo chi ha capacità progettuali e di investimento culturale a lungo termine e la forza e la voglia di fare squadra; questo richiede una grande energia e una conoscenza del mercato nel quale si opera, le relazioni e la capacità di avere subito un progetto pronto "per ogni occasione" sicuramente aiuta, è un po' come fare il manager che in azienda deve risolvere problemi complessi in maniera efficace e immediata.

52

Questo è un discorso davvero insolito per un musicista ... di solito quando faccio questa domanda i più mi rispondono che è colpa dello Stato che non favorisce la cultura o del fatto che il pubblico non è preparato ... non è che in Italia ci piangiamo tanto addosso?

Quando hai occasione di suonare all'estero ti accorgi di quanto il fatto di essere Italiani sia un plus e non un minus, dobbiamo diventare più bravi a vedere le cose positive che siamo in grado di produrre. E' altrettanto vero che non basta essere italiani per risolvere con la bacchetta magica i problemi. Sottovalutiamo troppo gli altri e siamo profondamente opportunisti. Per l'Italia è una tragedia, sono molto pessimista a tal proposito.

Che differenze noti tra gli allievi a cui insegni e hai insegnato? E' cambiato e come il tuo modo di fare musica?

Il mio modo di fare musica cambia continuamente in relazione agli stimoli spero positivi che giornalmente possono e devono (a mio avviso) modificare il percorso di crescita, un aspetto negativo della tecnologia è il fatto che siamo meno stimolati a compiere azioni che erano normali una volta come ad esempio ascoltare un bel solo e poi tentare per ore e ore di impararlo e ripeterlo...

Le nuove tecnologie (nuovi strumenti musicali, midi, network sociali, forum) hanno influenzato le tue scelte e la tua forma musicale? Come?

Non più di tanto, almeno per il momento.

Ti propongo un gioco: ti faccio alcuni nomi, che penso possano essere legati e non alle tue idee musicali, mi dici che cosa significano o se hanno un significato per te? Incomincio: Julian Bream

Più passano gli anni e più penso che sia il più grande in assoluto, non me ne vorranno gli altri... il suo suono!!!! Basterebbe anche solamente il rapporto con Britten per fargli un monumento

Senza nulla togliere a Segovia, mi sa che sono d'accordo con te, Bream è stato il più grande, non solo come interprete ma per la sua apertura

mentale, il Nocturnal ne è un perfetto esempio e poi lui negli anni '60 era solito frequentare al swinging London suonando a Les Cousin con John Renbourn. Hai mai suonato il Nocturnal o un'altra partitura come il Royal Winter di Henze?

Ho avuto occasione di studiare ed eseguire il Nocturnal, Henze lo sto avvicinando con cautela.

I Raga indiani

Sono affascinato dalla concezione temporale/spirituale della musica indiana, ma non non ne ho ancora un vera consapevolezza, la vivo in maniera troppo occidentale, non riesco a liberarmi da alcuni schemi.

Italo Calvino

Le sei proposte per un nuovo millennio o lezioni americane rispecchiano alcune tematiche assolutamente attuali e utili alla società contemporanea e al musicista in quanto tale (Leggerezza, Rapidità, Esattezza, Visibilità, Molteplicità, Coerenza)

Io adoro le "Città Invisibili". Ma sono rimasto affascinato dal quel saggio, è sulla letteratura ma certi concetti penso possano essere utili anche come spunti di riflessione sulla musica, in particolare quando parla delle leggerezza. La musica è leggerezza, ha natura corpuscolare, si dissolve mentre si crea e si ascolta, è effimera di natura .. così come lo è anche l'improvvisazione no?

Penso sia utile pensare leggero per suonare leggero, è evidentemente un concetto che non ha a che vedere con un aspetto fisico del suono, ma mentale

Il lato "pesante" della musica potrebbe essere dato dai musicisti e dal "peso" della strumentazione?

Stesso concetto della leggerezza al contrario

Johan Sebastian Bach

Il punto di partenza, ogni volta che alzo la cresta arriva Bach e mi fa ricordare che sono un piccolo insignificante scimmiottante chitarrista che pensa di essere un musicista

Steve Reich

Lo snodo fra oriente e occidente.

Per via dei suoi studi in campo etnologico? O per il phase shifting?

Per tutte e due le cose. Si!

Jimi Hendrix

Il chitarrista che probabilmente conosco meno, mi ha sempre impressionato e spaventato troppo è come vedere Carlos Kleiber dirigere.

Perché spaventato troppo? Quando era arrivato a Londra fine anni '60 aveva terrorizzato tutti ma ormai la sua lezione e il suo stile sono stati metabolizzati o forse ritorniamo al discorso di quel gallerista?

Esattamente, occorrono tanti nuovi Hendrix

Giacinto Scelsi

Riporto pari pari dal libro "Il sogno 101": Il suono esiste di per sé senza la musica. La musica evolve nel tempo. Il suono è atemporale[23]".

Una definizione decisamente tosta, quasi alla Cage o alla Varese. Com'è quel libro?

Molto impegnativo, fa riflettere e mette in relazione concetti lontani e profondi

---

[23] Giacinto Scelsi "Il Suono 101", Quodlibet, 2010

Alberto Pezzotta in un articolo sulla discografia su Scelsi su BlowUp Magazine ha dichiarato "Scelsi va tenuto lontano dagli esecutori accademici, che suonano in modo inamidato"[24] .. che ne pensi?

Il contrario, sarebbe utile a tutti per avere un altro punto di vista "fuori dagli schemi".

Scelsi è sempre stato visto un po' con sospetto in Italia, a parte la pessima polemica promossa da Vieri Tosatti, è stato un po' guardato come un outsider, come un autodidatta , estraneo a qualunque scuola mentre invece di recente è stata rivalutata la sua figura di "ponte" tra le extra avanguardie europee e americane, non a casa Morton Feldman l'ha chiamato il Charles Ives italiano .. pensi che lui, come Messiaen (altro nome poco apprezzato in passato in Italia), possa essere considerato un precursore degli spettralisti? Sai che, a proposito sempre di figure trasversali, Scelsi è molto apprezzato dalla scena minimal della techno tedesca (roba tipo Basic Chanell, Chain Reaction)?

Credo che Scelsi abbia un percorso suo molto personale e difficilmente saprei fare confronti pertinenti, non lo conosco in modo così approfondito, auspico che ci sia tanta contaminazione fra "generi".

Ennio Morricone

Mi è capitato di sottovalutare all'ascolto le musiche dei suoi film, in alcune occasioni le ho eseguite e ho pensato che fossero geniali nella loro semplicità espositiva, il Morricone compositore contemporaneo è troppo avanti per i miei gusti ...

---

[24]   Alberto Pezzotta "I suoni di una nota sola Guida a Giacinto Scelsi per giovani temerari" BlowUp Magazine N 164 Gennaio 2012 pag 71

Dora Filippone è da anni un'importante figura professionale per la sua specializzazione nell'esecuzione del repertorio d'opera, sinfonico e cameristico in cui la chitarra e il mandolino fanno parte dell'organico. Collabora stabilmente con l'orchestra del Teatro Regio di Torino e con il "Divertimento Ensemble" di Milano, con il Carlo Felice di Genova, l'orchestra Marchigiana, l'Arena di Verona partecipando ad importanti produzioni concertistiche e discografiche.

Ha accompagnato quindi cantanti famosi tra i quali Cathy Berberian, Rockwell Blake, Renato Bruson, Josè Carreras, Luisa Castellani, Angela Ghiorghiu, Philip Landrige, Luciano Pavarotti, Ruggero Raimondi, e molti altri. Ha suonato anche con direttori quali Roberto Abbado, Yuri Ahronovitch, Bruno Bartoletti, Luciano Chailly, Bruno Campanella, Gianluigi Gelmetti, Eliau Inbal, James Levine, Andrea Noseda, Peter Maag.

I suoi interessi spaziano dalla musica antica (è diplomata in musica corale) a quella contemporanea e la sua attività rispecchia la sua personalità eccletica (laurea presso il DAMS di Bologna) non solo attraverso la sua consolidata carriera di musicista ma anche come organizzatrice di eventi musicali: Hymnen di K.Stockhausen per il Lingotto, "I love Torino" per l'Assessorato al Turismo, ecc. Ha fondato il FFFortissimo e il PPPianissimo Guitar Ensemble e ultimamente Guitare Actuelle.

Ha suonato con Cathy Berberian, Alessandro Specchi, Roberto Fabbriciani, Georg Mönch, Ciro Scarponi, Elena Càsoli, il Quartetto Arditti, il Quartetto Voces, il Quartetto di Torino.

Ha effettuato tournées in tutta Europa, in Sud America, Africa, Stati Uniti, Giappone, Australia, Cina: Centre Pompidou (Paris), Lehman College (New York), Teatro Colon (buenos Aires), Kleine Musikhalle (Hamburg), Gaudeamus (Amsterdam), Settembre Musica (Torino), Teatro alla Scala (Milano), Festival Pianistico di Bergamo e Brescia, ecc.

Il suo repertorio spazia dalla musica dell'ottocento, con particolare interesse per inediti di quel periodo, a quella d'avanguardia. Ha presentato prime esecuzioni assolute o italiane di numerosi compositori italiani e stranieri tra cui Berio, Correggia, Castagnoli, Donatoni, Ferrero, Henze, Maderna, Petrassi, Scelsi, Solbiati e molti altri. E' attualmente titolare della cattedra di chitarra presso il Conservatorio "G.Verdi" di Torino dopo aver iniziato la sua attività didattica giovanissima presso il Conservatorio di Milano.

Quando hai iniziato a suonare la chitarra e perché? Che studi hai fatto e qual'è il tuo background musicale? Con che chitarre suoni e con cui hai suonato?

La chiave di lettura della mia carriera artistica è quella di saper trasformare degli svantaggi in vantaggi. Ovviamente partendo da uno svantaggio bisogna avere molta determinazione e lavorare il doppio, ma questa è anche una pratica che affina. Ho studiato chitarra privatamente iniziando a 9 anni con un grande Maestro, Ernesto Salio, a Torino. La sua prematura scomparsa, avevo 13 anni, mi ha posto di fronte alla prima grande scelta: la figura di quell'uomo, ineguagliabile didatta, che ha fatto di me una virtuosa, è stato anche tra i molti il Maestro di Maurizio Colonna, mi ha impedito di poter trovare un sostituto suo pari. Inoltre in quegli anni le cattedre di chitarra presso i Conservatori erano pochissime e a Torino non c'era. Fermamente decisa a continuare gli studi musicali ad ogni costo mi sono iscritta alla scuola di composizione, perché l'alternativa era quella di cambiare strumento per entrare in Conservatorio. Così ho intrapreso uno studio folle per me, che l'avevo scelto per ripiego e non per vocazione, per fortuna con maestri impareggiabili, l'ultima grande generazione di musicisti ancorati saldamente alla "tradizione", piuttosto contrari all'avanguardia musicale che incominciava a nascere, ma straordinari per la padronanza della materia e per il metodo d'insegnamento. Sono stati anni pesantissimi il liceo, il pianoforte, la composizione con l'analisi e lo studio maniacale delle forme musicali per poter superare gli esami e arrivare al diploma di musica corale. La chitarra era relegata in un mondo sospeso ma la classe di composizione dove ero entrata era quella di Enrico Correggia, un musicista dotato d'intuito ed intelligenza rari, che in quegli anni ha saputo raccogliere la ribellione artistica che agitava i cuori dei giovani compositori che non volevano più aspettare il termine degli studi per comporre musica propria, ma volevano affiancare allo studio tradizionale della materia la produzione dei loro lavori, per affermare all'interno dell'Istituzione il loro "status" di compositori. Questo fatto, dato oggi per scontato, era allora impensabile e così nacque Antidogma Musica Ensemble e Festival di Musica Antica e Contemporanea presenti a tutt'oggi nel panorama della musica contemporanea, con l'intento "antidogmatico" di far

105

conoscere la musica di giovani compositori italiani e stranieri ben prima della fine degli studi accademici e soprattutto accogliendo qualsiasi forma di scrittura compositiva senza pregiudizi. L'ensemble nella sua forma base era formato da chitarra, pianoforte, flauto al quale si potevano, secondo le circostanze, affiancare altri strumenti.

Da uno scontro generazionale e soprattutto istituzionale, è nata l'esigenza di occuparsi di avanguardia tout-court. E' stato il credo artistico degli "antidogmatici": più l'impresa sembrava impossibile e più ci si cimentava. Il mio esordio con la chitarra è stato sia come esecutrice, che come committente di brani in cui la chitarra era uno strumento obbligato e siccome a quell'epoca era tutto un fermento d'avanguardia, ho lavorato con moltissimi compositori proprio sulla fattibilità della loro scrittura per chitarra.

La prima impresa con la quale ci affacciammo sulla scena internazionale fu la prima esecuzione italiana del "Marteau sans Maitre di Boulez", al Piccolo Regio di Torino siamo nel 1977! Dopo quel battesimo del fuoco tutto il resto è stata quasi una passeggiata!

Vorrei concludere con quello che Bruno Gambarotta, noto giornalista, ha scritto in un insolito catalogo a cura della Fondazione della Fotografia una delle prime realtà culturali ad essere oggi scomparsa, la quale con straordinaria preveggenza lo aveva dedicato agli artisti della città di Torino nel 1993. Il titolo è abbastanza eloquente e quantomeno, purtroppo, molto attuale "Una razza che scompare". Ispirato alla campagna fotografica sugli Indiani d'America realizzata da Edward Curtis agli inizi del novecento è una prima ricognizione del territorio culturale cittadino. Le "riserve" metropolitane sono le istituzioni, enti, organizzazioni, associazioni e manifestazioni che segnano e tracciano ormai da anni la città; i capi tribù sono la razza che, solo metaforicamente (purtroppo oggi realmente), scompare. Gambarotta scrisse: "Dora Filippone (Ensemble Europeo Antidogma Musica, dal 1977) Rappresenta una tribù dai costumi severi, quasi una conventicola l'Antidogma Musica, votata alla pratica di autori contemporanei. C'è bisogno anche di loro, soprattutto di loro, per mantenere accesa qualche fiaccola! "

Le mie chitarre sono e sono state:

Chitarra Pietro Gallinotti 1971
Chitarra Masaru Kohno 1987
Chitarra Gaetano Guadagnini 1884

Chitarra anonimo scuola francese fine 1700
Chitarra elettrica Fender Usa Stratocaster
Banjo chitarra
Mandolino Luigi Embergher modello 5 bis 1913
Mandolino Giovanni Kasermann 1928
Mandolino Pasquale Vinaccia 1881
Liuto Jacob van de Geest
Liuto barocco Ricardo Branè

Anche tu una Kohno! Ma cosa avevano di così particolare quelle chitarre e quel liutaio?

Penso di essere stata tra i primi in Italia a comprare la Kohno. Io suonavo su una Gallinotti che ho a tutt'oggi con un diapason di 67 cm. La mia prima esigenza era quella di avere una chitarra che andasse contro tendenza rispetto alla misura del diapason di quegli anni. Una chitarra più vicina alla tradizione della liuteria ottocentesca in un certo qual senso. La mia Kohno è in palissandro jacaranda e soprattutto il suono e gli armonici sono straordinari. Ho viaggiato tutto il mondo con la Kohno e non ho mai avuto problemi. Lo strumento è solido ed in grado di non subire effetti collaterali tipo troppa umidità o troppo secco. E' uno strumento fedele in questo senso, è una chitarra che non ti tradisce mai, appartiene alla cultura giapponese nel senso che ha un fascino particolare oltre ad essere di fattura perfetta. Mi sono fidata del mio istinto quando Kohno era solo un nome come un altro e nulla più. almeno in Italia e di un mio giovanissimo allievo che lavorava presso un negozio musicale, che mi ha invitato a provare lo strumento. Ogni strumento parla a quello che sarà il suo esecutore. Personalmente non ho mai trovato uno strumento per caso: sono loro che hanno cercato me.

So che hai partecipato a delle manifestazioni e convegni per ricordare la figura di Gallinotti, hai avuto modo di conoscerlo? Che persona era?

Ero piccola, avevo 13 anni, quando con mio padre in un gelido inverno in treno abbiamo raggiunto Solero in provincia di Alessandria e siamo stati ricevuti da Pietro Gallinotti. Nonostante il tempo trascorso ho delle immagini molto vive. Pietro era un uomo semplice, quasi irreale nella sua casa bottega, il banco da lavoro, l'odore della vernice, ecc. Mi ricordo gli occhi azzurri, un sorriso buono, la sua capigliatura bianca e quel colore azzurro dei suoi abiti. Il mio ricordo è di un uomo uscito fuori chissà da quale favola, era incorniciato da un'aura di bontà che traspirava da ogni suo gesto e dalle mani che mi avevano colpito moltissimo. Da quelle mani uscivano degli strumenti straordinari e la sua fama non aveva intaccato minimamente il suo stile di vita semplice, quello di un piccolo paese. Era rimasto fermo nel tempo ma questo creava una magia intorno a lui. Evidentemente non potevo a quell'età, essere una sua interlocutrice. Sono già stata fortunata che mi hanno coinvolto e che sono andata più volte a vedere la costruzione della mia chitarra.

Solo qualche anno fa in occasione del convegno che ho organizzato proprio a Solero su Pietro Gallinotti con il liutaio Mario Grimaldi grande studioso di Gallinotti, ho appreso da mio padre una storia curiosa che non ho mai saputo. Gallinotti aveva moltissime richieste e la lista d'attesa era considerevolmente lunga. In più aveva una sorta di fiuto, non potrei definirlo se non così, per cui a qualcuno non ha mai fatto la chitarra, in parole povere non le faceva a tutti, tergiversava, prendeva tempo e alla fine non la faceva. Quando mio padre vestito da vigile del fuoco perché smontando dal lavoro non aveva avuto tempo di cambiarsi mi ha portato per la prima volta da Gallinotti penso che abbia fatto l'impressione di una persona che andava a chiedere ad un grande liutaio una chitarra per la figlia, che era poco più di una bambina, un'incognita dal punto di vista musicale. Cosa potevo garantire io a 13 anni con mio padre vigile del fuoco a fianco e nessun maestro? Infatti molto gentilmente mio padre mi ha confessato che la prima risposta di Gallinotti è stata un no. Di fronte al rifiuto mio padre ha giocato l'unica carta che aveva in mano che era quella di chiedere di ascoltarmi. Infatti io mi ricordo di aver suonato e alla fine Pietro disse a mio padre che per la Dora, così mi ha sempre chiamato, la chitarra la poteva fare in sei mesi! Ancora oggi la mia Gallinotti è il mio strumento, nel senso che me la sono conquistata le altre invece hanno cercato loro, me.

Ho anch'io una Stratocaster e quel suono … è un qualcosa che credo ormai sia stato inciso nella memoria genetica dei chitarristi, il suono Fender è una specie di archetipo, una timbrica che ha segnato la storia della chitarra elettrica, che modello hai?. Per il resto cosa usi come amplificazione e effetti? Per la elettrica suoni con plettro o con le unghie?

La mia è una Fender Usa rossa. Suono la chitarra elettrica sia col plettro che con le dita. Come sai essendo anche mandolinista l'uso del plettro mi è molto famigliare. L'epoca in cui Antidogma ha fatto molto sperimentalismo è stato il

108

decennio 1980/90. I compositori giovani di quel periodo come Enrique Macis, Daniel Teruggi, August Mannis legati al GRM di Radio France a Parigi erano molto attratti dalle manipolazioni live del suono. Così noi per l'ensemble abbiamo comprato molte delle apparecchiature della Yamaha e siamo diventati leader nel settore delle esecuzioni con trasformazioni live del suono: infatti in quegli anni abbiamo viaggiato moltissimo. Era un riuscitissimo sodalizio tra il mondo della musica elettronica pura ed il mondo della musica contemporanea. Inoltre tutto ciò si legava benissimo a Scelsi che era per noi una icona, per la sua visione del suono, al quale venivano affiancati i compositori rumeni Costin Miereanu e Horatio Radulescu grandi esploratori e affascinanti manipolatori del suono inteso come un universo sonoro in grado di concentrare nelle sue componenti la propria forza espressiva.

Mi sono servita di una pedaliera e del Yamaha DX7 come processore di suoni. Non ho mai abbandonato però l'uso dell'archetto, dei ferri da calza, di bicchieri fondendo lo sperimentalismo fatto di oggetti che venivano usati per ottenere effetti sonori particolari, con gli effetti ottenuti con le apparecchiature.

Personalmente mi sono interessati di più gli oggetti, questo aspetto se vogliamo tra il giocoso ed il surreale mi è appartenuto di più e non ho mai voluto abbandonarlo.

Hai un curriculum semplicemente impressionate, mi ha particolarmente colpito il fatto che hai una grossissima esperienza nel repertorio d'opera, sinfonico e cameristico, sono ambiti poco frequentati in genere dai chitarristi ... come mai questa scelta e come mai la scelta di accoppiare alla chitarra anche uno strumento come il mandolino?

Si potrebbe superficialmente liquidare il mandolino come la caratteristica dell'Italia dopo gli spaghetti e la pizza ma è stato utilizzato più volte nella musica contemporanea. Avendo fondato l'Ensemble Antidogma Musica è chiaro che la musica da camera è stata la formazione per eccellenza, con la quale mi sono esibita, affiancando ad essa anche la mia attività solistica incentrata sul repertorio contemporaneo, presentando numerose prime assolute. Se la chitarra incominciava ad affermarsi anche con un consistente repertorio d'avanguardia, per quanto riguardava il mandolino c'era proprio tutto da riscrivere. Il mandolino soffriva ancora di più di una mancata identità non solo nella musica contemporanea, ma era totalmente fuori dai Conservatori, anzi messo quasi al bando. Così quando al Teatro Regio di Torino fu programmato il Don Giovanni di Mozart, il Direttore Artistico della stagione del Piccolo Regio M° Roberto Cognazzo, anche mio maestro di lettura della partitura, mi disse di provare a studiare, visto che ero stata così abile in Boulez, il mandolino e nello specifico la Serenata dal Don Giovanni di Mozart, perché così avrei potuto partecipare all'audizione presso il Teatro Regio, per quella parte. Non mi sono mai tirata indietro è così senza sapere assolutamente nulla, ho comprato un mandolino, un metodo, fatto le fotocopie della Serenata del Don Giovanni e completamente da autodidatta, mi sono presentata all'audizione con il Direttore tedesco che dirigeva l'opera, con Ruggero Raimondi giovanissimo al suo esordio e sono stata presa. La mia carriera di mandolinista è incominciata così con il Teatro Regio di Torino, ruolo che ricopro a tutt'oggi anche come chitarrista, coronato dall'incisione per la Deutsche Grammophon di un CD di arie mozartiane cantate da Ildebrando D'Arcangelo con la Direzione di Gianandrea Noseda. Dopo lo "shock Mozart" ho continuato a studiare il mandolino e causa l'alone di mistero in cui versava lo strumento ho cominciato a cercare nei Fondi delle Biblioteche Italiane i manoscritti settecenteschi, così come dagli antiquari gli strumenti antichi che possiedo. Così mi sono appassionata allo studio e alla scoperta di rari ed inediti per mandolino, ma ovviamente mi imbattevo anche in quelli per chitarra. Sono stata per esempio la prima a capire e a pubblicare sul Fronimo il catalogo del Fondo Noseda della Biblioteca del Conservatorio "G.Verdi" di Milano per quanto riguardava i brani per chitarra o con chitarra, sostenuta da Ruggiero Chiesa in questa impresa, perché è stato fatto tutto a mano con macchina da scrivere, senza computer e quant'altro.

Collabori stabilmente con il Divertimento Ensemble, ci vuoi parlare di questa esperienza? So che avete suonato pezzi importanti di Kagel, Maderna, Schoenberg e anche The Yellow Shark di Frank Zappa ...

Il Divertimento Ensemble è stata senz'altro l'altra formazione di punta con cui ho avuto l'onore di lavorare e lì è iniziato un sodalizio artistico e d'amicizia con Elena Càsoli in quanto con questo Ensemble ho collaborato come mandolinista. Col Divertimento è stato un altro modo di affrontare alcuni tra i brani più importanti della letteratura contemporanea. Anche qui un compositore Sandro Gorli incessante anima dell'Ensemble, anche direttore d'orchestra. Un compositore che indaga e realizza opere di un altro compositore è un angolazione molto particolare per ottenere risultati del tutto inediti. Questa "militanza" come mandolinista con il Divertimento, mentre in Antidogma ho principalmente ricoperto il ruolo di chitarrista, mi ha permesso di affrontare anche con questo strumento alcuni tra i pezzi più importanti della letteratura contemporanea, dalla Serenata di Schoenberg per la serata monografica alla Biennale di Venezia, al Don Perlimplin di Maderna registrato per la Stradivarius con Carlo Cecchi tra gli interpreti, a The yellow shark di Frank Zappa per la Stagione da Camera del Teatro alla Scala che è stata senz'altro una tra le parti più virtuose che ho dovuto affrontare. Tra le esperienze artistiche più interessanti, per l'iterazione tra compositore ed ensemble, c' è "Mare Nostrum" di Maurice Kagel, che è stato presente fin dalle primissime prove, per l'esecuzione alla Biennale di Venezia. Kagel ha scritto una parte per un solo esecutore, in grado di suonare chitarra, mandolino, liuto e octave guitare. Sono una delle pochissime esecutrici all'altezza della richiesta perché suonare mandolino e chitarra, strumenti totalmente differenti, non è così comune. Dai miei recenti studi questa attitudine, oggi poco diffusa, era prassi nella Bella Epoque dove esistevano Ensemble di mandolini e chitarre, con esecutori che si alternavano tra i due strumenti, fino ad arrivare anche a 192 elementi (Londra 1903 concerto al Palazzo di Cristallo). Questo è un ennesimo esempio di quello che abbiamo oggi perso ed oltre all'approfondita documentazione attraverso fotografie d'epoca e documenti che lo studioso Sparks ha raccolto nel suo incredibile libro "The classical Mandolin" a dimostrazione di quello che sto asserendo, un'ulteriore prova di questa prassi di suonare diversi strumenti l'ho trovata nel Musical di Cole Porter "Kiss me Kate" dove la parte per chitarra che giustamente l'archivista del Teatro Regio alla consegna, visto lo spessore ha battezzato" Bibbia!", prevedeva che un solo esecutore sapesse suonare chitarra, mandolino e violino! "Per il violino, - ho risposto - al momento sto ancora prendendo lezioni!"

Quali sono state e sono le tue principali influenze musicali? In che modo esprimi la tua "forma" musicale sia nell'ambito dell'esecuzione che dell'improvvisazione, sia che tu stia suonando "in solo" sia assieme altri musicisti? Elabori una "forma" predefinita apportando aggiustamenti all'occorrenza o lasci che sia la "forma" stessa ad emergere a seconda delle situazioni, o sfrutti entrambi gli approcci creativi?

Come ben si sa sono stata figlia delle "avanguardie musicali" per cui anche se può sembrare strano, la musica contemporanea di quegli anni è stata una severa palestra: una grande lezione di precisione, di decifrazione, di memorizzazione di una quantità incredibile di segni nuovi, di tecniche strumentali. Tutto era in evoluzione, anzi si era letteralmente alla ricerca della prima assoluta, del contatto col compositore e non ci si domandava se tutto questo sarebbe passato alla storia o meno. Si faceva e basta, cercando di dare il meglio di se stessi anche di fronte a ritmi a volte quasi indecifrabili, all'avventura dell'alea, al gelido strutturalismo, all'ipnotica musica ripetitiva. Per prima ho fondato un Festival che metteva in relazione l'antico ed il contemporaneo infatti "Antidogma Musica" nasceva in quegli anni con la doppia dicitura Festival di Musica Antica e Contemporanea. Penso che questa sia stata da sempre la cifra stilistica che ho inventato e che sia una mia particolare attitudine proporre ed accostare pagine, se vogliamo definirle "antiche" per collocarle in un asse temporale, accanto a pagine "contemporanee" legate entrambe da uno stesso file rouge.

Se pensiamo a certe pagine di musica antica così ermetiche e astratte nel loro procedere tra modalità e i primi prodromi della tonalità possiamo solo accostarle a pagine di musica contemporanea. E quando penso a tutta questa musica così "atonale" che è stata per decine di anni la mia principale fonte sonora non so dirti esattamente se è la forma che emerge o viceversa, ma parlerei piuttosto del suono, come lo concepiva Giacinto Scelsi che è stato uno dei miei grandi maestri: "Un suono non è quella nota piatta che tu vedi scritta sul pentagramma - mi diceva - devi andare oltre, al di là. In quel preciso istante si trasforma in una cupola, come quella di un tempio, sotto la quale tu devi metterti per sentire tutte le risonanze che ha, i suoni armonici, la trasformazione che subisce da quando risuona fino al silenzio."

Quale significato ha l'improvvisazione nella tua ricerca musicale? Si può tornare a parlare di improvvisazione in un repertorio così codificato come quello classico o bisogna per forza uscirne e rivolgersi ad altri repertori, jazz, contemporanea, etc?

Le attitudini dei veri musicisti sono sempre state le stesse: un musicista del passato o del presente cerca di cesellare il proprio talento esplorando tutte le possibili vie espressive. Possono cambiare i termini: fioriture, diminuzioni, ma da sempre i grandi musicisti compositori o esecutori che siano si divertono estemporaneamente ad improvvisare. Che cosa sono le variazioni alla fin fine una delle possibili improvvisazioni su un tema dato che vengono poi fissate a posteriori sulla carta. Come scrive Schumann a proposito dell'Eleonora di Beethoven : "Sovente possono esservi due varianti d'uguale valore. La prima è generalmente la migliore." Trovo invece che i chitarristi "classici" in generale, siano terribilmente ingessati, specie nel repertorio dell'800. Non lo comprendono, perché in generale non sono capaci di essere flessibili e sono solo esclusivamente preoccupati di dimostrare di andare più veloci del vicino. E' triste constatare la mancanza di fantasia e vitalità che caratterizza la maggior parte delle incisioni aggravata dal fatto inequivocabile che non si frequenta il Teatro d'Opera. Questo particolare repertorio anche se strumentale, era intimamente legato all'opera lirica, era un fatto così ovvio e scontato che non era nemmeno necessario dichiararlo. Così barricati in questo universo del chitarrista e del repertorio eseguito così, contribuiscono a far bollare ancora di più come "minore" un repertorio ironico, pieno di spunti da cogliere al volo e dimostrano di non leggere la musica "l'occhio armato vede stelle, dove quello disarmato scorge soltanto ombre di nebbia" (Robert Schumann "La musica romantica"), e di non ascoltare soprattutto altri interpreti non necessariamente chitarristi.

Inoltre vorrei sottolineare, come ho scritto in un mio saggio, che il fatto di trovare tante trascrizioni d'epoca per due chitarre, si pensi all'Ouverture di Rossini di Giuliani, o alla Londinese di Haydn di Carulli tra le tante, non deve far sorridere perché la funzione sociale che solo la chitarra aveva, per la facile trasportabilità e accordatura, è paragonabile all'uso che oggi si fa dell'iPod. Per assurdo oggi in un'epoca dove con un click a portata di mano si può soddisfare immediatamente una qualsiasi curiosità o esasperare la sete di conoscenza, trovo che il mondo della chitarra classica o accademico, sia arroccato su posizioni interpretative insostenibili e mi fa sorridere che proprio questo tipo di esecutore fa il peggior servizio allo strumento che suona. Questo fatto, se lo si confronta con l'interesse, invece, e il seguito che ha "l'altra chitarra", cioè quella non solo classica, deve indurre a delle constatazioni tra le quali a titolo esemplificativo osservo come artista che contrariamente ai luoghi retorici con cui l'accademia si difende, loro "gli altri chitarristi" hanno i piedi ben saldi nella musica e nel mondo, trascinano folle di persone entusiaste e annoverano grandi musicisti, a meno che ancora una volta i chitarristi invece di confrontarsi con i loro colleghi, pensino come una "casta" che solo la musica classica o il repertorio "Segoviano" sia degno di essere suonato e studiato!

Non sono capaci di cogliere ed importare nel repertorio "classico" le prassi improvvisative comuni sia ai generi "antichi" (chitarra barocca, battente, ecc) che a quelli più attuali jazz, blues, rock, pop, flamenco, ecc. La chitarra vive d'improvvisazione, ne è stata sempre imbevuta: sulla carta è da sempre stato fermato solo un canovaccio minimo o massimo, ma sempre canovaccio per pubblicare lo spartito. Se per esempio prendiamo come riferimento musicisti

quali Ferdinando Sor o Mauro Giuliani, che vivevano in grandi capitali europee ed ascoltavano le prime assolute dei più grandi compositori della storia di quel periodo, che erano inseriti nella vita musicale di quei tempi ai più alti livelli e dovevano anche se "idealmente" gareggiare per vivere con quei grandi là, come possiamo pensare che suonassero così le loro opere, le pubblicassero così per essere eletti da quello stesso pubblico che partecipava assiduamente e pienamente alla vita musicale di quell'epoca, come dei "grandi"?
Grandi solo rispetto al mondo della chitarra!? E degli emeriti "minchioni", mi passerai il termine perché uno che renda così bene l'idea più fine non lo trovo, rispetto al mondo musicale che li circondava. Ma questo ruolo glielo appioppano quegli esecutori che per esempio, trovando lo stesso accordo ripetuto molte volte -specie nei finali dei brani- li eseguano perfettamente a tempo così come scritti. Ad un qualsiasi musicista, di fronte solo a due accordi di do maggiore in un finale gli verrebbe in mente di fare almeno un'improvvisazione di un arpeggio sull'accordo, al saggio chitarrista invece no, così è scritto e così deve essere fatto e se spesso e volentieri in alcune opere, specie quelle didattiche divulgative, svariate volte troviamo questo cliché esasperato anche notevolmente, che non sia mai detto di inventarsi qualcosa, si fa come scritto! Queste esecuzioni così forzate e poco convincenti hanno allontanato sempre di più la chitarra dai circuiti internazionali delle stagioni concertistiche. Relegata per lo più nei festival esclusivamente chitarristici, sorta di aste in cui l'elemento vincente non è più l'opera del compositore, ma l'enorme valore attribuito all'esecuzione, da parte di quel mondo che partecipa e vive quasi esclusivamente "di chitarra", fino a raggiungere posizioni al limite del ridicolo: l'interprete chitarrista è visto come il depositario della verità. Hai mai visto un grande pianista incidere per esempio gli studi del Beyer, il metodo con cui si inizia a studiare il pianoforte o la tecnica giornaliera del pianista di Pozzoli, per illuminare le future generazioni di giovani pianisti con l'esecuzione di opere didattiche in modo DOC, col marchio del grande esecutore al servizio dell'intera comunità pianistica, faro insostituibile nella sua funzione salvifica? Noi chitarristi abbiamo un record: anche le incisioni su CD dei 120 arpeggi!
La miniature può diventare preziosa se si racchiude nel poco spazio un mondo meraviglioso, questa è la sfida del nostro strumento.
Concludo con queste parole di Arvo Pärt perché la mia posizione non appaia come quella di una iper-critica magari anche un po frustrata. Noto con profonda amarezza che non c'è una visione dell'insieme, lo leggo nelle interviste, negli articoli riguardo alla chitarra, non c'è umiltà e penso che se potessero parlare

oggi i vari Giuliani, Sor, ecc, forse parlerebbero con queste parole:
"I could compare my music to white light which contains all colours. Only a prism can divide the colours and make them apperr; this prism could be the spirit of the listener."

Ho ben presente la ridondanza delle incisioni discografiche sul repertorio chitarristico ma .. chi ha inciso i 120 arpeggi di Giuliani?

Si dice il peccato ma non si dice il peccatore. Comunque è molto facile scoprirlo prova a metter nel motore di ricerca 120 arpeggi di Giuliani CD e vedrai che ti si spalanca un mondo!

Una volta chi decideva di suonare musica contemporanea compiva quasi un gesto "politico", una vera e propria presa di posizione ideologica e grandi sono state le polemiche, i litigi, le rivalità di quei anni: gli strali di Henze contro il dogmatismo di Darmstadt, i tentativi di uscire e superare il serialismo, l'intransigenza di Boulez, addirittura le accuse a Stockhausen di essere un agente a servizio del capitalismo da parte di Cornelius Cardew ... tutte cose spiegabili a posteriori con il desiderio di ciascuno di rivendicare per se una fetta di attualità. Oggi, dopo la caduta delle grandi ideologie e le certezze economiche distrutte dalla recente crisi si può ancora parlare di radicalismo nella musica contemporanea? Chi sceglie il repertorio contemporaneo fa ancora una scelta forte o "solo" una scelta di stile?

Le avanguardie in generale hanno giocato male la partita, il pubblico è stato molto spesso maltrattato e molto spesso non c'era proprio nulla di buono da sentire. E' stato necessario però passare da lì perché nell'arte non ci si può fermare al "mi piace" bisogna andare fino in fondo per poi trovare altre soluzioni. Il problema è che se Donatoni per esempio scriveva in quel suo stile, non se lo potevano permettere i "suoi imitatori" che scrivevano pure difficile e male. Questo fenomeno dell'imitazione di qualcun altro è stato portato molto alle lunghe e alla fine ha stufato. Progressivamente l'avanguardia per assurdo ha insistito sul cliché di se stessa, su uno stereotipo che l'ha portata progressivamente a morire. Oggi quello che va di più è tutt'altro, la maggior parte dei Festival contemporanei ha dovuto fare i conti con lo svuotamento progressivo delle sale ed interrogarsi volente o nolente sul valore del messaggio proposto. E siccome la cultura odierna considera l'arte alla pari di una merce il cui valore è attribuito in primis dal ritorno d'immagine che ha, è presto spiegata la penuria di programmazione di cui oggi soffre la musica contemporanea. Credo che comunque questa problematica, per quanto in Italia come al solito è pesante ed è davvero di proporzioni inaudite, ha affinato l'ingenio e prodotto alcuni fatti curiosi: per esempio l'orchestra Nazionale della RAI dedica da sempre alcuni concerti alla Musica Contemporanea con prime esecuzioni assolute e non. Era desolante vedere l'Auditorio della RAI mezzo vuoto. Così hanno avuto l'idea di invitare un dj che fa riascoltare l'esecuzione dei brani attraverso la sua rielaborazione elettronica live. L'Auditorium è pieno di giovani che durante l'intervallo riascoltano, con la lattina di coca cola in mano la musica contemporanea: ecco questo è un esempio di mediazione possibile che ai puristi potrà far inorridire ma confesso, che per alcune composizioni, il guadagno non è poco. E poi perché bisogna solo interrogarci sul valore delle avanguardie musicali e rifiutarle a priori, mentre quelle pittoriche per esempio sono oggi di gran moda? Relativamente alla musica personalmente provo la stessa noia anche verso la musica tonale, intendo dire quella "minore", che si scriveva perché si aveva un mestiere e di compositori "grigi" ce ne sono tanti ma nessuno lo dichiara. Mi viene in mente l'immagine di Buñuel nel film "L'angelo sterminatore" dove un gruppo di persone sono prigioniere per ore in un salotto senza che in realtà ci sia niente che vieti l'uscita da quella stanza. Buñuel è magistrale nel descrivere man mano che passano le ore, il processo per il quale hanno il sopravvento dinamiche di gruppo irrazionali alimentate solo dalla paura, generata da luoghi comuni, dove il pensiero non riesce più a trovare una via d'uscita logica. Oggi mi sembra più che mai, che la cultura sia vittima di atteggiamenti stereotipati e non abbia il coraggio di atti unici propri e che non si assuma i rischi, che sono impliciti in ogni scelta.

Approfitto della tua duplice veste di interprete e di improvvisatrice per cercare di spiegare meglio le dinamiche creative interne: quanto tu esegui un brano, ne sei l'interprete e ti muovi all'interno della struttura rigida della partitura decisa e costruita da un'altra persona, ma ne cerchi una interpretazione, una esecuzione personale che metta in risalto le tue caratteristiche di interprete, sempre nel rispetto di questa struttura di partenza. Il percorso creativo che metti in atto come interprete è diverso da quello di improvvisatore? E quanto? A volte ho la sensazione che un 'improvvisatore ricorra al pensiero induttivo, mentre un interprete a quello deduttivo …

116

Come sai ho studiato composizione al Conservatorio di Torino con Enrico Correggia, diplomandomi in Musica Corale. Il suo insegnamento è stato fondamentale per la mia formazione musicale: severo e rigoroso per quanto riguardava l'aspetto accademico, visionario e creativo per quanto riguardava la futura professione musicale. Eravamo allievi e giovani artisti insieme, un mix eccezionale, che ci ha permesso di affermare la nostra identità di musicisti prima del termine degli studi. Bisogna non dimenticare cosa erano quarant'anni fa i Conservatori specie le cattedre di composizione. Non si poteva nemmeno lontanamente pensare di proporre delle proprie composizioni prima di aver terminato gli studi. Eri solo un allievo e basta. La chitarra, specie a Torino dove non esisteva nemmeno la cattedra in Conservatorio, era considerata uno strumento di serie B. Lo strumento con cui mi sono dovuta misurare è stato il pianoforte ed i suoi autori ma non solo dal punto di vista per impararlo a suonare, ma soprattutto per analizzare ed imparare ad imitare le romanze, piuttosto che i lieder che le sonate. Per assolvere agli obblighi della scuola di composizione tradizionale, il pianoforte e la sua letteratura sono in gran parte il punto di riferimento. Qualsiasi repertorio solistico di qualsiasi strumento e ancora di più quello per chitarra ha dei limiti se confrontato con quello pianistico sia dal punto di vista degli autori che delle forme compositive.

Naturalmente l'obiettivo non era quello di diventare pianista, ma una musicista solida non una compositrice in quanto non è mai stata la mia volontà. E' stato un percorso di alta formazione musicale che infatti ha dato i suoi frutti. Si passava la maggior parte del tempo a suonare il repertorio sinfonico a 4 mani o le riduzioni per canto e pianoforte delle opere: non solo l'ascolto, ma partecipare attivamente cantando e suonando, per costruire una solida conoscenza musicale che è stata la mia carta vincente.

La partitura, o il brano che ho davanti è per me un oggetto sacro, mi avvicino con tutti i sensi aperti e ricettivi: l'occhio, l'orecchio, la grafia usata mi parla dell'autore. Che immensa perdita con la musica a stampa molto comoda da una parte ma così impersonale dall'altra. Il segno è gesto, sempre di più cerco di studiare sui manoscritti che sono estremamente rari o comunque di consultarli per avere quelle informazioni in più che mi servono per entrare nel mondo del compositore. C'è un lavoro maniacale di rispetto del testo fino a quando esso mi appartiene totalmente, come se lo avessi scritto io stessa. E poi ci sono i voli mentali, le suggestioni, le impressioni. Anche e soprattutto nella musica contemporanea bisogna avere un'intelligenza emotiva che sia in grado di

117

organizzare il materiale e porgerlo al pubblico in modo tale, che in ogni caso non rimanga indifferente all'esecuzione. In questi anni le mie ricerche su autori del passato quasi sconosciuti sono approdate alla pubblicazione sia discografica che editoriale, proprio perché sono state presentate in modo convincente e appassionante dal punto di vista dell'umana avventura. Chi decide di pubblicare sotto forma di CD o di edizione a stampa le musiche di Prospero Cauciello, compositore napoletano settecentesco (TACTUS) o le musiche dei fratelli Carosio protagonisti della Belle Epoque (Edizioni Sinfonica) decide di farlo se intorno a questi autori si costruisce un mondo che renda possibile la loro riscoperta.

Per quanto riguarda l'improvvisazione per me non è mai stata un'altra cosa nel senso che fa parte del gesto musicale di un esecutore a prescindere dal testo che ha di fronte che in fin dei conti è solo una delle tante "improvvisazioni" che l'autore ha deciso di cristallizzare sulla carta.

In che modo la tua metodologia musicale viene influenzata dalla comunità di persone (musicisti e non) con cui collabori? Modifichi il tuo approccio in relazione a quello che direttamente o indirettamente ricevi da loro? Se ascolti una diversa interpretazione di un brano da te già suonato e che vuoi eseguire tieni conto di questo ascolto o preferisci procedere in totale indipendenza?

Sono sempre stata una leader rispetto ai gruppi che ho fondato e diretto, per cui molte scelte sono state frutto di una ricerca personale: quando fondi un ensemble inevitabilmente ne sei anche il creatore e soprattutto ne sei il direttore artistico. Contemporaneamente la mia attività artistica con grandi direttori d'orchestra, grandi protagonisti nel mondo della lirica e del concertismo da Cathy Berberian a Ruggero Raimondi, da Rockwell Blake, Luciano Pavarotti a Ildebrando D'Arcangelo, per citarne solo alcuni mi ha dato moltissime opportunità per imparare e ascoltare e soprattutto impegnarsi non solo come artista ma anche come persona a dare il proprio contributo per la riuscita dello spettacolo. Prender parte a questi grandi eventi ed assistere a tutte le tappe per arrivare allo spettacolo o al concerto, quindi non solo le prove musicali, ma anche quelle di scena, conoscere il teatro sia dal palcoscenico, che da dietro alle quinte con tutto l'incredibile mondo di persone che sono impegnate, ecco questo è per me il punto di riferimento sia sotto il profilo umano che artistico. In fin dei conti lo spettacolo è un momento sublime che dura anche fin troppo poco ma per arrivare fino a quel punto, lo sforzo e la ricerca corale di così tante persone è l'esperienza artistica più importante della mia carriera.

Accanto a tutto ciò, trovo che internet sia un mezzo straordinario per poter sentire ed avere quello che stai cercando a portata di click: questo mezzo ha cambiato radicalmente il nostro modo di sentire e di rapportarci sia con il mondo reale che con quello dei media. Sento e curioso moltissimo e l'immediatezza con cui si può fare è una grande libertà. Ciò non toglie che la ricerca artistica non può limitarsi a questo: studio e leggo specialmente libri sulla musica; ce ne sono così tanti ed alcuni dovrebbero veramente diventare obbligatori. Per me l'arte si nutre di visionarietà unita ad una solida preparazione. Questo vale soprattutto per gli esecutori, diversamente si è solo vuoti funamboli, fenomeni: il contenuto artistico per fortuna è affidato a ben altri atteggiamenti.

Se non ricordo male era Robert Fripp che si domandava chi fosse più schiavo della tecnica, chi ne aveva troppa o chi non ne aveva … scherzi a parte penso che avere un "pensiero forte" dentro di se sia una condizione indispensabile per non essere dei meri e banali esecutori … questo al di là dei generi musicali … mi è capitato spesso di pensare che un bluesman riuscisse ad esprimere molta più arte, emotività e poesia di tanti artisti contemporanei accademici dalla formazione impeccabile ma arida …

In una parola "intelligenza emotiva" che è totalmente assente dalla didattica impartita nelle nostre Istituzioni. La vita reale ed emotiva è tenuta fuori dalle aule, l'insegnamento è spesso autoreferenziale e quindi chi esce da esperienze di studio di anni gestite in questo modo cosa vuoi che abbia da esprimere: il nulla. Diciamo che l'insuccesso palese della decadenza della musica classica in generale, viene liquidato con i soliti luoghi comuni sulla cultura: che è la cenerentola, che non si hanno risorse, che siamo un paese all'ultimo posto, etc, … ma non è così. E' un problema di comunicazione: se tu non ami il pubblico che hai di fronte non potrai mai coinvolgerlo, se pensi solo di usarlo non ti seguirà.

Quali sono i "materiali" musicali (melodia, timbro, suono struttura, ritmo, etc.) che principalmente scegli e che influiscono nella scelta dei brani da interpretare o nelle improvvisazioni?

Come ti accennavo l'esperienza con Giacinto Scelsi, o compositori come Horatio

Radulescu, Costin Miereanu e Fernando Grillo è stata quella che più mi ha insegnato dal punto di vista della ricerca sul suono. Fernando Grillo specialmente con il pezzo "Das Maedchen und die Zauber" che ho presentato sia al concorso Gaudeamus che in molti concerti con una scordatura notevole delle sei corde e un'incredibile ricerca sugli armonici che sono alla base di quasi tutta la composizione, mi ha svelato non solo una tecnica assolutamente innovativa per fare gli armonici sulla chitarra che si trasforma in un altro strumento che è contenuto in quello che si suona normalmente ma che si svela solo se si va oltre a quello che normalmente si conosce. Inoltre Grillo è stato un pioniere delle scordature dello strumento per rilanciarlo nello spazio delle accordature aperte che mai come ora sono stata la chiave di volta di molte tra le composizioni più riuscite basta pensare a Koyunbaba di Carlo Domeniconi o le ultimissime frontiere con l'incredibile Dominic Frasca o la chitarra microtonale.

Come Ensemble Antidogma siamo stati pionieri nel campo delle applicazioni delle trasformazioni elettroniche del suono dedicando una parte considerevole del Festival e del nostro repertorio all'esecuzioni di moltissima musica elettroacustica o strumentale con trasformazione "live" del suono ed un'intensa collaborazione col Gaudeamus, con Daniel Teruggi del GRM di Parigi, con Enrique Macias compositore visionario prematuramente scomparso e con Enrico Correggia impareggiabile compositore, maestro e cofondatore di Antidogma. Le nostre scelte artistiche sono andate sempre controcorrente per affermare la totale indipendenza delle nostra visione artistica. Siamo stati i primi ad invitare Krzysztof Penderecki e Gyorgy Ligeti, siamo stati il gruppo di riferimento per le prime esecuzioni di Scelsi, di "El Cimarron" di Hans Werner Henze, della musica di Emmanuel Nunes. Sono stata la prima esecutrice di "Ko-Tha" di Giacinto Scelsi e di "Subconscious wave" di Horatiu Radulescu a Castel Sant'Angelo alla presenza dei compositori con i quali ho lavorato i brani. Dal punto di vista dell'improvvisazione dove ho potuto esprimere il meglio di me stessa è "Mohn und Gedachtnis" per chitarra e nastro magnetico del 1983 di Enrico Correggia. Ho messo questa data per fare capire quanto è spostata nel tempo rispetto a oggi. Mi è interessato molto in una prima fase sperimentare ad improvvisare con la chitarra usando corde di metallo, scordature e soprattutto l'archetto e ferri da calza infilati tra le corde. Abbiamo realizzato pezzi incredibili senza l'uso di apparecchiature elettroniche. Il contatti con molti compositori di musica "concreta" e la comparsa sul mercato dei DX7 o dei multiprocessori di suoni, microfoni e quant'altro e l'incontro con solisti come Roberto Fabbriciani, Ciro Scarponi, Georg Moench, etc. mi ha portato a fondare il FFFortissimo

120

Guitar Ensemble che era un gruppo di 3 chitarre elettriche e tastiere elettroniche. In quel periodo ho presentato per la stagione del Gaudeamus un mio recital dove suonavo diverse chitarre disposte sul palcoscenico un viaggio tra le possibilità espressive e le nuove tecniche della chitarra in un continuum dove tra un brano e l'altro avevo inserito, per non avere tempi morti tra i vari cambi degli strumenti, interventi col nastro magnetico appositamente studiati che preparavano l'esecuzione del brano successivo dal punto di vista del materiale sonoro che il pubblico avrebbe ascoltato. Le contaminazioni impongono anche una sorta d'improvvisazione devi scegliere il materiale, accostarlo, dargli forma. Questa è sempre la mia cifra stilistica per cui sono stata sicuramente tra i primi ad accostare il flamenco di Paco de Lucia al pezzo di Costin Miereanu che adoperava il rasgueado con i ritmi balcani, o la musica indiana che faceva da cornice al pezzo di Scelsi, o Bach che introduceva Leo Brower o Fernando Sor che preparava Hans Werner Henze, o brani dove usavo la voce, le percussioni in un recital appositamente scritto per le mie abilità da Guido Ferraresi, appunto "Recital for Ador". Avrei ancora moltissimo da raccontare ma sarebbe un elenco di Festival, nomi e quant'altro sterile perché per essere appassionante dovrei corredarlo di mp3, foto e quant'altro. Sarebbe forse una storia da scrivere riguardo alla chitarra nella musica contemporanea in stile "antidogmatico", ti fornisco solo alcuni dati reperibili dal sito di Antidogma Musica[25]: Antidogma Musica esiste da 32 anni sono 437 i compositori del XX secolo eseguiti, sono 1027 i brani del XX secolo eseguiti e 270 prime esecuzioni assolute!

A proposito di Ko-Tha, ho notato che non viene quasi mai eseguita integralmente, come mai secondo te? Ci sono delle difficoltà tecniche particolari?

No, non c'è alcuna difficoltà. Posso però dire con tutta sincerità che il materiale sonoro impiegato da Scelsi in questa sua particolare composizione è molto ripetitivo ed è questo forse il motivo per cui quasi tutti facciamo solo il primo dei tre. Ho sentito una magnifica esecuzione di Maurizio Ben Omar di tutti i tre pezzi, impressionante per l'imponente amplificazione e per la forza. Forse noi chitarristi non osiamo andare così oltre la natura del nostro strumento, sebbene amplificato, come richiesto dallo stesso Scelsi.
Ho lavorato Ko-Tha con Scelsi e posso testimoniare che anche Scelsi amava di

---

[25] http://www.antidogmamusica.it/

più il primo brano sul quale ci siamo soffermati per diversi giorni. Lo riteneva perfetto nella sua forma ABA. Inoltre lo stesso Scelsi mi ha fatto sentire una registrazione di Ko-Tha ed anche in questo caso si limitava al primo dei tre pezzi. Se vi dico chi era il chitarrista non ci crederete: Gianluigi Gelmetti. Forse non tutti sanno che prima di diventare un famoso direttore d'orchestra è stato un valente chitarrista e risiedendo a Roma e interessato da sempre alla musica contemporanea era già venuto in contatto, come chitarrista con Scelsi. In realtà Scelsi non pensava alla chitarra classica per Ko- Tha, ma alla chitarra jazz. Il suono molto acuto delle corde che sulla chitarra classica si può solo realizzare suonando quel pezzetto di corda tra il capotasto e le meccaniche in realtà sono invece quella parte delle corde oltre il ponticello e la tavola, Quindi a destra dello strumento e non a sinistra.

Ho eseguito tra le innumerevoli volte Ko-Tha anche a Cagliari. Uno dei compositori più attivi di quegli anni in Sardegna era Franco Oppo di cui, appena ventenne per la prima tournée di Antidogma a Praga avevamo eseguito un incredibile quintetto per quartetto d'archi e chitarra. Straordinario sia per la scrittura che per gli effetti che Oppo era riuscito ad ottenere con scordature e tecniche inusuali. Per me la prima grande avventura nel campo delle esplorazioni sonore.

Alla fine dell'esecuzione Oppo mi fece osservare che con l'accordatura normalmente usata per la chitarra il brano risultava totalmente estraneo al linguaggio della musica indiana, perché Ko-Tha usa sempre e solo le corde a vuoto della chitarra. " Con quelle quarte e quell'ottava tra la sesta corda ed il cantino insopportabili " mi disse Oppo. Nel frattempo, prima che potessi confrontarmi su questo oramai assillante problema di Ko-Tha relativo all'accordatura, Scelsi muore che fare? Non posso confessare nemmeno qui come è successo ma io non adopero più per eseguire Ko-tha la chitarra con la normale accordatura. Ho una accordatura che mi è stata suggerita in modo paranormale … dallo stesso compositore. Ma questi sono i miei segreti, nelle lunghe ore passate con Scelsi nella sua casa romana a parlare di trascendenza ed infinito.

Una domanda un po' provocatoria sulla musica in generale, non solo quella contemporanea o d'avanguardia. Frank Zappa nella sua autobiografia scrisse: "Se John Cage per esempio dicesse "Ora metterò un microfono a contatto sulla gola, poi berrò succo di carota e questa sarà la mia composizione", ecco i suoi gargarismi verrebbero qualificati come una sua composizione, perché ha applicato una cornice, dichiarandola come tale.

"Prendere o lasciare, ora Voglio che questa sia musica." "E' davvero valida questa affermazione per definire un genere musicale, basta dire questa è musica classica, questa è contemporanea ed è fatta? Ha ancora senso parlare di "genere musicale"?

Alex Ross nel suo libro "Il è resto rumore" nel capitolo dal titolo "Beethoven sbagliava" racconta che "Una sera del 1967, Gyorgy Ligeti sedeva con vari colleghi allo Schlossekeller di Darmstadt, il ritrovo serale abituale degli insegnanti e degli studenti dei Corsi estivi per la nuova musica, quando Sgt. Pepper's Lonely Hearts Club Band, il nuovo album dei Beatles, cominciò a sgorgare dagli altoparlanti . La canzone A Day in the Life comprendeva due momenti di musica ad libitum...I Beatles si erano immersi per la prima volta nelle sonorità darmstadtiane nel marzo dell'anno prima … Paul McCartney aveva ascoltato attentamente attentamente Gesang der Juenglinge, con la sua stratificazione vocale elettronica, e Kontakte, con le sue spirali di loop. Dietro sua richiesta, gli ingegneri degli Abbey Road Studios inserirono effetti simili nella canzone Tomorrow Never Knows: Come ringraziamento, i Beatles misero il volto di Stockhausen sulla copertina di Sgt. Pepper's Lonely Hearts Club Band, in mezzo al collage con le facce di altri cani sciolti ed eroi della controcultura.[26]" Seguirono John Lennon e Yoko Hono e i gruppi rock più all'avanguardia specialmente della West Coast. Non si può pensare che l'arte viaggi in contenitori separati, ben ordinati sull'asse temporale o su quello dell'estetica. Anche il termine contaminazioni ormai è invecchiato. La musica è un linguaggio non verbale, ma è un linguaggio che come tutti linguaggi subisce trasformazioni, viene utilizzato dalla società e dalle persone per comunicare. Tutto il resto è appunto rumore!

Bel libro quello di Alex Ross, secondo me lui è al momento il miglior divulgatore (assieme a David Toop) per quanto riguarda la musica contemporanea, però dedica anche lui poco spazio a Scelsi.
Scelsi è sempre stato visto un po' con sospetto in Italia, a parte la pessima polemica promossa da Vieri Tosatti, è stato un po' guardato come un outsider, come un autodidatta , estraneo a qualunque scuola mentre invece di recente è stata rivalutata la sua figura di "ponte" tra le extra avanguardie

---

[26] Alex Ross "Il resto è rumore Ascoltando il XX Secolo", Bompiani, 2007, pag.749

europee e americane, non a casa Morton Feldman l'ha chiamato il Charles Ives italiano ... pensi che lui, come Messiaen (altro nome poco apprezzato in passato in Italia), possa essere considerato un precursore degli spettralisti?

Sicuramente infatti i compositori che frequentavano Scelsi non erano legati all'ambiente compositivo italiano, quello Donatoniano tanto per intenderci, ma erano più aperti ad altre esperienze compositive, erano meno dogmatici e disposti a conoscere perlomeno le differenze che c'erano oltre le Alpi o oltre Darmstadt. Non dimentichiamo che il giovane Ligeti e Penderecki agli inizi della loro carriera erano venuti in Italia e si erano proposti ai colossi dell'editoria musicale italiana. La risposta fu un totale rifiuto e fu la Germania al contrario che li pubblicò. Mentre in Italia Vieri Tosatti inveiva su Scelsi la Germania lo programmava con le più importanti orchestre tedesche. Noi abbiamo raggiunto Scelsi a Francoforte in occasione dell'esecuzione di una delle sue composizioni orchestrali e siamo rimasti commossi dalla devozione e dall'affetto di cui era circondato dai musicisti stranieri e turbati da quanto fosse snobbato in Italia.

Alberto Pezzotta in un articolo sulla discografia su Scelsi su BlowUp Magazine ha dichiarato "Scelsi va tenuto lontano dagli esecutori accademici, che suonano in modo inamidato" ... che ne pensi?

E' vero il mondo di esecutori, compositori e più in generale degli artisti che frequentava casa Scelsi era un mondo di persone visionarie, che credevano in tutto quello che l'accademia ha sempre bandito. Era un mondo di persone che provavano le stesse emozioni di fronte all'ascolto di un solo suono, una sorta di spiritualità che ci legava a Scelsi in modo irrazionale e segreto, senza mondanità, potere. Adepti del suono, quasi dei sacerdoti il cui compito era quello di riportarlo, specie in quegli anni d'avanguardie durissime ed estreme, ad uno stato di semplicità e purezza.

Una delle cose che posso sinceramente dire di amare della chitarra è la sua capacità di trasformazione nella forma musicale nei secoli e di medium tra le varie forme musicali e sociali, non ultima quella popolare. La chitarra sembra essere lo strumento (anche logico-economico-filosofico) per contrastare le teorie della scuola di Francoforte e di Adorno. La sua incredibile capacità di diffusione è dovuta a diversi fattori non ultimo il fatto di poter essere realizzata sia in forma industriale che come prodotto di

liuteria in tempi relativamente brevi sia con costi contenuti, sia il fatto di poter contare su tipologie classica, acustica e elettrica adatte a diverse culture musicali e sociali e potersi basare su un repertorio classico e popolare assolutamente trasversale. **Tu hai seguito un percorso assolutamente personale all'interno della chitarra, come hai sviluppato questo percorso, come sta proseguendo e come si è orientato all'interno del mondo della chitarra? La chitarra, con la sua presenza di musicisti virtuosi e assolutamente personali a qualunque livello e genere musicale può rappresentare una valida alternativa alla ormai tragicomica distinzione tra cultura alta e cultura popolare e all'affermazione di Schoenberg "Se è arte non è per tutti, se è per tutti non è arte"?**

Amo le sfide per cui ho fondato "Guitare Actuelle" che è un progetto aperto al mondo della chitarra. Oggi essere musicisti e in particolare insegnanti di strumento, implica inevitabilmente una riflessione sul nostro ruolo nella società e sulle conseguenti aspettative che creiamo nei giovani che a noi si rivolgono. Avvicinarli alla musica significa: accettare la complessità del nostro compito (nel senso più elevato del termine), permettere ad ogni individuo di riscoprire-tirar fuori il musicale che c'è in lui, operare una didattica autentica ed aperta. Con Guitare Actuelle si vuole dare avvio ad una riflessione sulle possibilità di estensione delle pratiche strumentali, chitarra classica, chitarra acustica ed elettrica, chitarra jazz, ecc,
I giovani musicisti oggi sentono meno le barriere musicali tra i diversi generi per cui una didattica attenta alla loro preparazione li metterà in grado non solo di conoscere il repertorio solistico, ma di orientare i loro stimoli musicali in una visione più allargata degli stili musicali e delle tecniche d'esecuzione.
Inoltre con "Guitare Actuelle" si propone una riflessione su questa domanda: gli stessi suoni significano la stessa cosa per persone diverse in qualunque condizione, tempo luogo e cultura?

La tua carriera musicale va avanti ormai da diversi anni, come hai visto cambiare il mondo musicale intorno a te e per te? Che differenze noti tra gli allievi a cui insegni e hai insegnato? E' cambiato e come il tuo modo di far musica? Le nuove tecnologie (nuovi strumenti musicali, midi, network sociali, forum) hanno influenzato le tue scelte e la tua forma musicale? Come?

Se posso usare una frase per condensare la mia carriera artistica ad oggi direi "nulla si crea e nulla si distrugge" nel senso che nel flusso continuo del fare musica personalmente mi sento inserita in un continuum nel quale presente e passato non hanno alcuna importanza o ruolo. Oggi c'è una grande attenzione per il passato: è appena uscito il disco che abbiamo realizzato per la casa discografica Tactus con musiche di Prospero Cauciello compositore napoletano del XVIII secolo ai più immagino, sconosciuto. Ho avuto in mano parte dei manoscritti di questo autore custoditi nel Fondo Noseda di Milano più di trent'anni fa e l'ho proposto all'inizio della mia carriera in diversi concerti col mandolino, che è l'altro strumento che suono. Allora però i tempi non erano maturi e quindi il progetto Prospero Cauciello ha dovuto "invecchiare" ed aspettare che si formasse il Trio delle Dame, che si svolgesse una lunga ricerca sulla sua figura di compositore ed esecutore del tutto sconosciuta, che si cercassero il corpus delle sue composizioni tra le biblioteche di Parigi, Londra e Muenster e che condividessimo con i musicisti della Tactus questo progetto discografico. Ora è la volta dei fratelli Carosio Ettore ed Ermenegildo chitarristi, mandolinisti, compositori della Belle Epoque per la Casa Editrice Sinfonica. Anche qui una serie di coincidenze pazzesche una biblioteca musicale di una giovane contessina Alice che catalogò e che lasciò nei dossier per una decina d'anni incantata da tutte queste musiche manoscritte, dai suoi quaderni di musica dai primi quando è ancora bambina a quelli della maturità. Anni dopo il Conservatorio "Vivaldi" vuole celebrare i suoi 150 anni e sono impegnata a cercare materiale musicale visto la mia specializzazione in rari ed inediti, accanto alla promozione della musica contemporanea. Così mi imbatto nei fratelli Carosio, alessandrini e ricollego con un tuffo al cuore il nome di Ermenegildo Carosio, perché mi è rimasto impresso, a quello riportato sui manoscritti che ho catalogato e che ho a casa. Scopro che ho una considerevole parte dei manoscritti dei Carosio perché Alice è stata una loro allieva. Iniziano febbrilmente le mie ricerche ricostruisco la biografia, non solo dei due compositori, ma anche di Alice, sono riuscita anche a rintracciare gli eredi e a ritrovare anche i suoi strumenti mandolini e chitarre. Un'epoca, uno stile musicale unico, quello della Belle Epoque man mano si delinea e prende forma con altri musicisti tra cui il chitarrista Alessio Nebiolo con cui in modo appassionato portiamo avanti questo progetto. Questo è il lato positivo di questi anni è cresciuta incredibilmente la sensibilità nei confronti del repertorio, della storia, della ricerca grazie anche a tutta la letteratura musicale che ha dato un grande impulso al mondo musicale.
Che dire dei giovani musicisti d'oggi? Che sono curiosi, che si trovano in un

126

momento storico in cui non c'è più tutta questa possibilità di lavorare con la musica se non ci si sposta lasciando anche il proprio paese, se non ci si mette in discussione. Ma questa è anche una ricchezza mai come oggi bisogna avere idee, essere autonomi e pieni d'iniziativa se si vuole riuscire. Ed è affascinante e stimolante costruire insieme, la loro identità musicale.

Ti propongo un gioco: ti faccio alcuni nomi, che penso possano essere legati e non alle tue idee musicali, mi dici che cosa significano o se hanno un significato per te? Incomincio

Julian Bream
I Raga indiani
Italo Calvino
Frank Zappa
Johan Sebastian Bach
Steve Reich
Jim Hendrix
Giancinto Scelsi
Ennio Morricone

Per chi non avrebbero significato questi nomi? Non vorrei scadere nella retorica della "cultura" che mi annoia e di cui oggi si abusa moltissimo senza fare assolutamente nulla in pratica per la cultura. Ribalto quindi il gioco rispondendoti con altri nomi che senza nulla togliere a quelli che tu hai elencato mi piace invece far affiorare dall'emozione dei miei ricordi e della mia visionarietà.

Ida Presti
Brian Eno
Raymond Queneau
Arvo Part
Johan Sebastian Bach
Michael Torke
Pat Metheny
Giacinto Scelsi
Michel Redolfi

Parlaci un po' di questi nomi, mi colpisce la presenza di un non-musicista come Brian Eno e di Pat Metheny ..

Per me la musica è musica e basta, senza barriere tra i generi musicali. Personalmente sono molto curiosa ed è fantastico oggi con un solo clic avere la possibilità di poter ascoltare tutto quello che si vuole. Ho elencato solo alcuni dei nomi per stare al tuo gioco, se ricominciassimo ne tirerei fuori degli altri: chi tra noi due non saprebbe più cosa proporre ...?

E' vero, potremmo andare avanti per un bel pezzo, senti ... provo a fare un collegamento tra Bach e la musica contemporanea ... Bach compose una musica chiamata "barocca" e che era chiamata tale anche dai suoi contemporanei, visse un periodo di sintesi incredibilmente stimolante per gli strumenti musicali, per la teoria, per la scala temperata ... mise tutto assieme e creò una musica che era ed è allo stesso tempo tradizionale e nuova ... noi viviamo un perido di profondi cambiamenti strutturali ... questo potrebbe portare a una nuova musica contemporanea frutto di una sintesi come quella operata da Bach?

No non credo si possa parlare per il futuro di sintesi in quanto il divorzio tra musica "classica" e musica "altra" è avvenuto molti anni fa con l'invenzione della radio. Mi interessa molto quel periodo musicale che solo oggi comincia a destare qualche interesse tra gli interpreti, specialmente per quanto riguarda il repertorio a cavallo delle due guerre mondiali. Il fenomeno delle grandi immigrazioni dall'Italia verso il Sud e Nord Americana, la scoperta di altri generi musicali ha provocato a partire da quegli anni la più grande commistione e proliferazione di generi musicali. Ho coniato un termine nuovo per identificare questo straordinario periodo, per esprimere con precisione in una parola, un discorso che occuperebbe molte più righe ed è "middle-classic". La radio, la televisione, l'industria discografica, i media in generale trasformeranno la musica che dovrà rispondere sempre più ad esigenze di mercato, di un mercato sempre più vorace, in continua e vertiginosa mutazione. Del tutto indifferenti alle avanguardie artistiche che imboccheranno altre direzioni.
Noi diamo per scontato che la musica possa raggiungerci ovunque, che si possa modificare il volume come vogliamo e tutto ciò è stato reso possibile solo con la fissazione su un supporto, dell'evento musicale che prima di quel momento era solo live. La musica è diventata un oggetto, questa la grande differenza con il

passato e questo fatto di essere diventata in qualche modo "merce" di fatto le impedisce di emanciparsi. Guarda quanti fenomeni musicali sono nati e si sono affievoliti: la Penguin Cafe Orchestra, l'Orchestra di Piazza Vittorio etc.

So che hai suonato assolute di diversi compositori italiani e stranieri Berio, Correggia, Castagnoli, Donatoni, Ferrero, Henze, Maderna, Petrassi, Scelsi, Solbiati .. che ricordi hai di loro, dei loro insegnamenti, della loro poetica musicale?

Come fare a riassumere esperienze così intimamente legate alla frequentazione dei compositori e allo studio delle loro composizioni? Ognuno di loro ha scritto una pagina di storia importante e questo è l'aspetto unico e irripetibile della mia esperienza artistica come esecutrice, legata a questi grandi compositori. Potrei raccontare aneddoti, conversazioni, testimonianze ma per non fare torto a nessuno di loro occorrerebbe uno spazio diverso da quello di una domanda generica. A parte Maderna che ovviamente non ho conosciuto direttamente, quelli che ho incontrato sono state personalità estremamente diverse. I mezzi di comunicazione erano differenti e non esistendo internet, Facebook, e via dicendo il pubblico sentiva di più come necessità di dover assistere all'evento musicale, essere presente, per poter dire "io c'ero". Che cosa lo spingeva a spostarsi per assistere al concerto, la curiosità di vedere l'artista ed il suo esecutore dal vivo perché diversamente poteva leggere o guardare tutt'al più qualche fotografia. Oggi con YouTube puoi avere informazioni su un artista o su un particolare evento subito e poi decidere se andare o meno; una volta si leggeva la critica sul giornale di quasi tutti gli eventi musicali, oggi ci sono i blog. L'evento è marginale, è più importante essere su YouTube che essere nel mondo "reale" e questo fatto ha notevolmente influito sulle dinamiche di interazione tra pubblico, compositore ed esecutore. Oggi si vede l'esecutore che suona Scelsi piuttosto che Castagnoli, è l'esecutore che è diventato il protagonista. Trent'anni fa era estremamente diverso, il compositore era il protagonista della scena prima ancora di sentire una nota della sua musica e tu esecutore eri al servizio della sua arte. Per esempio per essere un esecutore di Scelsi dovevi studiare con lui ed avere un'esperienza intensa e totalizzante con la sua poetica. Ricordo le giornate passate con lui nel suo appartamento romano a provare Ko-Tha, tra storie zen, meditazione e racconti biografici. Ricordo l'affetto di Petrassi, la signorilità di Henze, l'esuberanza di Donatoni, la delicata giovinezza di Solbiati, l'eclettica personalità di Ferrero, il surrealismo di Castaldi, la condivisione culturale ed artistica con Correggia, le cene e i pranzi a casa dove ho cucinato per molti di loro tra l'organizzazione di un concerto e l'altro, molti, che anche tu per ragioni di spazio non nomini. Mi dispiace di quel periodo non aver voluto e potuto fermare più di tanto questi incontri perché era estremamente più complicato e perché era come violare l'intimità di un rapporto. Sarebbe stato artificioso e stonato scattare foto o riprendere con telecamera, cavalletto, ogni momento. Oggi è diventata prassi della vita quotidiana e una nuova forma del comunicare. Rimpiango di non aver avuto a disposizione questa possibilità semplice e immediata legata al vivere comune: mi rimane solo la possibilità di raccontare e scrivere. Le parole sono come pietre che indicano il cammino: questa intervista mi permette di mostrarlo ad un pubblico più vasto di quello che ho avuto finora a disposizione.

A volte ... ho la sensazione che nella nostra epoca la storia della musica scorra senza un particolare interesse per il suo decorso cronologico, nella nostra discoteca-biblioteca musicale il prima e il dopo, il passato e il futuro diventano elementi intercambiabili, questo non può comportare il rischio per un interprete e per un compositore di una visione uniforme? Di una "globalizzazione" musicale?

Se gli estremi si toccano nascono interessanti contaminazioni. Trovo assolutamente affascinante l'idea di globalizzazione musicale intesa non nel senso deteriore del termine, ma come capacità di poter osservare il "globo" dall'alto, da una posizione straordinaria che è quella totalizzante del cosmo in assenza della forza di gravità, che in questo caso paragono all'attrazione fortissima che esercita la cultura di appartenenza su ciascuno di noi. E la cultura di appartenenza può giocare dei brutti scherzi se non riflettiamo su alcuni aspetti che diamo per scontati. Questo aggettivo "globalizzazione" per esempio, che accostiamo a musicale è uno stereotipo del linguaggio odierno che, in particolar modo per la musica, non funziona. Basta porsi questa semplice domanda: gli stessi suoni significano la stessa cosa per persone diverse in qualunque condizione, tempo luogo e cultura? Evidentemente no, ed è per questo che la musica non è un linguaggio universale. Spesso "universale" viene sostituito dall'aggettivo globalizzante che è più di moda. Ma l'errore di fondo rimane ed è dimostrabile, come propone lo studioso Philip Tagg, con un semplice esperimento Universali in musica e "musica universale" i cui risultati sono pubblicati nel libro Popular Music. Egli riflette sul fatto che mentre è discutibile l'opinione che la musica sia un linguaggio universale, è incontestabile l'affermazione che tutti gli esseri umani sono mortali e che a parte guerre o disastri naturali, in tutte le culture la morte di ogni essere umano è caratterizzata da una qualche forma di rituale. "Se la musica è un "linguaggio universale". "universale" nel senso di globalmente transculturale e "linguaggio" nel senso di "sistema simbolico", dovremmo aspettarci che il fenomeno globale della morte dell'uomo dia origine alla stessa musica in tutto il mondo. Dato che le cose non stanno così, lo scopo di questo articolo è trattare la specificità culturale della musica connessa al fenomeno universale della morte e suggerire che la nozione di musica come linguaggio universale è non solo un equivoco, ma anche una affermazione ideologica." Queste riflessioni sono del 1994 e credo che ci sia stata solo una piccola indagine su questo equivoco e "che la musica e la morte sono allo stesso tempo universali e culturalmente specifici e che quindi abbiamo bisogno di chiarire i modi in cui la musica o la morte o entrambi non sono universali". Lo scontro a cui oggi assistiamo tra culture dominanti e altre culture che stanno emergendo pone sempre più il problema infatti sull'inevitabile competizione per il predominio e la sopravvivenza anche in campo culturale. Credo che il musicista di oggi ha il compito di porsi di fronte alla musica "attrezzato", prenda coscienza degli stereotipi culturali in cui bene o male, tutti siamo incappati e che si rimetta in moto azzerando i punti di vista che finora hanno sorretto l'impalcatura della nostra cultura dominante e che con umiltà e collaborazione voglia sperimentare nuovi approcci in questo universo sonoro così vasto e ricco.

Più che una domanda ... questa è in realtà una riflessione: Luigi Nono ha dichiarato "Altri pensieri, altri rumori, altre sonorità, altre idee. Quando si ascolta, si cerca spesso di ritrovare se stesso negli altri. Ritrovare i propri meccanismi, sistema, razionalismo, nell'altro. E questo è una violenza del tutto conservatrice.[27]" ... ora ... la sperimentazione libera dal peso di dover ricordare?

E' inutile dire che sono pienamente in accordo con la riflessione di Nono, ma sposterei la domanda su un altro piano: il problema non è sul fatto se la sperimentazione libera dal peso di dover ricordare, è necessario riformulare il quesito e soffermarsi a mio avviso sui meccanismi che stanno alla base della

---

[27] Luigi Nono "La nostalgia del futuro", il Saggiatore, 2007, pag. 243

comunicazione umana in generale, ed in particolare quella musicale. Nell'opera d'arte le implicazioni filosofiche, estetiche, semiologiche, ecc sono molteplici e mutevoli a seconda del periodo storico. In generale esiste poca riflessione su questi principi generali propri della semiologia che brilla per l'assenza nei programmi dei Conservatori. Confusa spesso con la Semiografia, la semiologia è una disciplina in grado di chiarire i meccanismi della comunicazione. Molte volte un esecutore arriva ad intuire qualcosa in modo empirico e questo è il limite, che può essere superato solo se si riconosce che la cultura vera, passa da dei nodi di conoscenza che vanno sciolti solo attraverso i meccanismi che non sono mai inutili dello studio e dei saperi.

La musica alla pari degli altri mezzi di comunicazione è una forma di conoscenza che partecipa attivamente alla strutturazione dei valori, delle visioni del mondo, dei modelli di vita che caratterizzano la nostra cultura e società. Questo è l'aspetto "politico" che oggi si sottovaluta.

Ti lascio con una domanda un po' provocatoria ... parliamo di marketing? Quanto pensi che sia importante per un musicista moderno? Intendo dire: quanto è importante essere dei buoni promotori di se stessi e del proprio lavoro nel mondo della musica di oggi?

Una parte del mio lavoro di tesi è stato analizzare il rapporto tra musica e "media". Nel linguaggio comune diamo per scontato il fatto che la musica sia a disposizione in ogni momento tramite l'uso di apparecchiature e dispositivi che hanno permesso la fono-fissazione più comunemente chiamata registrazione. "L'oggetto sonoro" come l'ha chiamato Pierre Schaeffer può essere conservato, come un segno sulla carta, senza scomparire non appena emesso, come prima del 1877 era stato per tutti i fenomeni udibili (la registrazione fu inventata nel 1877 da C.Cros e T.Edison). Cosa succede infatti quando da evento mistico-rituale unico e inafferrabile, la musica, si trasforma in comune bene di consumo, collezionabile, scambiabile e utilizzabile in qualsiasi momento della giornata? Queste questione sono affrontate dal critico musicale Evan Eisenberg nell' "L'angelo con il fonografo": musica, dischi e cultura da Aristotele a Zappa, un testo fondamentale che tutti i musicisti dovrebbero conoscere. La riflessione dello studioso è perché l'uomo ha cercato in tutti i modi di fissare su un supporto la musica, slegata completamente dalla sua sorgente sonora. "Prima del suo avvento (si allude al fonografo) ogni esecuzione musicale (a parte i casi in cui un musicista suonava per se stesso) costituiva obbligatoriamente un evento mondano. Ci si doveva riunire ... Le persone dunque si radunavano e per semplificare le cose lo facevano ad intervalli regolari. Una consuetudine che da sempre fondeva il legame tra musica e rituale. Quando arrivò il fonografo gran parte dell'impalcatura crollò. La musica diventò un oggetto che ognuno poteva possedere individualmente e godere a proprio agio.. Non c'era bisogno di cooperare, di coordinarsi o di condividerla con qualcun altro. Solo i musicisti erano ancora tecnicamente necessari, come, dato l'aspetto economico della riproduzione, il resto del pubblico. Ma solo tecnicamente. Con il possesso del disco entrambi scomparivano ... Crollato il tempio della cultura, ognuno era libero di portarsi a casa i mattoni preferiti e disporli a suo piacimento" Oggi dopo più di cent'anni dall'invenzione della registrazione, osserviamo che è un fatto ormai indiscutibile che ai nostri giorni si ascolta più musica per via elettroacustica che attraverso la forma più naturale dell'esecuzione dal vivo, ci si deve chiedere se la via indiretta non sia, per l'ascoltatore più moderno, la forma più "naturale". Infatti i CD o gli MP3 sono diventati il modo prevalente del nostro tempo di fare ed ascoltare musica, di praticarla. Il "potere metafisico" del disco come osserva Eisenberg è la capacità, propria della riproduzione sonora, di affrancare la musica da qualsiasi limite spazio-temporale.

Ora, consapevoli che oggi la musica è un bene di consumo possiamo parlare di marketing.

Il marketing, anche se non nell'accezione del termine odierno, è sempre esistito. Non vedo grosse differenze tra passato e presente. Il fatto di aver a disposizione dei mezzi così potenti come internet e tutta la tecnologia ad esso legata, ha ingigantito il culto del' "ego". Molto spesso oggi si assiste all'esasperazione dei tratti esteriori a discapito dei contenuti. E' la montagna che partorisce il topolino. Da una parte è fantastico che tutti possano essere visibili e possano mettere il loro materiale su Internet e dialogare, scrivere, commentare. Dall'altra l'amplificazione dell'informazione, non penso che possa attribuire più di tanto valore, a quello che non c'è l'ha. Per fortuna il popolo di internet è meno influenzabile, perché è interattivo sia con il mezzo, che con la comunità di utenti che è molto varia, multietnica, curiosa, consumatrice. Internet è sospeso in una dimensione di "remote access", che deve poi interagire con la realtà. Se in altri contesti ha dimostrato di essere l'arma vincente per far circolare informazioni, promuovere eventi, unire persone, nel campo artistico e in particolare quello musicale è necessario fare delle riflessioni. Innanzi tutto bisogna domandarci di che musica parliamo? Se quella classica contemporanea siamo in alto mare, nemmeno internet riesce a colmare il disinteresse che la musica classica moderna suscita presso il pubblico come afferma Alex Ross che prosegue domandandosi "Per chi suona la musica colta?" Il problema da affrontare è capire a fronte dell'inequivocabile constatazione "Perché ci piace Pollock e la musica colta no? (Alessandro Baricco articolo del 08/02/2011 Repubblica) che la musica colta è un particolare aspetto della nostra cultura che sfugge alle leggi di mercato. In realtà siamo immersi ogni giorno inconsapevolmente nella musica classica contemporanea usata come colonna sonora, come supporto a particolari sequenze visive - pensiamo a Schutter Island di Scorsese con musiche di Cage, Morton Feldman, Scelsi e Ligeti- solo che non ce ne accorgiamo e slegata da quel contesto non riesce a d avere la stessa credibilità. Il problema quindi è la credibilità del messaggio e non tanto il marketing tout-court!

Maurizio Grandinetti figura oggi tra i chitarristi maggiormente impegnati nell'ampliamento degli orizzonti musicali del suo strumento. Il suo repertorio, vasto e poliedrico, è particolarmente orientato verso la musica contemporanea e di avanguardia. Ha realizzato un centinaio di prime esecuzioni di brani per chitarra classica ed elettrica di compositori quali R. Saunders, V. Globokar, A. Buess, T. Kessler, T. Hodgkinson, Jürg Wyttenbach, Gwyn Pritchard, Rudolf Kelterborn e Heinz Holliger, Paul Dolden.

E' stato invitato a suonare in molti paesi europei e nella Repubblica Cinese per le più prestigiose istituzioni (dal Festival Internazionale di Lucerna, al Teatro la Fenice di Venezia, al Muzikgebouw e Bimhuis di Amsterdam, alla Filarmonica di Berlino). Come solista ha suonato con la Basel Sinfonietta, l'Orchestra da Camera di Katowice, l'Orchestra Sinfonica di Lucerna, l'Orchestra Milano Classica, tra le altre. Da alcuni anni collabora con il regista tedesco Joachim Schlömer in qualità di direttore musicale e compositore in opere di teatro-danza prodotte da importanti centri teatrali quali il Teatro di Freiburg am Breisgau, il Festspielhaus di St, Pölten, il Festival di Lucerna, lavoro che ha ricevuto accoglienza calorosa presso il pubblico e la critica europea. Per la stagione 2010-2011 è stato scelto come Artist in Residence presso il Festspielhaus di St. Pölten, in Austria, con la richiesta di curare alcuni progetti in qualità di chitarrista e compositore.

Dal 2001 è membro dell'Ensemble Phoenix Basel che si è affermato nella scena mondiale della musica contemporanea per la qualità delle esecuzioni e l'accuratezza delle scelte artistiche. Collabora frequentemente con importanti Ensembles europei. Ha suonato sotto la direzione di Pierre Boulez, Jonathan Nott, Peter Rundell e Jürg Henneberger tra gli altri.

E' nato nel 1964 a Lamezia Terme (Italia) e vive a Basilea (Svizzera). Dopo aver ottenuto il diploma con lode presso il Conservatorio di Musica di Bari si è trasferito in Svizzera per frequentare la classe di Oscar Ghiglia presso la „Hochschule für Musik" di Basilea e di Frank Bungarten presso il Conservatorio di Lucerna dove ha ottenuto il "Solistendiplom". Sempre a Basilea ha avuto modo di studiare con il liutista Hopkinson Smith con cui ha approfondito la musica antica e gli strumenti originali presso la „Schola Cantorum Basiliensis". E' professore di chitarra presso il Conservatorio di Como.

http://www.mauriziograndinetti.net/

Quando hai iniziato a suonare la chitarra e perché?

A tutta prima non mi sembra di scorgere il motivo che mi spinse a iniziare lo studio della chitarra. Invece a ripensarci bene mi viene di riconsiderare le modalità in cui è avvenuta la mia adolescenza musicale. Negli anni settanta in Calabria, dove sono nato, esistevano Conservatori nelle provincie. Nelle periferie invece l'educazione musicale era del tutto inesistente. Non c'era però un giardinetto, o piazza o scuola in cui non ci fosse qualcuno con una chitarra. Ritròvarsi con quello strumento in mano era praticamente inevitabile. Le canzoni erano il "social network" di quegli anni e la chitarra il mezzo di comunicazione. Ci ho ripensato spesso nelle occasioni in cui, negli ultimi anni, sono passato davanti ai giardinetti nei quali ho imparato a suonare: oggi sono disastrosi luoghi abbandonati, destinati solo ad affari loschi di ogni tipo e suonare in luoghi pubblici non è più molto in uso.

Oggi mi sa tanto che arriverebbero subito i vigili a multarti, ma allora che studi hai fatto e qual è il tuo background musicale?

Questa domanda mi procura un certo disagio: sono passati più di venti anni dai miei ultimi studi! Dopo qualche anno di giardinetti, decisi di voler fare sul serio con la musica. Mi sono rivolto quindi al Conservatorio di Cosenza, che dista una settantina di chilometri dal mio paese. Con mia sorpresa venni ammesso in una classe di oltre trenta allievi. Il docente titolare non mi diede più di tre lezioni in un anno. Poi venne trasferito. In quegli anni le supplenze venivano nominate ad anno scolastico largamente inoltrato, quindi anche nel secondo anno ricevetti pochissime lezioni. I miei catastrofici studi al Conservatorio furono comunque determinanti grazie a un allievo dell'ottavo anno con cui iniziai a fare il duo e che letteralmente mi aprì davanti il mondo della chitarra parlandomi e facendomi ascoltare Segovia, Williams, Bream e Ghiglia. Mi influenzarono molto anche alcuni ragazzi che avevano un quartetto d'archi, (allievi di quartetto a Fiesole) che mi disvelarono la grande musica. Comunque, dopo due anni mi resi conto che i giardinetti erano infinitamente più seri di un Conservatorio del sud Italia degli anni settanta dal quale uscii per non rientravi mai più (da allievo). Dopo la maturità ho girovagato tra Bologna (Dams), Firenze e Roma. In quest'ultima città, in cui ho lungamente abitato, andavo a lezioni da Bruno Battisti D'Amario.

136

In quegli anni ebbi anche la fortuna di conoscere Oscar Ghiglia, che venne a suonare al mio paese. Per anni l'ho seguito in tutte le occasioni possibili, nei vari corsi estivi e non. Attraverso lui sono arrivato a Basilea, dove attualmente vivo e dove ho avuto modo di avere contatti con tanti altri musicisti. Primo fra tutti Hopkinson Smith con cui ho studiato per tre anni.

Con che chitarre suoni e con cui hai suonato?

In ordine cronologico (quelle che ricordo): Carmelo Catania, Alan Wilcox, Paulino Bernabe, Maurice Ottiger che ho suonato e suono da molti anni, René Lacôte, Gerhard Schnabl. Poi un rosario di Strato e Telecaster, P. R. Smith (semi acustica e 513), Todd Keen, archtop Fender Custom D'Acquisto, Parker Fly, Moog Guitar, Martin acustiche. Mi fermo con un certo imbarazzo che rasenta la vergogna. Lo scorso anno mi è stata data in prestito una chitarra acustica costruita da Maurice Ottiger che è uno degli strumenti più affascinanti che ho suonato. Nei prossimi mesi lavorerò a un progetto con questo meraviglioso strumento.

Come sei diventato proprietario della Lacote e come mai hai scelto le Paul Reed Smith?

Ho comprato la Lacote nei primi anni novanta da un chitarrista americano che ne possedeva due. In quegli anni ancora poteva capitare di trovarne a prezzi ragionevoli, perché non c'era ancora molto interesse. Io studiavo alla Schola Cantorum Basiliensis e attraverso quella chitarra e le lezioni con Hopkinson Smith ho imparato molto sul suono, o meglio ad ottenere il suono più bello e forte rispettando però le caratteristiche dello strumento. E' incredibile il volume e le prestazioni di quella piccola cassa armonica in una buona sala, a patto però di stare alle regole, il che vuol dire tensione giusta delle corde e attacco delle dita in un preciso modo. Non ho scelto una PRS, non riesco mai a scegliere una chitarra elettrica. Ho una bellissima PRS 513, strumento molto versatile ed elegante, ma ogni tanto le preferisco anche altre chitarre meno nobili.

Quali sono state e sono le tue principali influenze musicali?

Le influenze principali sono state sempre quelle di artisti che ho conosciuto di persona. In fondo, più del "cosa" mi ha sempre interessato moltissimo il "come", il processo. Ovviamente mi hanno sempre ispirato i miei insegnanti. Da loro ho raccolto quella profonda, radicale, a volte dolorosa, vitale e rivoluzionaria vita alla ricerca della musica. Un incessante lavoro a rendere se stessi sempre più sensibili, "strato dopo strato" a "suonarsi" sempre meglio. Lo strumento musicale siamo noi stessi.

In che modo esprimi la tua "forma" musicale sia nell'ambito dell'esecuzione che nell'improvvisazione, sia che tu stia suonando "in solo" sia assieme altri musicisti?

Mah, affermare che esiste una "mia" forma, in un'arte che ha qualche migliaio di anni di storia, sarebbe per me una esagerazione. Esteriormente la mia attività oggi include: la composizione (che spesso è stata ispirata da collaborazioni con altre discipline quali danza e teatro), l'improvvisazione che ho praticato e pratico in diversi gruppi. L'interpretazione di musica classica cameristica e solistica e l'esecuzione di musica contemporanea con l'Ensemble Phoenix Basel di cui sono membro da dodici anni. Sono affetto da un'incurabile pulsione a imparare e fare sempre esperienze nuove, rassegnandomi solo all'evidenza che la vita sarà troppo corta per farne ancora e ancora.
Gettando un'occhiata indietro, penso con una certa soddisfazione di aver involontariamente dato un'impronta etica ed estetica a molte delle cose che ho fatto. Lo scorgo nelle scelte artistiche compiute negli anni e nel come sono state realizzate e anche nell'attività di docenza. Comunque, non tocca a me giudicare.

Come è nato il tuo interesse verso il repertorio contemporaneo e quali sono le correnti stilistiche nella quale ti riconosci maggiormente?

Nei miei anni di formazione, studiare un pezzo di musica contemporanea era un po' come iscriversi al WWF e salvare un panda: una questione etica. Allora mi affascinavano più le idee della musica contemporanea (quelle di John Cage in particolare) che la musica in sé. Sentivo l'attrazione di potenziali territori inesplorati e di un rapporto dinamico con l'idea di repertorio (idea che oggi ho smarrito del tutto, sostituita da un work in progress permanente). Proprio questo modo di lavorare mi impedisce di riconoscermi in qualcosa. In realtà mi perdo costantemente, cercando di rintracciare un'identità in un'attività dai tanti risvolti. La musica contemporanea oggi corre due grandi rischi: lo specialismo e l'elitarismo. Queste sono cose che talvolta me la fanno sentire lontano. Fino a quando mi imbatto di nuovo in un pezzo di Grisey, o Haas, o Romitelli e la fiamma si riaccende.

Operi in diversi progetti: Equivoci, Solid Body, Ensemble Phoenix Basel, Matteis Project, Guitarp Duo, Dedalo Guitar Project con Marco Cappelli ... come mai così tanti interessi e come cambia il suo modo di suonare a seconda dei diversi contesti?

Non sono interessi ma è il mio modo di fare musica, di stare al mondo attraverso la musica. Ed è una montagna di lavoro anche ... Ognuno di questi progetti ha avuto uno sviluppo che è durato anni, durante i quali sono cambiato io e il mio modo di suonare. Equivoci ad esempio oltre che dall'amore per John Cage nasceva dalla voglia di dimostrare che è possibile reinventare con poco uno strumento e un repertorio: le musiche non sono oggetti da museo da prendere, osservare, gustare e poi riporre al loro posto. Se si lascia lavorare il loro potenziale creativo cambiano costantemente e cambiano te. Il mio modo di suonare equivale al modo di ascoltare la musica (per quanto io ci possa riuscire) e cerca di essere sempre lo stesso, indipendentemente da quello che suono. Negli ultimi anni ho lavorato molto con il regista tedesco Joachim Schlömer, ho scritto le musiche delle sue ultime produzioni. Vivere in una produzione è stata una esperienza molto forte. S'impara a condividere gli orizzonti artistici con altri (danzatori, drammaturghi, regista, cantanti, tecnici). S'impara l'arte delle flessibilità. Comporre con questi vincoli è difficile ma esplosivamente meraviglioso quando ci si riesce.

Ho notato in questi ultimi anni un progressivo avvicinamento tra due aspetti della musica d'avanguardia, da un lato l'aspetto più accademico e dall'altro quello portato avanti da musicisti ben lontani dai canoni classici e provenienti da aree come il jazz, l'elettronica e il rock estremo come Fred Frith, John Zorn, la scena downtown newyorkese e alcune etichette di musiche elettroniche come la Sub Rosa e la Mille Plateux. Insomma voi cattivi ragazzi dell'Accademia fate squadra coi teppisti dell?underground?

La domanda mi mette in difficoltà, perché da una parte riconosco e mi entusiasmo quando culture, musiche e altro si fondono con una propulsione creativa. Dall'altra però temo la confusione. Le etichette soprattutto creano confusione. Chi può dire cosa è accademico? Oggi i grandi improvvisatori

139

insegnano nelle grandi Accademie (cosa che loro stessi forse vent'anni fa avrebbero ritenuto impossibile). Succede spesso il contrario: quanti improvvisatori usano materiale compositivo? Si tratta fondamentalmente dell'eterno dilemma: l'improvvisazione che usa l'energia creativa di un momento contro la composizione che usa la creatività in un progetto. Ops, ecco che mi sono di nuovo perso ...

Sembra essersi creata una piccola scena musicale di chitarristi classici dediti a un repertorio innovativo e contemporaneo, oltre al tuo mi vengono in mente i nomi di Marco Cappelli, David Tanenbaum, David Starobin, Arturo Tallini, Geoffrey Morris, Magnus Anderson, Elena Càsoli, Emanuele Forni, Marc Ribot con gli studi di John Zorn ... si può parlare di una scena musicale? Siete in contatto tra di voi o operate ciascuno in modo indipendente? Ci sono altri chitarristi che lei conosce e ci può consigliare che si muovono su questi percorsi musicali?

Si, io sono in contatto con diverse delle persone citate. Ognuno di noi lavora a un ideale di chitarra e la chitarra oggi è il risultato di tutte queste diverse esperienze. Prediligo sempre i musicisti che aggiungono qualcosa di personale (nuove composizioni, nuovi strumenti e nuove idee) a quelli che tendono a riprodurre un modello o un repertorio.

Ascoltando il tuo disco Equivoci con le musiche di Cage e Dowland ho pensato al fatto che il Rinascimento cercava note chiare e pure e voci coerenti e accumulabili, mentre la nostra società sembra accettare l'idea che le cose non sono degradate ma arricchite dal rumore ... il rumore in un certo senso sembra sostenere letture molteplici e aperte e un po' questo si avverte sia in Equivoci tra il contrasto agrodolce di Cage e Dowland e il disco dell'Ensemble Phoenix Basel dedicato alle musiche di Buess, Hodgkinson e Feiler .. è così o è solo una mia stravaganza?

Il rumore prima, e quello che poi è diventato lo spettro del suono poi, offre una via di fuga dall'armonia (consonante, dissonante, seriale e di ogni altro tipo) intesa come gerarchia dell'organizzazione dei suoni. Di questa fuga aveva bisogno Dowland (che inventava sul liuto molti effetti sonori) come ne ha bisogno Lachenmann o Morricone.

Prima hai parlato di improvvisazione, che significato ha nella tua ricerca musicale?

A questo punto dell'intervista decido di utilizzare definitivamente il criterio della selezione radicale piuttosto che di addentrarmi nei macrocosmi che le domande aprono. Parlerò quindi dell'importanza che l'improvvisazione ha nel mio pensiero didattico. Nel percorso formativo penso sia fondamentale che un musicista si confronti per un periodo con il proprio strumento, con nessun altro sussidio che la propria memoria e al massimo di un metronomo e un registratore. Nessun testo, nessun materiale pre registrato e soprattutto nessun insegnante a suggerirti presunte soluzioni. Ai miei allievi propongo di dedicarsi un periodo a questa ricerca, che può avvenire a tanti livelli di approfondimento: dallo studio creativo di esercizi tecnici, all'improvvisazione libera, alla composizione. In questa ricerca non importa quanto semplici o complesse siano le nozioni grammaticali. Ci si deve necessariamente confrontare con il fatto che creare è spesso una questione di scelte: se faccio questo, scelgo di escludere quell'altro. Da quali scelte compie e da come le sviluppa, l'allievo ottiene un'istantanea di quello che è il suo rapporto con lo strumento e la musica in un dato momento. In ogni caso l'arricchimento impareggiabile risiede nel fatto che, dovendo produrre un pensiero musicale indipendente, si passerà per forza dal movimento meccanico al gesto musicale e dallo studio della musica allo studio di se stessi attraverso la musica. Per chi ci volesse provare insisto: le limitazioni sono: evitare qualsiasi testo e insegnante che vi dica come fare. Fidatevi solo del vostro registratore e del metronomo.

Nel senso che si può tornare a parlare di improvvisazione in un repertorio così codificato come quello classico o bisogna per forza uscirne e rivolgersi ad altri repertori, jazz, contemporanea, etc?

Quello che ho descritto in precedenza è solo un aspetto dell'importanza che l'improvvisazione ha nello studio della musica classica. Non penso che esistano molte musiche senza codici, men che meno nei generi citati nella domanda. Quando da studente mi sono avvicinato ai musicisti dell'improvvisazione libera ho sempre sentito parlare di codici in forme di limitazioni. Il rischio non sono i codici ma semmai la conoscenza di un unico codice. Più ne conosco, al contrario, più sono libero. Anche e soprattutto da musicista classico. Basta guardare la metodica dell'Ottocento oppure analizzare le permutazioni melodiche

che usa Giuliani nelle sue composizioni per capire che i chitarristi della tradizione sono stati a loro volta sicuramente grandi improvvisatori. Nessun dubbio a proposito.

Quali sono i "materiali" musicali (melodia, timbro, suono, struttura ritmo, etc.) che principalmente scegli e che influiscono nella scelta dei brani da interpretare o nelle improvvisazioni?

Contesto la domanda: come si fa a fare musica rinunciando anche a solo uno degli elementi citati?

Contestazione accolta. Passiamo dall'improvvisazione alla tecnica, quanto è importante il lavoro sulla tecnica per raggiungere a quel livello di "sicurezza" che dimostri sempre indipendentemente dal repertorio, da con chi sta suonando, dal compositore, dallo strumento che adoperi?

Al centro del lavoro tecnico c'è sempre il mio corpo e le sue percezioni: si allenano le dita, si lavora sull'equilibrio e la distribuzione dei pesi o sul rilassamento. Ho sempre però cercato di non astrarre la tecnica e non studio cose diverse da quelle contenute nei pezzi che suonerò.
La sicurezza che riesco a gestire è quella che viene dall'esperienza e dalla consuetudine che ormai ho con il palcoscenico. E' solo su quel bagaglio che conto.

So che adori Luciano Berio ... ha scritto "la conservazione del passato ha un senso anche negativo, quando diventa un modo di dimenticare la musica. L'ascoltatore ne ricava un'illusione di continuità che gli permette di selezionare quanto pare confermare quella stessa continuità e di censurare tutto quanto pare disturbarla", che ruolo può assumere la musica contemporanea in questo contesto?

Quello di spingere a riletture nuove e spiazzanti della tradizione. Il paradosso per il quale la tradizione è una storia di continuità fatta da infinite fratture. Oltre a Berio, in questo tipo di pensiero per me il grande Maestro è Luigi Nono. I suoi scritti sono quelli a cui torno quando avverto stanchezza o sfiducia. Riescono sempre a ridarmi freschezza. Consiglio la lettura di "La Nostalgia del Futuro".

Oltre a svolgere l'attività di concertista sei è anche docente di chitarra, come riesci a combinare queste due attività? A volte si ha l'impressione di una dicotomia tra le due "carriere" : che un concertista non riesca ad essere allo stesso tempo anche un insegnante ...

Al contrario: non capisco come si possa insegnare quando si è interrotto, perso o trasformato il rapporto di apprendimento permanente a cui il suonare attivamente costringe. Concepisco il mio lavoro d'insegnante come quello di un catalizzatore di esperienze. Offro ai ragazzi le tante esperienza da me fatte: sta a loro sceglierle e usarle come vogliono.

Parliamo di marketing. Quanto pensi che sia importante per un musicista moderno? Intendo dire: quanto è determinante essere dei buoni promotori di se stessi e del proprio lavoro nel mondo della musica di oggi?

E' importante come in tutti i lavori. Prepari una cosa bella e vuoi che arrivi al maggior numero di persone. E' un desiderio sano.

Come vedi la crisi del mercato discografico, con il passaggio dal supporto digitale al download in mp3 e tutto questo nuovo scenario?

Crisi e sempre di nuovo crisi ... Chi dichiara quando si è in crisi? Il famigerato ministero della paura? Chissenefrega se qualcuno vende meno dischi? Se fosse giusto così? Sono felicissimo che esistano gli mp3 e il digitale.

Che consigli si senti di dare a chi, dopo anni di studio, ha deciso di iniziare la carriera di musicista?

Non due consigli, ma due messaggi. Il nuovo sistema accademico in tutta Europa ha creato una situazione paradossale. Le Istituzioni musicali formative spesso hanno bisogno degli studenti più di quanto gli studenti abbiano bisogno di loro. Hanno quindi trasformato le scuole in aziende e gli allievi in clienti. In Italia ancora no, ma in Europa tantissime scuole fanno inserzioni pubblicitarie come negozi commerciali in aperta competizione tra di loro. Lo studente è al centro dei loro vampireschi interessi. Invito i ragazzi a non lasciarsi fregare: spesso le cose di valore stanno vicino a noi e costano poco! Scegliere con intelligenza è importante. Inoltre li invito a non fermarsi a riprodurre i modelli conosciuti, ossia quello dei propri insegnanti. E di non preoccuparsi solo della qualità esecutiva ma della qualità delle proprie idee. Il mondo si interesserà a noi se noi abbiamo qualcosa di interessante da dire.

Un'ultima domanda ... forse un po' triste ... sono anni che risiedi in Svizzera ... come mai tanti chitarristi italiani (soprattutto nell'ambito della musica contemporanea) si sono trasferiti oltralpe? La classica fuga dei cervelli (artistici) dall'Italia? C'è un clima migliore? Ci sono migliori possibilità di lavoro?

Risiedo in Svizzera perché è un posto in cui fare il musicista è un lavoro. Semplicemente.

Quando ho chiesto a Simone di scrivere una breve biografia, avrei dovuto immaginare che mi avrebbe risposto così: "Simone Massaron suona la chitarra da quando aveva nove anni ed è felice di essere un chitarrista.
Ha cominciato i suoi studi musicali sul pianoforte con suo padre, Sergio compositore e direttore d'orchestra.
In adolescenza s'innamora della batteria e come autodidatta suona in varie formazioni rock del quartiere.
Negli anni seguenti si dedica solo al jazz studiando prevalentemente con Roberto Cecchetto e partecipando a seminari di Bill Frisell, Mick Goodrick, Marc Ducret, Pat Metheny e John Scofield.
Ha suonato con Marc Ribot, Elliott Sharp, Jamaaladeen Tacuma, Scott Amendola, Peter Evans, Nels Cline, Tiziana Ghiglioni, Piero Bittolo Bon, Danilo Gallo, Tiziano Tononi, Zeno De Rossi e molti altri."

http://www.simonemassaron.com/

Quando hai iniziato a suonare al chitarra e perché?

Ho iniziato con mio padre Sergio, che era compositore, pianista e direttore d'orchestra. In famiglia era piacevolmente impossibile sottrarsi allo studio della musica, in particolare del pianoforte. Purtroppo mio padre venne a mancare quando io avevo poco meno di 6 anni. Dopo feci fatica a continuare a studiare e quindi tralasciai gli esercizi per dedicarmi al pianoforte sotto forma di gioco. Una delle poche cose che ricordo di mio padre è che un giorno, quando avevo circa 4 anni, mi disse che potevo inventarmi una storia con il pianoforte animando cowboy e indiani con le due mani e simulando una battaglia. Anche dopo la sua scomparsa continuai a giocare con lo strumento cercando sempre di raccontare qualcosa. Credo ci siano molte implicazioni psicologiche in questo, ma non faccio l'analista. Sicuramente questo approccio allo strumento e alla musica ha facilitato il mio interesse per l'improvvisazione.
Come didatta cerco sempre di dare ai miei allievi, specialmente ai bambini, questo tipo di approccio legato alla fantasia e allo scoprire lo strumento e la musica attraverso un'esigenza espressiva, in modo che la necessità di espressione

si metta davanti allo studio e non viceversa, cioè che si studi perché serve a esprimersi e non il contrario, cioè che ci si esprime perché si ha studiato.

Intorno ai nove anni ho cominciato a suonare la chitarra imitando mia sorella più grande; frequentavamo l'oratorio nel quartiere Parco Lambro a Milano che, negli anni '70, rappresentava una delle poche possibilità di aggregazione per i ragazzi. Un posto sicuro dove giocare, fare amicizia lontano dagli stereotipi in voga tra gli ambienti clericali e soprattutto lontano dall'eroina che in quegli anni e nel mio quartiere era più facile da trovare che un buon caffè.

Nell'oratorio c'erano anche ragazzi più grandi di me che suonavano la chitarra acustica, alcuni decisamente bravi che io e mia sorella consideravamo veri e propri miti. Tutto quello che sapevano fare era suonare bene le canzoni di Bob Dylan, ma a me sembravano Eliot Fisk.

Folgorato dalla chitarra acustica, cominciai a mettere le mani su quella di mia sorella, una Eko al limite del suonabile, con metodi tipo "Chitarristi in 24 ore", e ben presto capii che la cosa faceva decisamente per me. Nel frattempo mi cimentavo con la batteria, di cui l'oratorio era provvisto e, nonostante l'età, venni preso nella band locale, quella dove suonavano i miti, per suonare qualche pezzo alternandomi al batterista ufficiale.

Intorno ai 15-16 anni ho cominciato a studiare seriamente la chitarra jazz dopo aver ascoltato Song X con Pat Metheny e Ornette Coleman e dopo che mio zio mi portò dagli Stati Uniti la Carmen di Barney Kessell.

Qual'è il tuo background musicale?

Il mio background musicale si divide in due fasi; quella del puro suonare con gli amici, a volte anche tutti i giorni imparando sul campo e sperimentando, e per questo ringrazierò sempre l'oratorio, e poi quella del nerd tappato in casa che passa i pomeriggi sui libri divorando dischi di jazz e atteggiandosi da purista snob. La mia fortuna è che queste due fasi sono coesistite nel medesimo spazio temporale regalandomi un formazione musicale abbastanza solida.

Quante chitarre hai incontrato e con quali suoni?

I miei primi strumenti sono stati una buffa chitarra Carmelo Catania che ho suonato con poche soddisfazioni e poi la mia prima elettrica, una Eko C02 in pino che sembrava molto una mensola.

La Catania è degli anni '40, in faggio con una buffa forma tipica delle chitarre siciliane da stornello. L'ho fatta sistemare da Lucio Carbone e ha un suono fantastico; forse poco volume, ma un suono malinconico e molto blues.

Poi sono riuscito a comprare una Epiphone tipo 335 e infine, intorno ai 19 anni, una Telecaster del 1966 che ho poi stupidamente venduto.

Per anni ho suonato una chitarra fretless che però adesso ho venduto e con il passare del tempo mi sono riavvicinato allo strumento semplice. Ora uso una Telecaster '52 che possiedo dal 2005, una Jerry Jones baritona (copia Danelectro) e due meravigliose Gibson acustiche degli anni '50 (una LG1, chitarra acustica destinata ai principianti del 1954, e una archtop L50 del 1951).

Grazie a queste chitarre ho scoperto un suono più diretto e una via alla musica più immediata.

Non me ne separo mai volentieri e sono utilizzate spesso in diversi progetti che le vedono protagoniste.

La mia chitarra principale è la Telecaster del '52 alla quale ho cambiato le sellette del ponte con delle Glendale in titanio e alla quale ho fatto sostituire i tasti e correggere il radius del manico che è stato anche sverniciato. E' una chitarra molto semplice e per questo molto difficile da suonare

Qualche anno fa ho descritto il mio rapporto con la chitarra nel libro del fotografo Ralph Gibson "State of the Axe" in cui Ralph ha chiesto a ognuno dei chitarristi ritratti di scrivere a proposito del loro rapporto con lo strumento. A parte la gioia di essere nello stesso libro insieme a gente come Jim Hall, John Scofield o Les Paul è stato bellissimo avere la possibilità di spiegare ai potenziali lettori cosa viveva un ragazzino italiano nei primi anni '80 che aveva la passione per la chitarra.

Era ed è ancora una cosa mia; un rapporto molto intimo, una coperta di Linus che ti sta attaccata alle spalle in una custodia. Ricordo ancora un periodo molto brutto della mia vita in cui però uscivo tutti i giorni con la chitarra sulla schiena, che mi servisse o no. La sola idea di poterla tirare fuori e sentire le corde sotto le dita mi faceva sentire meglio.

Una cosa che mi ha sempre stupito è la versatilità e la disinvoltura con cui approcci non solo la chitarra elettrica, ma anche altri strumenti come il banjo, la baritone e la fretless, come mai questa scelta? Solo una necessità per poter eseguire un repertorio più ampio o una precisa scelta stilistica? Quali sono le difficoltà, anche tecniche, che ha incontrato passando da uno strumento all'altro?

Credo che alla base ci sia una fortissima curiosità e voglia di fare tutto, ma volte tutto questo diventa un arma a doppio taglio perché è inevitabile essere dispersivi.

La chitarra baritona è uno strumento che va molto di moda e io appassionato di cose e musiche degli anni '50 mi ci sono fatto trascinare. Posseggo una Jerry Jones Neptune che è una replica delle vecchie Danelectro, ma costruita con un po' più di grazia di Dio. Ha un suono molto Twang che mi piace tantissimo e poi il fatto di avere le corde così grosse permette di lavorare molto sugli armonici. Di recente la sto usando per leggere cose da violoncello, ma faccio una gran fatica.

Il banjo è uno strumento che suono molto poco, ma solo perché non ho tempo di studiarlo come vorrei e quindi mi limito a fare quelle due cose in cui mi sento sicuro. Penso che studiare la tecnica di roll del banjo bluegrass sia utile a tutti i chitarristi, ti apre la mente. Suono anche varie chitarre slide, lap steel con le quali ho acquisito una discreta tecnica negli anni, ma anche queste vorrei veramente suonarle meglio.

La fretless merita un discorso a se: ho desiderato molto averne una e quando ne ho avuto la possibilità ho scelto di farmela costruire su mio progetto da un liutaio milanese. Ha un manico in wengè con tastiera in ebano e corpo in mogano e questo le da un grande sustain. E' molto difficile da suonare perchè in pratica sei sempre stonato e farsi una tecnica su questo strumento mi è costato un paio di anni di studio. La suono dal 2000 e nel 2006 sono stato invitato a partecipare al fretless guitar festival di New York; il mondo della chitarra fretless è decisamente strano, quando ero lì mi sembrava di essere in una setta dove se hai dei tasti non ti accetta nessuno.

Quali sono state e sono le tue principali influenze musicali? In che modo esprimi la tua "forma" musicale sia nell'ambito dell'esecuzione che nell'improvvisazione, sia che tu stia suonando "in solo" sia assieme altri musicisti? Elabori una "forma" predefinita apportando aggiustamenti all'occorrenza o lasci che sia la "forma" stessa ad emergere a seconda delle situazioni, o sfrutti entrambi gli approcci creativi?

Credo che la principale influenza sia stata la musica con la quale sono cresciuto, cioè la lirica. Dapprima mio padre, poi altri maestri utilizzavano una stanza della casa come studio di spartitista e quindi per circa otto ore al giorno ascoltavi arie d'opera. Penso che questo abbia sicuramente influenzato il mio approccio alla melodia. Forse mi sono abituato a forme musicali semplici e quindi istintivamente cerco di tornare sempre a quello.

Nelle altre stanze della casa c'erano un pianoforte e un paio di hi-fi usati costantemente e simultaneamente alla stanza lirica. Questo produceva un grande odio da parte dei vicini, ma anche un incredibile habitat sonoro di cui non mi sono però occupato molto in quegli anni. Semplicemente, tornavo a casa, mi chiudevo in camera e studiavo non curandomi dei rumori esterni. Ma credo che questo caos melodico abbia prodotto germi in me che ancora adesso mi porto dietro.

In ogni ambito della mia vita musicale cerco sempre di rispettare un certo grado di equilibrio tra tensione e risoluzione, come se un altro Simone fosse seduto nel pubblico e volesse essere soddisfatto e appagato dal Simone che sta suonando. Ovviamente questo è più facile quando compongo o quando suono in solo, diventa più difficile quando suono con altri musicisti o quando suono jazz tradizionale. In quel caso è più difficile esprimersi liberamente. Un aspetto che trovo molto utile, molto stimolante e divertente è quello di partecipare a progetti di altri musicisti e svolgere un ruolo di puro improvvisatore, senza nulla da leggere (sono un pessimo lettore) e allora dalle retrovie adoro guidare o proporre situazioni alla band. Come nel nuovo disco di Piero Bittolo Bon[28] che abbiamo registrato per Long Song Records e ancora una volta mi trovo nel ruolo del musicista che gioca in retroguardia.

A proposito di Long Song Records[29], casa discografica italianissima quasi di culto, come sei arrivato a loro?

Siamo arrivati l'uno all'altro nello stesso tempo considerato che il loro primo disco è "Breaking News" mio disco d'esordio con Elliott Sharp. Il mio rapporto con la Long Song è molto stretto e ho fatto parte di numerosi progetti di altri artisti. Di base c'è una grande fiducia reciproca e sicuramente devo molto alla Long Song che mi ha permesso di realizzare il mio "Dandelions on Fire" con Carla Bozulich e di suonare con Nels Cline, Marc Ribot e Elliott Sharp.

Adoro stare in studio di registrazione, adoro vedere le idee prendere forma. Riesco ad avere una grande concentrazione e sono sempre stato uno che "rende". Non ho mai digerito molto la figura del produttore perché odio dover spiegare a

---

[28] PBB's Locus Amoenus "The Sauna Session", Long Song Records, 2014
[29] http://www.longsongrecords.com/

qualcuno che non sia un musicista che cosa ho in mente, ma nello stesso tempo voglio ascoltare i consigli e spesso chiedo pareri che mi aiutino nelle scelte.

A proposito di questi due dischi, che cosa ha significato per te lavorare con Elliott Sharp e Carla Bozulich? E' una mia semplice opinione ma in "Dandelions on fire" ho notato una maggiore tensione rispetto al disco con Elliott Sharp: una mia idea, oppure una precisa scelta stilistica o … il semplice frutto di una collaborazione con un'artista particolare come la Bozulich?

Per me sono state due produzioni totalmente differenti. Il disco con Elliott "Breaking News" è stato pensato in sei giorni e registrato in sei ore. Sicuramente in studio ho sentito il peso di avere vicino un gigante come lui, ma sono molto soddisfatto di quello che è venuto fuori, particolarmente della cover di "Run Through the Jungle" dei Creedence e del mio "The Kid" che ricorda vecchie cose di Sidney Bechet.

"Dandelions on Fire" è invece stato meditato a lungo con un grosso lavoro di composizione e sviluppo delle idee. Ho parlato a Fabrizio della LongSong del desiderio di fare un disco di canzoni e il progetto ha raccolto subito il suo entusiasmo. La scelta di Carla è stata tale anche su suggerimento di Nels Cline che mi invitò ad andare a sentirla; dopo poche note del suo concerto ero assolutamente sicuro che lei fosse la voce che stavo cercando. Ci siamo parlati e dopo qualche giorno le ho portato un cd con dei provini.

Ho lavorato moltissimo sulla composizione, particolarmente sulla scelta dei timbri e sui contrasti sonori. Lavorare con Carla è stare sempre agli estremi delle cose: riesce a stimolarti e a sconvolgerti con un idea, con la bellezza di un testo quanto a farti impazzire per il suo modo di lavorare assolutamente differente dal mio. E' stato un disco difficile da realizzare che mi ha dato tante soddisfazioni soprattutto di critica e che nello stesso tempo mi ha dato molta sofferenza per il divario tra come è stato accettato e le possibilità concrete di realizzare un tour di promozione.

Rimane, per me, forse il mio lavoro più bello e significativo, dove co-estistono i miei lati di compositore, arrangiatore e chitarrista.

Sei un ottimo improvvisatore, che significato ha l'improvvisazione nella tua ricerca musicale? Si può tornare a parlare di improvvisazione in un

repertorio così codificato come quello classico o bisogna per forza uscirne e rivolgersi ad altri repertori, jazz, contemporanea, etc?

Negli ultimi anni ho cominciato a insegnare improvvisazione a studenti di chitarra classica, magari agli ultimi anni di conservatorio o già diplomati. C'è una forma nuova d'interesse verso l'improvvisazione che è molto radicata nella nuova generazione. Ragazzi che s'interessano a questa forma di studio con serietà e soprattutto, cosa più bella ancora, con grande curiosità e voglia di sperimentare e divertirsi.

Personalmente non sono mai riuscito a suonare qualcosa sempre allo stesso modo e, sono fermamente convinto che non sia possibile farlo. Nessuno l'ha mai fatto.

Non credo che l'improvvisazione debba essere classificata in un genere musicale. Ad esempio, se parliamo di musica classica lo spazio dato oggi all'improvvisazione è poco, ma c'è, nel folk e nel jazz invece è molto più presente. Paradossalmente però è più facile trovare uno studente di chitarra classica che abbia voglia di dedicarsi all'improvvisazione totale rispetto a uno studente di jazz che cercherà di codificarla in qualcosa, sia esso il contesto armonico oppure l'uso di una scala su un dato accordo; in lui c'è poca esigenza espressiva, probabilmente perché lega lo studio dell'improvvisazione a un obiettivo didattico da raggiungere magari con un esame, mentre il classico è molto più libero. Penso che si possa diventare un buon improvvisatore aiutandosi con molta pratica, nozioni e quindi esserlo in senso jazzistico, oppure fare pratica d'improvvisazione tutti i giorni semplicemente sedendosi, prendendo in mano la chitarra e improvvisando qualcosa che costituirà il filo di un discorso che inevitabilmente subirà l'influenza del proprio stato d'animo. Ovviamente l'insieme delle due cose costituirà la base per una buona formazione all'improvvisazione.

Nel 1968 Derek Bailey chiese a Steve Lacy di definire in 15 secondi la differenza tra improvvisazione e composizione, la risposta fu "In 15 secondi la differenza tra composizione e improvvisazione è che nella composizione uno ha tutto il tempo di decidere che cosa dire in 15 secondi, mentre nell'improvvisazione uno ha 15 secondi[30]" ... ti ritrovi in questa definizione, oppure Lacy ha esagerato in arguzia e ironia?

---

30 Derek Bailey "Improvvisazione Sua natura e pratica in musica", ETS, 2010,

Vorrei averlo detto io...

Che ruolo ha la dissonanza nella tua musica?

Lo stesso della consonanza. Non ho mai scritto musica che non avesse superato il test del "riesco o non riesco a fischiettarla?" E quindi il mio concetto di dissonanza è legato in modo indissolubile alla mia tecnica di fischio. A volte mi piace giocare con gli arrangiamenti magari facendo sovrapporre un accordo di dominante all'accordo di tonica creando una buffa non-risoluzione, ma questo è molto legato a che tipo di timbri hai a disposizione. Amo molto il rumore nella composizione o nell'esecuzione dal vivo, ma non so se questo può essere inteso come dissonanza.

Ascoltando la tua musica mi sono fatto l'idea che tu venga da una grande molteplicità di ascolti e di influenze, come gestisci questi frammenti di memoria musicale nelle tue composizioni e improvvisazioni? Li utilizzi consciamente o ... li lasci liberamente fluire?

Mi piacerebbe risponderti che li lascio fluire liberamente, ma non ne sono sicuro. Uno degli esercizi che faccio ogni sera prima di dormire è quello di "mandare" il mio cervello nel passato e cercare di ricordarmi episodi, storie, sensazioni. Amo il passato, forse perché penso che abbia più cose da dire del presente. Per me è principalmente una reazione a uno stimolo; improvvisare su un frammento che mi è venuto in mente è uguale a scrivere un pezzo pensando a una 500 negli anni '60, o alla New York dei primi del '900.
Il problema è che quando poi mi riascolto mi sembra tutto molto banale e "citazionista", ma per grande fortuna mia, non vengono mai pubblicate le critiche che io faccio al mio lavoro.

In che modo la tua metodologia musicale viene influenza dalla comunità di persone (musicisti e non) con cui collabori? Modifichi il tuo approccio in relazione a quello che direttamente o indirettamente ricevi da loro?

pag. 193

152

Fortunatamente collaboro con musicisti incredibili e quindi mi godo la loro presenza e mi faccio influenzare. E' ovvio che il mio approccio cambi completamente in funzione della persona con la quale mi trovo a dividere il palco: mi è capitato di suonare la stessa composizione con musicisti completamente diversi tra loro come Marc Ribot, Piero Bittolo Bon o Dimitri Sillato e il mio modo di suonare si modifica in funzione della musica che ognuno di loro mi propone, o meglio, della visione musicale di ogni singolo musicista. Ribot è uno dei più grandi ascoltatori che io abbia mai sentito e suonare con lui è stata una grande esperienza formativa. Suonare musica che comprende un grande spazio all'improvvisazione ti obbliga ad ascoltare per proporre e quindi ti costringe a modificare costantemente il tuo approccio alla musica. Dimitri è un grandissimo violinista e il suo suono mi dà i brividi; quando suono con lui cerco sempre di dare molta importanza al suo suono e di conseguenza modifico il mio, in modo che il suo possa essere evidenziato.

Quali sono i "materiali" musicali (melodia, timbro, suono, struttura ritmo, etc.) che principalmente scegli e che influiscono nella scelta dei brani da interpretare o nelle improvvisazioni?

La melodia ha sempre il ruolo predominante insieme al timbro. Suonando diverse chitarre cerco di scrivere per lo strumento che ho scelto di usare, anche perché spesso la scelta dello strumento determina il suono dell'intero progetto. Trovo che sia anche il tipo di composizione a determinare con quale strumento tutto andrà eseguito. Ad esempio, il mio progetto "Cardboard Suitcases" dedicato al flusso migratorio dei primi del '900 è assolutamente da Telecaster, Folksongs e Standard Socks da chitarra acustica, mentre il progetto "Tuba Libre" è adatto alla chitarra baritona. Le mie improvvisazioni invece sono sempre dettate dallo strumento che ho in mano, sia esso una chitarra baritona, un'elettrica, un'acustica o un'archtop. Col passare degli anni comunque cerco di suonare uno strumento per volta perché è una modalità molto meno dispersiva: alla fine conta quello che hai da dire e il modo in cui lo dici.

Una domanda un po' provocatoria sulla musica in generale, non solo quella contemporanea o d'avanguardia. Frank Zappa nella sua autobiografia scrisse: "Se John Cage per esempio dicesse "Ora metterò un microfono a contatto sulla gola, poi berrò succo di carota e questa sarà la mia composizione", ecco che i suoi gargarismi verrebbero qualificati come una

SUA COMPOSIZIONE, perché ha applicato una cornice, dichiarandola come tale. "Prendere o lasciare, ora Voglio che questa sia musica." È davvero valida questa affermazione per definire un genere musicale, basta dire questa è musica classica, questa è contemporanea ed è fatta? Ha ancora senso parlare di "genere musicale"?

Per quanto mi riguarda, non ha nessun senso. I giovani di adesso sono molto più furbi della mia generazione e privi di pregiudizi. Ascoltano classica, rock, jazz senza mai anteporre un giudizio estetico ma dettati solo dalla curiosità. Si occupano di musica in senso stretto del termine.
Ai miei tempi si era settoriali; jazzista, purista, fusion etc. etc. Oggi incontro giovani studenti di conservatorio che non fanno nessuna distinzione tra AC/DC e Bach. Per loro esiste musica interessante e no. Non ho mai amato le definizioni provocatorie di Zappa e ora mi sembrano particolarmente stantie. Come musicista, sono felicemente arrivato al punto nel quale non mi interessa più quello che si dice sulla musica o quello che dovrei dire io sulla mia musica; faccio quello che ho voglia di fare e basta. Il fatto di lavorare principalmente come insegnante mi permette di non scendere a compromessi quando suono e quindi propongo quello che sto facendo e basta.
Probabilmente quella di definire un genere è una cosa che serve ai critici: se parliamo di catalogazione posso anche capire la sua utilità, ma dal punto di vista di un musicista no.

A proposito di crollo delle distinzioni, la chitarra sempre essere il veicolo perfetto per muoversi a piacere attraverso tutte le categorie musicali. Tu hai seguito un percorso assolutamente personale all'interno della chitarra, come hai sviluppato questo percorso, come sta proseguendo e come si è orientato all'interno del mondo della chitarra? La chitarra, con la sua presenza di musicisti virtuosi e assolutamente personali a qualunque livello e genere musicale può rappresentare una valida alternativa alla ormai tragicomica distinzione tra cultura alta e cultura popolare e all'affermazione di Schoenberg "Se è arte non è per tutti, se è per tutti non è arte"?

La chitarra sta vivendo uno dei suoi momenti migliori, paragonabile a quello degli anni '60 in Italia, con la differenza che di questi tempi le cose sono qualitativamente molto più alte rispetto a 50 anni fa. Personalmente ho sempre desiderato suonare la chitarra elettrica e soltanto negli ultimi 15 anni ho scoperto le altre forme di questo meraviglioso strumento. Essendo un liutaio mancato (mi sono diplomato in liuteria, ma non esercito) sono un grandissimo appassionato di costruzione, storia e design della sei corde. Non concordo con la definizione di Schoenberg, mi piacerebbe ribattere con un "è arte se dico che è arte", ma credo che la diffusione di uno strumento così popolare, insieme ad un innalzamento del livello tecnico dovuto anche alla realtà della rete con tutto quello che offre, abbia contribuito ad avvicinare moltissime persone alla musica e a un modo differente di suonare lo strumento.

Online puoi vedere ragazzi che suonano in modo non convenzionale, ma con un'incredibile capacità tecnica e a volte, o nello stesso tempo, con incredibili e originali capacità compositive.

Personalmente continuo il mio percorso sperimentando sempre qualcosa di nuovo sullo strumento. Ho cominciato anni fa costruendomi da solo le mie chitarre, modificando i miei amplificatori per poi passare a studiare la chitarra preparata. Tutto questo è avvenuto divertendomi molto e giocando anche con il mio senso dell'umorismo. Ora tengo workshop sull'utilizzo dello strumento preparato nella musica contemporanea a studenti di ogni sorta, ma principalmente a studenti di chitarra classica del conservatorio: anni fa questo non sarebbe stato possibile. Rispondendo alla tua domanda, direi di si: la chitarra oggi è uno dei mezzi più popolari e immediati di fare arte a qualsiasi livello.

So che hai un interesse smodato per le colonne sonore per film muti, come è nata questa idea e come mai l'interesse proprio per i film muti?

Anni fa, credo nel 1994 un mio amico produttore mi invitò a scrivere musica per il corto "L'Etoile de Mèr" di Man Ray. Rimasi colpito dalle possibilità offerte dalla scrittura per il cinema muto. Poi provai a scrivere colonne sonore da eseguire dal vivo aggiungendo parti d'improvvisazione guidate dalla trama e dalle immagini. Negli anni ho musicato moltissimi film, da "Il Monello" di Chaplin a "L'Ultima Follia Di Mel Brooks", cambiando formazioni e musicisti, dal duo al solo al settetto, seguendo le esigenze e le ispirazioni del momento. Nel 2003 è uscito il primo dei cd che ho dedicato ai silent movie, fu la testimonianza di un'esecuzione live della colonna sonora del film "La Folla" di King Vidor registrata nella Fonoteca di Carpi, realtà che ormai non esiste più purtroppo. La fonoteca si occupava di cinema, di musica e forniva ai carpigiani e non un supporto incredibile di video e cd oltre a patrocinare iniziative come quella de "La Folla" o a produrre dischi tratti dalle registrazioni dei concerti organizzati nel comune. Purtroppo in questi tempi non c'è da stupirsi se realtà come queste chiudano i battenti. Dopo i primi corti cominciai a scrivere per pellicole come "Lulù" o "Il Gabinetto del Dottor Caligari" suonando principalmente con la band che avevo all'epoca costituita da chitarra, contrabbasso e batteria. Ho sempre pensato che il cinema muto suggerisca al musicista una partitura da seguire. La differenza con il cinema sonoro, o comunque con il cinema dei nostri giorni, sta proprio nello "spazio libero" che è lasciato all'interpretazione dei musicisti. E' più facile interagire con la storia e quindi è più facile scrivere pensando a "melodizzare" i personaggi seguendo il loro percorso nella storia.

Ho sempre cercato un equilibrio tra la parte scritta e l'improvvisazione, tra le esigenze di sincronizzazione e la possibilità di lasciare lo spettatore in silenzio, davanti alla pellicola muta. Questa è una cosa che non si fa mai, purtroppo. Quando devo affrontare un nuovo film, mi capita di guardarlo ascoltando quelle terribili colonne sonore con le quali vengono commercializzati. Mi è capitato più volte di vedere film in VHS con commenti di pianoforte (addirittura un piano digitale) imbarazzanti e poco legati al film, ma soprattutto senza mai un silenzio. Purtroppo ancora adesso molta gente è convinta che il film muto vada visto con il commento fatto dal pianino verticale scordato che piazza un ragtime veloce in ogni sequenza. Suonare sulle pellicole mute (o suonare sotto, con e attraverso per le pellicole mute) è una forma musicale che andrebbe sostenuta e motivata. E' un altro modo per dire grazie a tutti quei registi che ci hanno regalato migliaia di film incredibilmente belli.

Ho visto il tuo lavoro su "Greed" del regista Erich von Stroheim, come mai la scelta di questo film? Tra l'altro so che ne esistono diverse versioni di questo "tomo" della filmografia muta, quale versione hai adoperato?

"Greed" mi era stato commissionato da Filmstudio 90 di Varese insieme a "La Folla" di Vidor, credo alla fine degli anni '90. Potevo scegliere tra i due e ai tempi scelsi "La Folla" perché avevo desiderio di misurarmi con un film dalle cadenze moderne, con un ritmo deciso, ma nello stesso semplice per la sonorizzazione. "Greed" restò nel cassetto dei progetti per qualche anno fino a che non mi si presentò l'occasione di lavorare su questa pellicola. Ricordo ancora che quando visionai "Greed" per la prima volta, lo guardai imbracciando la chitarra, cercando di capire cosa potesse venire fuori e, in quel caso, la musica scaturì molto velocemente e quasi senza intoppi. L'ho scelto perché è cupo, è un viaggio nelle nefandezze dell'animo umano, o meglio così è come l'ho interpretato io. Per quanto riguarda la versione scelta, devo ammettere sinceramente che ho sonorizzato la prima che ho trovato, quella reperibile in commercio nella versione vhs della Mondadori che credo sia di 108 minuti. Purtroppo la versione originale di 7 ore è andata perduta e con essa probabilmente le versioni di 4 e 3 ore. La prima sonorizzazione live di "Greed" la feci a Milano suonando in solo con la mia chitarra fretless baritona; quella fu un'occasione speciale perché potei utilizzare un sistema di quadrifonia con quattro amplificatori disposti ai quattro angoli della sala e potevo gestire ogni coppia con un looper differente. Il mio modo di affrontare "Greed" è sempre stato un omaggio alla colonna sonora di Neil Young nel film "Dead Man" di Jim Jarmusch. "Greed" ti porta a suonare in quel modo e poi è stato il primo film che ho musicato in solo, cosa che ho fatto anche con altre pellicole. Nel tempo ho aggiunto anche un campionatore che mi permette di riprodurre sequenze o rumori che preparo con calma a casa, una sorta di bilanciamento tra la sonorizzazione in tempo reale, l'improvvisazione e l'esecuzione.

Mi è successo di rado di vedere altri musicisti impegnati in questo genere di cose, e il solo chitarrista è stato Bill Frisell col suo progetto in due cd con le musiche per i film di Buster Keaton, pensi di arrivare a produrre qualcosa di simile?

In realtà una cosa simile è già accaduta con l'uscita del disco "The Common Man" per il film "La Folla", ma non sono mai riuscito a creare un progetto specifico su di un autore o su di un film, una cosa che potesse avere un seguito discografico e soprattutto che potesse essere rappresentata diverse volte creando così una continuità artistica. Credo che il problema non sia negli spazi dove organizzare questi eventi, ma nella voglia di proporre qualcosa di differente a un pubblico che in realtà apprezza molto questo tipo di performance. Certo è che Chaplin riempie di più la sala che Eric Von Stroheim, ma il fatto stesso di presentare un musicista che espone la sua visione di una pellicola di quasi cent'anni fa è già interessante di per sé. Comunque non demordo e anzi sto preparando una raccolta di film da proporre in solo o in trio e spero veramente di poter lavorare con questo progetto. I costi di realizzazione si sono abbassati notevolmente rispetto a 15 anni fa in cui era d'obbligo noleggiare una pellicola che spesso si rilevava costosa, ora basta un videoproiettore e una parete bianca. Ricordo ancora un assessore alla cultura di un comune dell'hinterland Milanese che quando gli proposi di noleggiare "Nosferatu" per sonorizzarlo live mi

157

rispose: "Perché devo spendere 600.000 lire per un film vecchio quando con 150.000 ne prendo uno nuovo?" Fortunatamente, almeno da questo lato, le cose sono cambiate.

Che cosa volevi fare con "Nosferatu"?

Il "mio" Nosferatu è quasi un lungo pezzo per chitarra sola, con radici blues (il che è molto buffo se pensiamo alla pellicola) e sonorità scarne, che eseguo dal vivo omaggiando quel capolavoro che è il film di Murnau. Ora sto lavorando su di una versione colorata, nella quale la notte è blu e il giorno giallo. Nello stesso tempo sto creando un progetto discografico (probabilmente autoprodotto) che raccolga i miei lavori su "La Folla", "Greed", "Nosferatu", "Il Monello" e altri corti. Vorrei fosse un cofanetto virtuale con mp3, spezzoni di film e booklet. Chissà.

La tua carriera musicale va avanti ormai da diversi anni, come hai visto cambiare il mondo musicale attorno a te e per te? Che differenze noti tra gli allievi a cui insegni e hai insegnato? E' cambiato e come il tuo modo di fare musica? Le nuove tecnologie (nuovi strumenti musicali, midi, network sociali, forum) hanno influenzato le tue scelte e la tua forma musicale? Come?

La diffusione dei computer e di internet ha cambiato tutto, tanto che a volte non riesco più a ricordarmi com'era prima.

Penso che oggi sia molto difficile proporsi proprio perché l'offerta continua della rete appiattisce le possibilità di emergere. Nello stesso tempo, è aumentato il livello di competizione e di condivisione. Spesso mi capita di incontrare online qualcuno che sta lavorando alle mie stesse cose e quindi di condividere con lui esperienze e prendere nuovi spunti o stimoli. Di recente mi è capitato con Eric Hofbauer, chitarrista di Boston, o Marco Oppedisano di New York.

Ora ho una mia etichetta su Bandcamp e cerco di diffondere la mia musica con costi molto vicini allo zero. Con un buon computer e una buona scheda audio puoi produrre musica a livelli molto alti, specialmente se spesso hai progetti piccoli come solo o duo. Ormai anche pensare di stampare un cd comincia a non avere più senso. Con canali come Spotify o iTunes ognuno può usufruire della musica con un semplice smartphone. Ovviamente si può pensare che per un musicista questo sia un danno economico, ma a ben guardare non lo è: ora possiamo produrre musica che prima non avremmo fatto, semplicemente perché sarebbe costato troppo produrla o magari perché abbiamo sempre pensato di produrre album; invece adesso possiamo vendere in rete un singolo, un brano di 4 minuti slegato da qualsiasi contesto. Si aggiungono possibilità di vendita e diminuiscono i ricavi perché la rete obbliga a prezzi più bassi; a conti fatti forse è la stessa cosa di prima, con una maggiore possibilità creativa.

Personalmente vivo tutto questo con sentimenti altalenanti, ma in generale ne sono entusiasta.

Come insegnante dipendo molto dalla tecnologia, che cerco di sfruttare il più possibile. Sono esterrefatto da quante lezioni di qualità si possano trovare online e quindi ho più volte desistito dall'idea di diffondere lezioni generiche proprio perché trovo inutile competere con chi ha già fatto un bel lavoro. Però ho aperto un blog[31] nel quale sto lentamente pubblicando lezioni che riguardano il mio modo di suonare e di pensare la chitarra. Il fatto di poter pubblicare una lezione con file interattivi, video, pdf dalla sedia della mia scrivania con un pc è semplicemente fantastico.

Sembra essersi creata una piccola scena musicale di chitarristi classici dediti a un repertorio innovativo e contemporaneo, oltre a tei mi vengono in mente i nomi di Elena Càsoli, Marco Cappelli e David Tanenbaum, David Starobin, Marc Ribot con gli studi di John Zorn … si può parlare di una scena musicale? Ci sono altri chitarristi che conosci e ci puoi consigliare che si muovono su questi percorsi musicali?

Non sono un chitarrista classico e quindi faccio fatica a rispondere a questa domanda.

Ma quando ho suonato con Marc Ribot mi ricordo di avergli detto che il suo disco "Exercise in Futility" dove lui affronta la tecnica classica, è stato, per me, come un faro nella notte. Sono sicuro che ha pensato che lo stessi prendendo in giro. In ogni caso è un disco che consiglio a tutti.

Parlando di compositori innovativi, che ne pensi di John Zorn, dei suoi studi Book of Heads e della scena musicale downtown newyorkese così pronta ad appropriarsi e a ricodificare di qualunque linguaggio musicale,

---

[31]   http://www.unusualguitar.com

dall'improvvisazione, al jazz, alla contemporanea, al noise ,alla musica per cartoni animati?

Zorn è un genio del marketing e un forse un genio musicale. A lui fa capo molto della scena downtown New York che produce una grandissima quantità di musica a volte ottima e a volte no. Seguo la produzione di Zorn, anche come discografico, da anni e di sicuro lui è la più grande influenza di questi ultimi tempi anche se sono in pochi ad ammetterlo.
Venendo ai Books Of Heads, li ho sempre trovati fantastici. Mi piacerebbe studiarli.

Ascoltando la tua musica sembra che tu abbia un certa predilezione per musiche del passato ... ma rielaborate in forme nuove, un approccio che mi ricorda sotto certi aspetti certe cose di Derek Bailey come i suoi standard ...

Ormai sono rassegnato all'idea che io sia ossessionato dal passato; il mio ultimo disco solista "The Big Empty", uscito per El Gallo Rojo Records è nato dai muri di una casa vuota, la casa nella quale avevo vissuto negli ultimi 15 anni e da tutti i ricordi che ne scaturivano. E' nato pensando ai membri stretti della mia famiglia che sono morti, ai nonni e a tutti i ricordi che si portano dietro. Sicuramente devo molto a Derek Baley in questo senso; da lui ho preso un grande amore per il passato, ma anche una grande voglia di sperimentare il nuovo. Invece mi capita di pensare al passato in senso più ampio; questo paese sta vivendo uno dei suoi minimi sia in senso culturale che morale e riflettendo credo che in questo senso il presente in cui viviamo non è assolutamente paragonabile al passato che abbiamo vissuto e quindi si genera questo loop in cui per sfuggire al presente pensiamo al passato e lo stesso presente ci fa temere per il futuro. Penso a quello che hanno vissuto i nostri nonni, nel dopoguerra con un paese da ricostruire, ma con tanti ideali in testa. Con un coraggio e un senso di lealtà e morale che oggi non abbiamo più. Loro hanno vissuto la speranza in un futuro migliore. Noi, la mia generazione, in cosa speriamo? Magari di riuscire a finire il mese facendo ancora il musicista? Dal vivo suono pezzi come "Parlami D'Amore Mariù" non solo perché me la cantava mia nonna, ma anche perché voglio sottolineare che siamo la prima generazione che sta peggio di quella precedente, i primi figli che stanno peggio dei loro padri. Allora mi piace cercare di portare il pubblico nel mio universo di ricordi; che ognuno ci ritrovi i suoi di nonni.

Chiudiamo questa chiacchierata con un gioco? Ti faccio alcuni nomi, che penso siano legati alle tue idee musicali, mi dici se ci ho azzeccato e che cosa significano o hanno significato per te? Incomincio:
- Fred Frith
- Derek Bailey
- Frank Zappa
- Marc Ribot
- Naked City

Fred Frith: amo molto il suo lavoro. e è sempre stato un mio grande punto di riferimento. Desidero suonare con lui quanto desidero la Gibson di cui ti parlavo prima.

Derek Bailey: è il visionario poeta della chitarra moderna. Ho ascoltato i suoi lavori fino a consumarli e penso che il suo "Ballads" sia un capolavoro.

Frank Zappa: non l'ho mai sopportato, mi dispiace.

Marc Ribot: beh, per me è quasi uno zio. E'' un musicista straordinario e grande intelligenza. Suonare con lui mi ha dato molto, mi ha aiutato a capire molte cose a proposito del suonare "insieme" agli altri e mi ha dato anche una grande fiducia in me e nelle mie capacità.

Naked City: un gruppo eccezionale, che mi ha dato modo di scoprire il lato ironico della scrittura e quanto è possibile orchestrare le proprie idee anche con un piccolo organico come un quintetto. Negli anni '90 avevo un gruppo che si ispirava molto a loro con il quale ho registrato un disco che però non è mai stato pubblicato.

Ha studiato chitarra con Giuseppe Della Libera e, successivamente, con Gianfranco Volpato, diplomandosi con il massimo dei voti presso il Conservatorio "A. Steffani" di Castelfranco Veneto (TV). Ha seguito corsi di perfezionamento, in qualità di allievo effettivo, con Alirio Diaz, Josè Tomas e Ruggero Chiesa. È risultato vincitore al concorso nazionale di Abbiategrasso (MI) ed ai concorsi internazionali di Maccagno (VA) e Stresa (NO). Svolge attività concertistica, riscuotendo ovunque unanimi consensi di pubblico e di critica. Ha collaborato con diversi compositori (D. Anzaghi, P. Beraldo, L. Mosca, M. Peguri, D. Zanettovich) per la realizzazione di opere originali e trascrizioni per il proprio strumento. Con il Quartetto chitarristico F. Moreno-Torroba ha inciso due CD. Collabora con la flautista Luisa Nalato e con il poeta Pierluigi Svaluto Moreolo. È inoltre fondatore e direttore artistico del Coro Voci delle Dolomiti di Belluno-Longarone. È titolare della cattedra di Chitarra alla Scuola Secondaria di Primo Grado ad indirizzo musicale "S. Ricci" di Belluno ed insegna presso la Scuola Comunale di Musica "A. Miari" (Dipartimento provinciale del Conservatorio di Vicenza) della stessa città.

http://www.florindobaldissera.eu/bach_guitar_duo.htm#Vittorino Nalato

Quando hai iniziato a suonare al chitarra e perché? Che studi hai fatto e qual è il tuo background musicale? Con che chitarre suoni e con cui hai suonato?

Ho iniziato a suonare la chitarra all'età di 12 anni, su espressa volontà di mia madre, cantante in un coro polifonico e appassionata a questo nobile strumento, che in gioventù non aveva potuto studiare. L'approccio iniziale alla chitarra non è stato facile ma, in seguito all'ascolto di un disco di Andres Segovia, mi si è aperto un mondo: la chitarra era la mia vita. Il mio primo maestro è stato Giuseppe Della Libera, che insegnava nella scuola comunale di musica della mia città, Belluno, un insegnante vecchio stampo, preciso e severo; in seguito, ho proseguito gli studi musicali con Gianfranco Volpato al conservatorio di Castelfranco Veneto (TV).
Il mio background musicale? Sono cresciuto a pane, chitarra classica e musica corale, ho cantato infatti per molti anni in un coro polifonico.

Ho suonato fino al 1980 una bella chitarra del liutaio veneziano Leone Sanavia. Dal 1981 suono esclusivamente un ottimo strumento di Masaru Kohno, tavola armonica in cedro con un timbro dolce ma cristallino allo stesso tempo e tastiera senza eguali. Non riesco a separarmi dal mio strumento.

Più di trent'anni con lo stesso strumento è un vero matrimonio! Mai avuta una minima tentazione di cambiare? Anche tu una Kohno! Ma cosa avevano di così particolare quelle chitarre e quel liutaio?

Qualche tentazione l'ho avuta, certo, per poi ritornare immediatamente al mio amato strumento. Nel 1981, Kohno ha sfornato una serie di strumenti in cedro, le cui caratteristiche sonore sono, a mio parere, uniche (timbrica dolce, brillantezza, corposità). Aggiungiamoci, poi, una tastiera morbidissima e molto facile da suonare ed il gioco è fatto! Qualcuno potrà obiettare che le chitarre di Kohno hanno un timbro impersonale e mancano del tipico calore "spagnolo", ma non è così: il calore deve darlo il chitarrista con il proprio tocco.

Quali sono state e sono le tue principali influenze musicali?

Molti generi musicali mi hanno influenzato, ma il più importante per me è stato ed è tuttora lo stile e la musica di Bach. Bach mi appaga completamente, soprattutto suonando in duo con l'amico Florindo Baldissera, con il quale c'è un'intesa perfetta e dove la "forma" bachiana emerge spontanea. Bach ci ispira in modo particolare. Ricordo le numerose serate passate assieme, leggendo pagine bachiane tratte da manoscritti, l'arte della fuga, il clavicembalo ben temperato, corali per organo e quant'altro, con l'idea di trascrivere pagine inedite e poco conosciute.

Quale significato ha l'improvvisazione nella tua ricerca musicale? Si può tornare a parlare di improvvisazione in un repertorio così codificato come quello classico o bisogna per forza uscirne e rivolgersi ad altri repertori, jazz, contemporanea, etc?

Sinceramente, nel repertorio prettamente classico, non vedo spazi legati all'improvvisazione come nei repertori contemporanei, jazz, rock ecc.; piuttosto, nella musica da camera ci può e ci dovrebbe sempre essere una sorta di facilità esecutivo-improvvisativa legata alla lettura a prima vista.

163

Con Florindo Baldissera suonate musica barocca ... non ti è mai capitato di lavorare a una improvvisazione anche solo per quanto riguarda la parte di basso continuo?

Le elaborazioni dei brani bachiani realizzate da Florindo, avendo una struttura polifonica, non lasciano spazio all'improvvisazione. Anche in altri contesti, d'altra parte, non mi è mai capitato di lavorare su improvvisazioni.

Nel suo libro Improvvisazione Sua natura e pratica in musica Derek Bailey scrisse, nella parte dedicata alla musica barocca, "la musica classica europea ha l'effetto di pietrificare tutto ciò che tocca: jazz, molte musiche folkloristiche e tutte le musiche popolari hanno sofferto terribilmente del suo contatto. Questo ha reso piuttosto remota la possibilità di trovare nel contesto classico tracce di improvvisazione." Premesso che questo libro è stato scritto nel 1977 e che adesso si trovano cattedre di jazz nei Conservatori e, dato che come tu dici l'interprete che esce dal Conservatorio è visibilmente carente per questa parte di formazione musicale, che cosa occorrerebbe per cambiare mentalità? Mi sembra che l'interprete uscito dal Conservatorio sia più ossessionato dall'idea di dover conservare una tradizione invece che di perfezionarla ...

Serve veramente cambiare mentalità? L'improvvisazione lasciamola al jazz. Non vedo proprio come si possa legare questa tecnica ad un repertorio tradizionale classico.

In che modo la tua metodologia musicale viene influenza dalla comunità di persone (musicisti e non) con cui collabori? Modifichi il tuo approccio in relazione a quello che direttamente o indirettamente ricevi da loro? Se ascolti una diversa interpretazione di un brano da te già suonato e che vuoi eseguire tieni conto di questo ascolto o preferisci procedere in totale indipendenza?

Cerco sempre di far tesoro dei buoni consigli dei colleghi musicisti e non, anche se difficilmente la mia metodologia può essere influenzata. Per quanto riguarda l'ascolto di altre interpretazioni musicali, mi piace essere originale ed eseguire i brani come li ho concepiti.

Quali sono i "materiali" musicali (melodia, timbro, suono, struttura ritmo, etc.) che principalmente scegli e che influiscono nella scelta dei brani da interpretare o nelle improvvisazioni?

Ovviamente, la scelta dei "materiali" musicali è strettamente legata al tipo di brano e all'autore dello stesso.

Una domanda un po' provocatoria sulla musica in generale, non solo quella contemporanea o d'avanguardia. Frank Zappa nella sua autobiografia scrisse: "Se John Cage per esempio dicesse "Ora metterò un microfono a contatto sulla gola, poi berrò succo di carota e questa sarà la mia composizione", ecco che i suoi gargarismi verrebbero qualificati come una SUA COMPOSIZIONE, perché ha applicato una cornice, dichiarandola come tale. "Prendere o lasciare, ora Voglio che questa sia musica." È davvero valida questa affermazione per definire un genere musicale, basta dire questa è musica classica, questa è contemporanea ed è fatta? Ha ancora senso parlare di "genere musicale"?

Parlare di genere musicale ha senso, a mio avviso, solo quando si tratta di definire la musica vera, quella con la M maiuscola.

Che cosa intendi per "musica vera"? E' una definizione piuttosto forte ...

La musica è "arte" e come tale va trattata. La "musica vera" deve trasmettere emozioni e sentimenti in chi la ascolta.

E di Zappa come chitarrista che ne pensi? Mi sembra di ricordare che una volta hai detto che è stato un chitarrista incompreso ... perché?

Frank Zappa è stato un grande chitarrista nel suo settore, l'influenza che Zappa ha esercitato sulla musica pop e non solo è immensa, e seconda forse solo ai Beatles. Cito le parole di Pierre Boulez, che mi trovano pienamente d'accordo "per Frank Zappa verrà il tempo in cui gli verrà riconosciuto il giusto merito, ossia di essere uno dei più grandi compositori del 900".

Tu hai seguito un percorso tradizionale all'interno della chitarra, come hai sviluppato questo percorso, come sta proseguendo e come si è orientato all'interno del mondo della chitarra? La chitarra, con la sua presenza di musicisti virtuosi e assolutamente personali a qualunque livello e genere musicale può rappresentare una valida alternativa alla distinzione tra cultura alta e cultura popolare e all'affermazione di Schoenberg "Se è arte non è per tutti, se è per tutti non è arte"?

Il mio è stato un percorso tradizionale e classico, ho studiato tanto e con passione, ispirandomi da giovane ai grandi maestri quali Segovia, Bream, Williams, suonando sia da solista che in diverse formazioni cameristiche anche con altri strumenti. Attualmente, mi sto dedicando in particolar modo alla musica di Bach (Bach Guitar Duo).

Per quanto riguarda la tua ultima domanda, credo che oggi la chitarra possa rappresentare il punto d'incontro tra cultura popolare e cultura alta, e sono anche convinto che la vera arte possa essere alla portata di tutti.

Io sono sempre rimasto colpito dal fatto come ascoltando una musica di Bach indipendentemente dalla trascrizione e dallo strumento che la interpreta ... alla fine si sente sempre Bach! Come ti sei rapportato nello studio delle sue musiche? Non pensi che, a volte l'esecuzione delle sue musiche dovrebbero essere un po' più spontanee? A me capita di pensarlo quando raffronto le interpretazioni di Glenn Gould con le stesse suonate da altri interpreti ...

Nel suonare Bach, mi rapporto sempre spontaneamente, è diventata per me una cosa naturale. Trovo che la musica di Bach sia un esempio assoluto di distensione emotiva. Le interpretazioni di Gould, possono, a volte, sembrare poco spontanee e addirittura "nevrotiche" a causa delle eccessive velocità di alcuni brani. Resta comunque un sublime interprete bachiano e uno dei migliori pianisti in assoluto.

Provo a rischiare una domanda un po' ... spericolata, Bach compose a volte senza specificare la strumentazione ... forse non era interessato al "suono della musica"? Che la sua musica in questo caso fosse come nascosta in uno schema, in una struttura capace di parecchie realizzazioni sonore? E il

momento in cui la musica rivela la sua vera natura è contenuto nell'esercizio delle sue variazioni?

Sarebbe magnifico avere una bacchetta magica, tornare indietro nel tempo e parlare con il Sommo. Gli chiederei: caro Johann, perché non hai indicato gli strumenti ne "L' Arte della Fuga?". Scherzi a parte, la musica di Bach è talmente bella e perfetta, che può adattarsi a qualsiasi strumento.

La tua carriera musicale va avanti ormai da diversi anni, come hai visto cambiare il mondo musicale attorno a te e per te? Che differenze noti tra gli allievi a cui insegni e hai insegnato? E' cambiato e come il tuo modo di fare musica? Le nuove tecnologie (nuovi strumenti musicali, midi, network sociali, forum) hanno influenzato le tue scelte e la tua forma musicale? Come?

Il mondo musicale è cambiato, e parecchio. Una volta, parlo degli anni '70, non c'era la facile reperibilità di alcuni spartiti per chitarra. Ricordo di aver passato tantissime ore da ragazzo a trascrivere a orecchio su carta, e con enorme soddisfazione, molti brani da nastri e vinili. Oggi, con la disponibilità di internet, si ha tutto a disposizione senza troppi sforzi. Questo aspetto, a mio avviso, riduce in parte la creatività e la ricerca personale dei ragazzi. Sia ben chiaro, io sono un sostenitore delle nuove tecnologie in generale e sono convinto della loro enorme utilità, però le stesse devono essere utilizzate con intelligenza ed oculatezza.

Come ti trovi con la musica contemporanea o di avanguardia? Una volta parlando di Scelsi mi hai detto che non riuscivi ad ascoltare quel genere di musica, è un fatto legato alle sue componenti atonali?

Ho suonato diverse volte e in varie formazioni cameristiche – duo, trio e quartetto – brani di autori contemporanei. Tali brani mi hanno fatto scoprire le potenzialità e le possibilità del mio strumento. Preferisco, però, di gran lunga la musica tradizionale classica, che vivo veramente appieno.

Tra l'altro, oltre all'attività come chitarrista classico sei stato anche fondatore e direttore artistico del Coro C.A.I. di Belluno per diciassette anni e ora dirigi il Coro Voci delle Dolomiti di Belluno-Longarone: vuoi parlarci di questa tua particolare attività parallela?

167

Ho sempre avuto una grande passione per la musica corale e, in particolare, per il Coro della S.A.T di Trento. Trovo che il repertorio musicale di questo coro, al quale mi sono ispirato, sia di assoluta bellezza: è incredibile come musicisti del calibro di Renato Dionisi, Andrea Mascagni, Bruno Bettinelli e addirittura il grande Arturo Benedetti Michelangeli, abbiano armonizzato melodie popolari per coro a quattro voci pari, facendole diventare dei veri capolavori musicali.

Provo a collegare il tuo amore per Bach con la musica contemporanea ... Bach compose una musica chiamata "barocca" e che era chiamata tale anche dai suoi contemporanei, visse un periodo di sintesi incredibilmente stimolante per gli strumenti musicali, per la teoria, per la scala temperata ... mise tutto assieme e creò una musica che era ed è allo stesso tempo tradizionale e nuova ... noi viviamo un periodo di profondi cambiamenti strutturali ... questo potrebbe portare a una nuova musica contemporanea frutto di una sintesi come quella operata da Bach?

Cioè, ci sarà in futuro un altro Bach? Non posso negarlo a priori, anche se ritengo la cosa utopistica. Bisogna essere ottimisti, meglio lasciare la risposta ai posteri.

Alessandra Novaga è una chitarrista interessata principalmente alla nuova musica e alla sperimentazione. Dopo una formazione classica avvenuta in Italia e alla Musikhochschule di Basilea dove ha studiato con Oscar Ghiglia, si muove già da qualche anno verso nuovi percorsi ridisegnando così il suo rapporto con la musica, il suono e la performance. La sua ricerca personale la conduce sempre più all'uso della chitarra elettrica e alla collaborazione con compositori (Paula Matthusen, Sandro Mussida, Travis Just e Vittorio Zago, tra gli altri), ai quali affida la creazione di partiture con lo scopo di realizzare espressamente per lei un repertorio di gesti e suoni nuovi. Il suo campo di azione comprende anche la performance, cioè l'esecuzione di partiture testuali o grafiche che non sempre si esprimono attraverso il solo strumento. Alessandra ha suonato in Europa e negli Stati Uniti; a New York per Transient Series, per Arts Incubator Project all'Ontological-Hysteric Theater, al The Silent Barn e allo Zebulon. Ha suonato nella performance Sight Inseen con Lee Ranaldo all'interno del festival di Lecce Sound Res. E' la prima chitarrista in Italia a suonare l'integrale di The Book of Heads di John Zorn. Nel 2013 ha suonato in duo con Elliott Sharp eseguendo la sua partitura grafica Foliage. Tra gli altri collabora con Roberto Del Piano, Massimo Falascone, Pat Moonchy e la TAI No-Orchestra. Molto interessata al teatro da qualche anno opera una ricerca anche in questa direzione creando partiture musicali strettamente integrate al testo e alla recitazione; collabora principalmente con Elena Russo Arman del Teatro dell'Elfo. Ha collaborato anche con Phoebe Zeitgeist e con Elio De Capitani. E' co-fondatrice del trio di musica sperimentale Hurla Janus.
Alessandra vive e lavora a Milano.

http://www.alessandranovaga.com/

Quando hai iniziato a suonare al chitarra e perché? Che studi hai fatto e qual è il tuo background musicale? Con che chitarre suoni e con quali hai suonato?

Ho iniziato a suonare a dieci anni, perché non saprei. A casa mia c'era una chitarra acustica che mio padre provava a suonare e così mi ha insegnato una melodia che lui stesso stava imparando in quel periodo, il tema del film 'Il

Padrino'. Mi sono iscritta in una delle scuole di musica della mia città dove ho incontrato Eugenio Becherucci (lo saluto a qualche pagina di distanza) che è stato il maestro dei miei primi anni. La chitarra classica, di cui ovviamente ignoravo l'esistenza, è entrata nella mia vita in modo del tutto naturale; per trentamila lire ho comprato una chitarra usata dalla mia vicina di casa (ricordo che aveva i cantini neri), mi sono fatta crescere le unghie e l'avventura è iniziata piacevolmente. A sedici anni ero a Siena per sentire le lezioni di Oscar Ghiglia alla Chigiana e lì ho conosciuto Stefano Grondona con cui dopo poco ho iniziato a studiare. E' stato un percorso tortuoso dato che l'ho seguito qua e là placandomi solo gli ultimi due anni al Conservatorio di Vicenza. Dopo il diploma in Italia ho studiato con Oscar Ghiglia a Siena, a Gargnano e tre anni a Basilea dove ho preso un altro diploma alla Musik-Hochschule. Per trent'anni mi sono occupata esclusivamente di chitarra classica e i miei strumenti sono stati: una gloriosa Ramirez, quando il mondo chitarristico si divideva sostanzialmente tra Ramirez e Khono, poi una chitarra di Luigi Locatto e infine, chitarra con cui suono ancora, uno strumento di Brian Cohen copia della Hauser di Julian Bream. Attualmente il mio parco chitarre si completa con una Fender Stratocaster, una Gibson ES 339, una Fender resofonica e una acustica arch-top degli anni '40.

Sulla scelta della Stratocaster non posso che essere d'accordo con te, ne ho una anch'io e ha un suono fantastico ... è un qualcosa che credo ormai sia stato inciso nella memoria genetica dei chitarristi, il suono Fender è una specie di archetipo, una timbrica che ha segnato la storia della chitarra elettrica, che modello hai?. Per il resto cosa usi come amplificazione e effetti? Per la elettrica suoni con plettro o con le unghie?

Ho un'American Special fatta in America, è un modello relativamente nuovo e uso un valvolare Fender. Quando suono chiedo, ma non è detto che lo ottenga, il Fender Twin Reverb. Per gli effetti uso tutti pedali separati a seconda di quello che mi serve. Per quanto riguarda unghie o plettro uso entrambi. Ovviamente, data la mia formazione, sono più a mio agio con le unghie, ma per un certo tipo di suono e di repertorio il plettro è la cosa migliore.

Come mai la scelta della Gibson ES 339? Cercavi una 335 e poi ti sei orientata su questa che ne è in certo senso l'erede diretta? Come ti trovi a gestirla rispetto alla Fender, visto che è una semiacustica?

Io adoro la mia ES 339! Rispetto alla 335, per me che non sono un gigante, è molto più gestibile come forma. E' molto diversa dalla Fender, è più flessibile e riesco a lavorare meglio sulla ricerca di suoni diversi. A volte suono solo lei per un lungo periodo, a volte la Fender. Ma ora che ho messo un piezo degli anni '50 alla mia Framus, una acustica arch-top di livello decisamente inferiore, ne sono rapita e il tipo di suono che vien fuori, anche se un po' aspro e limitato, mi ispira e mi stimola moltissimo a usarla per improvvisare o per fare un certo tipo di repertorio. A volte di uno strumento mi interessano di più i limiti, quella zona in cui uno strumento tende verso qualcosa ma non ci arriva. Ecco, è quella zona di tensione che mi interessa e che mi ispira. Mi interessa colmare quella distanza.

Quali sono state e sono le tue principali influenze musicali? In che modo esprimi la tua "forma" musicale sia nell'ambito dell'esecuzione che nell'improvvisazione, sia che tu stia suonando "in solo" sia assieme altri musicisti? Elabori una "forma" predefinita apportando aggiustamenti all'occorrenza o lasci che sia la "forma" stessa ad emergere a seconda delle situazioni, o sfrutti entrambi gli approcci creativi?

Ho scelto i miei maestri con molta cura, non c'è stato niente di casuale nella mia formazione; quando ero giovanissima ho costretto i miei ad accompagnarmi in città piuttosto lontane per fare lezione, quindi è ovvio che le mie prime influenze siano stati loro. Ma poi esci dalla loro sfera e devi trovare la tua via altrimenti sei perduto! In questo, chi segue una formazione classica corre molto spesso il rischio di non emanciparsi dalle proprie origini. Può accadere che alcuni maestri con la M maiuscola tendano a creare quasi delle enclavi di eletti che girano sempre attorno alla stessa orbita perdendo di vista la realtà, quello che accade davvero fuori e questo, per chi non è abbastanza forte, può essere un grande limite alla ricerca di sé. Altri tipi di musicisti, penso ai jazzisti o a chi viene da altri generi musicali, sono più liberi di trovare una propria via sicuramente traendo ispirazione da altri, ma senza l'acquisizione di un metodo altrui che a volte può diventare una gabbia per l'ispirazione. Tornando alle influenze, pochi altri chitarristi classici mi hanno poi interessata, di sicuro Segovia, Julian Bream, Paul Galbraith. Mi sono poi imbevuta di Glenn Gould, Benedetti Michelangeli, Celibidache, dei grandi violinisti degli anni '50 e '60, il Quartetto Italiano, tanta musica antica. Ho sempre avuto una predilezione per la musica da camera o solistica, mi ha sempre interessata di più della maestosità sinfonica. Per quel che riguarda quella che chiami la mia 'forma" musicale' non credo di poter

171

rispondere. Per forma intendi l'idea musicale? Il tipo di approccio che si ha con la musica che si suona? L'atteggiamento esecutivo? Il metodo? Il fatto è che vivo nella musica da così tanto tempo attraversando generi ed esperienze diverse che davvero mi riesce molto difficile dare una risposta senza contraddirmi immediatamente con una nuova idea che mi verrebbe in mente. La cosa importante, secondo me, non è fissare qualcosa, una forma, un metodo, una struttura da applicare a tutto, ma avere una visione, un progetto, fare in modo che tutto quello che si fa abbia un senso. Trovare un'etica, fare solo quello di cui si è davvero convinti. Certo, se vuoi vivere di musica, a volte ti trovi ad avere dei dubbi se accettare o no una tal cosa anche solo in vista di un guadagno, anche se i concerti ben pagati sono sempre meno. Io mi sono ritagliata la mia libertà di scelta insegnando, lavoro che svolgo con molto piacere pur non sentendolo come missione. Insegnare mi dà la possibilità di decidere liberamente cosa, con chi e dove suonare anche se non mi si garantisce chissà quali cachet. I finanziamenti pubblici a un certo tipo di cultura sono stati una grande cosa, hanno dato ampia libertà di azione a tanti artisti e a tante associazioni che hanno fatto cose importanti, ma sono stati anche dati a pioggia a enti che hanno, e continuano a farlo, dilapidato fortune producendo "cultura" destinata solo a quei pochi che se la potevano permettere, penso ai grandi teatri d'opera per esempio; oggi assistiamo a uno sgretolamento di questo sistema e vediamo come sempre più funzionino i finanziamenti privati e i vari crowd funding. Io credo molto in questo tipo di aiuto, spesso mi trovo a sovvenzionare campagne promosse da questa o quella associazione per finanziare dischi, rassegne, gestioni vere e proprie di spazi che altrimenti chiuderebbero. Questo tipo di finanziamento può aiutare a ritrovare un senso in quello che si fa perché è dettato dall'urgenza delle persone che non vogliono fare a meno di quello che altrimenti scomparirebbe. Non dico certo che così sia meglio, che la crisi ci riporti a riconsiderare le cose davvero importanti etc. etc., ma c'è da imparare dagli artisti americani, ad esempio, che vivono in un paese in cui il concetto di finanziamento pubblico non è mai esistito, costringendoli da sempre a organizzarsi per trovare il modo di finanziare i propri progetti. A New York ci sono storie come quella di Richard Foreman, uno dei grandi maestri del teatro sperimentale, che per quasi vent'anni ha fatto i suoi spettacoli nel suo loft, mentre già si scrivevano libri su di lui, loft in cui John Zorn ha mosso i suoi primi passi come improvvisatore. E penso agli spazi davvero piccoli di cui è composta la gloriosa downtown di NY, che ha visto e vede passare la storia di un certo tipo di musica. Lo Stone, il noto locale di Zorn, è solo una grande stanza, neanche tanto ben tenuta, che conterrà al massimo cinquanta spettatori (considerando che ci suonano normalmente Laurie Anderson, Lou Reed, lo stesso Zorn, Fred Frith). Tutto questo non è una divagazione, è solo per dire che, soprattutto se fai un certo tipo di musica, chiamala nuova/contemporanea/sperimentale, ti trovi in posti così, a volte alle soglie della clandestinità. Ma le persone che ti ascoltano sono lì per sperimentare con te, il più delle volte, e non per essere 'intrattenute' dalla musica che fai. Questo per me oggi è importante. La mia 'forma' musicale è il modo in cui io vivo la musica e le mie scelte in questo senso. Se vuoi una risposta più tecnica no, non ho una tecnica precostituita, lascio che le cose accadano e reagisco di conseguenza.

Quale significato ha l'improvvisazione nella tua ricerca musicale? Si può tornare a parlare di improvvisazione in un repertorio così codificato come quello classico o bisogna per forza uscirne e rivolgersi ad altri repertori, jazz, contemporanea, etc?

La tua è una domanda complessa perché richiederebbe molto tempo, sai bene che ci sono libri interi solo su questo. Per quanto riguarda il concetto di improvvisazione nella musica classica, questa non riguarda certo la scelta delle note da usare, se non nel caso degli abbellimenti nella musica barocca o nel caso di quei pezzi di musica contemporanea in cui devi per esempio scegliere dei percorsi, o nella musica aleatoria. Ma per quello che è la mia esperienza, un concerto con un repertorio classico funziona davvero, è vivo e pulsante solo se nel momento in cui suoni ti affidi al "presente". Certo restiamo sempre nell'ambito della notazione esatta che, soprattutto quando inizi ad allontanartene, risulta essere una gabbia, e parlare di improvvisazione in un ambito così diventa sempre più simile a una speculazione intellettuale che a una realtà. In questo momento della mia vita, è una argomento vivissimo e sono sempre più attratta dall'idea di improvvisare. Fare Book of Heads di Zorn per esempio è stato vivificante da questo punto di vista. Di recente ho suonato in duo con Elliott Sharp e abbiamo eseguito la sua partitura grafica Foliage. Ci siamo seduti uno di fronte all'altro e senza alcun accordo precedente abbiamo proiettato sul muro la partitura che si compone di circa 80 diverse elaborazioni di una stessa immagine alla quale si deve reagire. Il set è durato 55 minuti e dire quanto abbiamo eseguito una partitura, composta da disegni, o quanto abbiamo improvvisato considerando anche il fatto che reagivamo non solo alle immagini ma anche a quello che faceva l'altro, è quasi impossibile. In questo momento della mia vita l'improvvisazione è al centro di tutto. Parte della mia attività comprende ormai set di improvvisazione radicale sia da sola che in buona compagnia e ogni volta trovo la cosa assolutamente rivitalizzante.

Di libri ce ne sono, ma sono quasi tutti accentrati sul jazz, sull'improvvisazione in ambito classico c'è ben poco e quasi tutto legato al repertorio di musica barocca e rinascimentale e anche lì si parla soprattutto di basso continuo e di musica per organo. E' sintomatico comunque che l'improvvisazione nella classica sia rimasta ristretta a questi ambiti, mi sono interrogato parecchio sull'argomento e credo che sia per via di due fattori: 1) gli spartiti di musica rinascimentale lasciano ampi ambiti discrezionali a quelle forme di improvvisazione legati agli abbellimenti e alle figure, 2) ho la sensazione che dopo il crollo della musica tonale avvenuto nel XX secolo la musica contemporanea stia seguendo due ampi filoni, da un lato è diventata musica di avanguardia accogliendo al proprio interno gente come Zorn, Sharp, liberi improvvisatori e comunque persone lontane dall'ambito accademico, dall'altro c'è un ritorno al passato in particolare però proprio al barocco e alla musica rinascimentale, un epoca in cui il temperamento tonale non era ancora stato ben definito. In entrambi i casi bisogna comunque uscire dalla rigida struttura dello spartito e prendersi delle libertà ...
Approfitto della tua duplice veste di interprete e di improvvisatrice per cercare di esplicare meglio le dinamiche creative interne: quanto tu esegui un brano, ne sei l'interprete e ti muovi all'interno della struttura rigida della partitura decisa e costruita da un'altra persona, ma ne cerchi una interpretazione, una esecuzione personale che metta in risalto le tue caratteristiche di interprete, sempre nel rispetto di questa struttura di partenza. Il percorso creativo che metti in atto come interprete è diverso da quello di improvvisatore? E quanto?

Si, il percorso creativo è piuttosto diverso nei due casi, almeno per me. Posso dirti che ultimamente rifuggo parecchio dalle partiture con notazione esatta. E' un momento della mia vita in cui non ho alcun interesse a lavorare sul repertorio classico e non so neanche se in futuro mi tornerà. Credo di aver intrapreso una strada senza ritorno e non trovo più, dentro di me, le motivazioni per affrontare una partitura con notazione esatta che, per quanto io possa cambiare atteggiamento analitico, resterà sempre quella! Ho appena finito di registrare un

CD, "La chambre des jeux sonores", dopo aver lavorato con alcuni compositori ai quali ho chiesto di scrivermi musica per chitarra elettrica e ho espresso loro il desiderio di avere sempre un margine di libertà e di improvvisazione e di lavorare soprattutto sul suono. I brani che hanno scritto mi hanno resa molto felice. "In Memoria", di Sandro Mussida, nasce da una sua ricerca sugli armonici della chitarra prodotti da alcune posizioni fisse sfruttando una divisione in due del manico per mezzo di un capotasto; vengono fuori dei suoni straordinariamente belli che vengono via via looppati e rimandati permettendomi di dialogare con la mia memoria, cioè con i suoni che ho prodotto pochi secondi prima. E' un pezzo onirico ed evocativo. Travis Just, compositore newyorchese attivo nell'ambiente sperimentale di downtown e Brooklyn, è decisamente più noisy! Mi ha scritto "International Hash Ring" in cui devo compiere una serie di azioni molto velocemente e molto rumorosamente in cui, per una sorta di casualità calcolata, gestisco da 7 a 10 effetti secondo uno schema stabilito ma scegliendo io quali usare; da spiegare è molto complicato ma ti basti sapere che inizio con tutti gli effetti accesi e tutti col volume al massimo! Una bellissima sorpresa è poi stato il pezzo di Vittorio Zago, "Erosive raindrops", dopo solo un paio di conversazioni molto interessanti fatte davanti a un caffè Vittorio non solo ha intuito perfettamente i miei desideri ma mi ha sorpreso con delle invenzioni sonore interessantissime e con la soluzione finale di sostituire la partitura cartacea, testuale o grafica che fosse, con una partitura video. L'ultima perla arrivata è "Collaborating Objects" di Paula Matthusen; è un pezzo che utilizza la chitarra come dispositivo elettromagnetico facendo diventare parte integrante del suono tutto quello che in genere si cerca di evitare, ronze dell'ampli, fruscii vari, inoltre utilizzo una radiolina per far entrare nel pezzo sintonie FM casuali. Per fare questo ho dovuto usare cavi veramente scarsi e una chitarra elettrica con pickup non schermati.

In che modo la tua metodologia musicale viene influenza dalla comunità di persone (musicisti e non) con cui collabori? Modifichi il tuo approccio in relazione a quello che direttamente o indirettamente ricevi da loro? Se ascolti una diversa interpretazione di un brano da te già suonato e che vuoi eseguire tieni conto di questo ascolto o preferisci procedere in totale indipendenza?

Non credo di poter rispondere in termini di "metodologia musicale"', non credo di averne una. Ho una "metodologia tecnica" che si è costruita nell'arco dei miei studi e per me resta sempre un'ancora che mi aiuta a centrarmi e a sviluppare un rapporto fisico con lo strumento e con me stessa. Per quanto riguarda le influenze, bé, non credo che questo libro basterebbe a esaurire l'argomento, e sono felice che includi anche i non musicisti perché è soprattutto con quel tipo di comunità che sento di avere dei debiti. Dando per scontata l'influenza dei maestri con cui mi sono formata, uno dei chitarristi classici che più mi ha ispirata è Paul Galbraith. Il chitarrista scozzese conosciuto soprattutto per la posizione peculiare con cui suona, tenendo cioè la chitarra come fosse un violoncello, è decisamente una delle figure musicali più interessanti che abbia conosciuto da vicino. Ho fatto solo una lezione con lui ad Atene, durata circa tre ore, ma numerose conversazioni non sono state meno importanti. Sono stata colpita da subito dalla sua completa mancanza di egocentrismo, non di ego, e di prepotenza nel porsi di fronte agli altri. Questo non si traduce certo con 'modestia' dato che raramente ho avvertito una autorevolezza più convincente nel momento di porgere ad altri la propria visione musicale. Sono stati importanti, e lo sono tuttora, amici che si muovono in altri campi, penso al teatro, all'arte e alla filosofia, che mi hanno trasmesso un'etica e una qualità di approccio al mio progetto musicale che difficilmente avrei intravisto senza di loro. Per quanto riguarda l'ascoltare versioni altrui di quello che stai suonando bè, è difficile restare impermeabili ma credo e spero di avere un mio linguaggio personale e per questo non mi spaventa ascoltare altri musicisti. Se qualcosa non ti piace capisci cosa non devi fare, ma se ascolti un grande musicista che suona gli stessi pezzi che fai tu hai solo da guadagnarci il che ovviamente non significa che per raggiungere il suo livello devi copiarlo, ma ci si deve pur nutrire di qualcosa!

Quali sono i "materiali" musicali (melodia, timbro, suono, struttura ritmo, etc.) che principalmente scegli e che influiscono nella scelta dei brani da interpretare o nelle improvvisazioni?

Anche qui non saprei darti una risposta precisa. La musica è fatta di melodia, timbro, suono, struttura etc., non puoi prescindere da nessuno di questi aspetti. Dipende dal contesto, dalle persone con cui stai suonando, dall'atmosfera di quel preciso momento. Ho appena fatto un concerto col mio trio Hurla Janus e, insieme ad altri cinque musicisti, abbiamo suonato le dodici melodie di Tierkreis di Stockhausen ognuna in una combinazione di strumenti diversa. Una di queste è stata un duo tra me e Dario Buccino grande musicista e, credo, unico solista della lastra d'acciaio! Ho deciso che l'elemento melodico sarebbe stato ridotto ad un unico evento che ho suonato e registrato sul mio ipod prima del concerto mentre dal vivo si è svolta solo un'improvvisazione noise tra me e lui sfociata appunto nella trasmissione del file "melodico" sul pickup. Dipende tutto dal contesto con cui ti relazioni.

Sto ossessionando tutti i chitarristi con questa domanda che riguarda un po' provocatoria sulla musica in generale, non solo quella contemporanea o d'avanguardia: Frank Zappa nella sua autobiografia scrisse: "Se John Cage per esempio dicesse "Ora metterò un microfono a contatto sulla gola, poi berrò succo di carota e questa sarà la mia composizione", ecco che i suoi gargarismi verrebbero qualificati come una SUA COMPOSIZIONE, perché ha applicato una cornice, dichiarandola come tale. "Prendere o lasciare, ora Voglio che questa sia musica." È davvero valida questa affermazione per definire un genere musicale, basta dire questa è musica classica, questa è contemporanea ed è fatta? Ha ancora senso parlare di "genere musicale"?

A questa domanda potrei risponderti con un aneddoto; una sera ero a Lugano con Simone Massaron (saluto anche lui qualche pagina più in là) ad ascoltare un concerto di Marc Ribot. Ci siamo fermati a parlare con lui e gli ho chiesto dei suoi Excercises in Futility che, per chi non li conoscesse, sono una serie di studi che Ribot ha scritto e inciso con la chitarra classica, che indagano su possibili tecniche utilizzabili; sembrano un po' una continuazione di Book of Heads di John Zorn. Ribot ci ha raccontato che un'importante rivista di musica americana, che pubblica ogni mese le classifiche dei dischi più venduti dividendoli in generi, non sapendo dove collocare il disco in questione, dato che era inciso con la chitarra 'classica', ha deciso di metterlo nella 'classica' e lui rideva molto nel ricordare che per un bel po' è rimasto primo in classifica fregando gente come Yo-Yo Ma e importanti dischi della Deutsche Grammophon! Scherzi a parte questo aneddoto tocca una questione a me molto cara, quella dei generi. Io sono una musicista classica dato che la mia formazione è quella, ma smetto forse di esserlo solo perché suono l'integrale di Book of Heads di Zorn con cinque chitarre diverse, due elettriche, una acustica, una dobro e una classica? E se smetto di essere quello cosa divento? E se suono John Cage cosa sono? E se eseguo delle performance? E se compongo e suono della musica per il teatro? Per rispondere alla provocazione di Zappa, bé, credo che lui fosse troppo intelligente per credere veramente a una cosa del genere, evidentemente, quando lo scriveva, in America si abusava un po' di un certo tipo di estetica nell'arte in generale. Da italiana potrei allora citare la provocazione di Alberto Sordi nel suo geniale affresco di una certa Italia in un certo momento storico che è Le vacanze intelligenti quando i nostri eroi, due "fruttaroli de Roma" vanno alla Biennale di Venezia e, non paghi del fatto che lei venga scambiata per un'installazione, vanno a sentire un concerto di musica contemporanea dove si esegue, mi sembra, proprio 4'33" di Cage, o un pezzo di Stockhausen, non ricordo, ma l'effetto comico è magnifico! Ma no, non cado in una provocazione del genere. Tra l'altro proprio il 2012 ha visto la celebrazione del centenario della nascita di Cage e con Hurla Janus abbiamo organizzato, alla Triennale di Milano, una maratona tutta dedicata al compositore americano. Abbiamo invitato molte persone a eseguire sue opere, anche scrittori, attori e matematici, e la sera dopo, ci siamo molto divertiti a eseguire Empty Words, un'opera solo parlata, che lo stesso Cage aveva eseguito al Lirico di Milano di cui esiste una registrazione in cui si sente di tutto da parte del pubblico. E' stato incredibile vedere che tipo di energia Cage sia in grado di generare; eseguirlo è una cosa magnifica, anche e soprattutto i pezzi più 'teatrali' se possiamo definirli così come Living Room Music, o quelli dettati dalla casualità dei Ching come Telephone and Birds, o assistere ai pezzi per piano preparato o eseguire Dream che è un pezzo melodico incantevole; ma la cosa incredibile è stato vedere che tipo di atmosfera si andava via via creando tra il pubblico composto da tutte le età e che lungo tutta la giornata è cresciuto sempre più. Si respiravano una gioia, un'atmosfera di festa, si stavano facendo delle cose in modo molto serio e rigoroso ma il senso di leggerezza che ne scaturiva era inevitabile e incredibile! Sai quando Feldman dice che Nono voleva che la gente si indignasse mentre Cage voleva che tutti fossero felici, bé, in effetti cinque ore di Cage hanno reso felici tutti! Se ha ancora senso parlare di generi musicali? Non credo esista una risposta universale. Credo ci si dovrebbe domandare non solo che genere di musica si suona ma anche a che tipo di pubblico ci si rivolge. Credo che la stragrande maggioranza delle persone preferisca andare a un concerto sapendo cosa si aspetta (o almeno è quello che crede); se sono abituato ad andare a sentire i concerti di quel festival di chitarra è ovvio che mi aspetto di essere intrattenuto da questa o quella interpretazione della Sonata Terza di Ponce o dei Drei Tentos di Henze, per citare due opere che io amo molto comunque. La cosa più rivoluzionaria a cui puoi assistere è che l'interpretazione di quel musicista in particolare sia sublime e ti faccia sentire cose, in quei pezzi che comunque conosci come le tue tasche, che non avevi mai notato. Questo nella migliore delle ipotesi ovviamente. D'altronde se nella vita si segue questo schema, perché nella fruizione dell'arte dovrebbe essere diverso?

Altro è essere disposti ad andare a sentire un concerto di musica improvvisata o sperimentale che dir si voglia. Non è male sedersi e non avere assolutamente idea di dove ti porterà il musicista che hai davanti! Quando inizi a essere dipendente da questo tipo di aspettativa è molto difficile tornare a essere eccitato prima di sentire il musicista classico che ti riserva il caro vecchio repertorio di cui tu comunque già sai tutto.

Ho ben presente quel film di Alberto Sordi! Tra l'altro Philippe Daverio in una puntata di Passepartout proprio dedicata alla Biennale di Venezia di qualche anno fa riproponeva scherzando con la moglie proprio quella scena, mimando quella installazione ... sei sicura che Cage volesse davvero tutti felici? Io non lo credo .. credo sia stata fatta un po' di confusione tra il lato Zen di Cage e il suo sorriso. Io sono più propenso a ritenere che lui ci volesse tutti un po' più consapevoli e ironici di noi stessi e dell'arte in generale .. tra l'altro lui non amava per niente l'improvvisazione e questo tema Zorn ci va un po' pesante "For many years, Cage was very resistant to improvisation. It's interesting that the word "improvisation" was very dirty in the classical music world of the 60s. It was almost as if it was an insult to the composer if someone used the word "improvisation." I can understand why composers at that time felt compelled to justify their work with intellectual systems and words such as "aleatoric," "intuitive," and "indeterminate." They were trying to justify to the critical community that this was not "improvised music"-music that the performers were making up as they went along-but music that was truly envisioned by a musical mind and then passed down to the performers.[32]"

Sono d'accordo con te riguardo al fatto che lui ci voleva tutti più consapevoli e ironici su noi stessi e sull'arte, e il concetto di felicità di cui parla Feldman in opposizione alle aspirazioni di indignazione di Nono credo stia nel fatto che Cage in realtà non cercava di provocare in senso politico anche se uno dei suoi grandi ispiratori è stato il filosofo Thoreau che aveva da dire la sua sulla società della sua epoca e sul modo di vivere. Cage ha liberato un po' di pensiero ma non ha tolto rigore alla composizione; alcune istruzioni su come si eseguono sue opere possono richiedere molto tempo prima di essere comprese e trovo che Il

---

[32]   Christoph Cox, Daniel Warner "Audio Culture:Readings in Modern Music", Continuum International Publishing Group, 2004, pagina 454

Silenzio sia una delle cose più complesse che siano state scritte su questo argomento. Ciò non toglie che dopo averlo eseguito o dopo aver assistito all'esecuzione di sue opere ti senti più leggero, più felice.

Una delle cose che posso sinceramente dire di amare della chitarra è la sua capacità di trasformazione nella forma musicale nei secoli e di medium tra le varie forme musicali e sociali, non ultima quella popolare. La chitarra sembra essere lo strumento (anche logico-economico-filosofico) per contrastare le teorie della scuola di Francoforte e di Adorno. La sua incredibile capacità di diffusione è dovuta a diversi fattori non ultimo il fatto di poter essere realizzata sia in forma industriale che come prodotto di liuteria in tempi relativamente brevi sia con costi contenuti, sia il fatto di poter contare su tipologie classica, acustica e elettrica adatte a diverse culture musicali e sociali e potersi basare su un repertorio classico e popolare assolutamente trasversale. Tu hai seguito un percorso assolutamente personale all'interno della chitarra, come hai sviluppato questo percorso, come sta proseguendo e come si è orientato all'interno del mondo della chitarra? La chitarra, con la sua presenza di musicisti virtuosi e assolutamente personali a qualunque livello e genere musicale può rappresentare una valida alternativa alla ormai tragicomica distinzione tra cultura alta e cultura popolare e all'affermazione di Schoenberg "Se è arte non è per tutti, se è per tutti non è arte"?

Il mio percorso personale è piuttosto semplice. Per circa trent'anni mi sono dedicata esclusivamente all'ambito classico, poi ho fatto una curva verso altro e fino ad ora la curva non si è esaurita e spero vivamente resterà una sorta di spirale per tutta la mia vita. La causa più raffigurabile è stato un irrefrenabile desiderio di suonare "Trash Tv Trance" di Fausto Romitelli. Un giorno sono uscita e ho comprato una Fender, un ampli valvolare e tutti gli effetti necessari per suonarlo; la chitarra elettrica ho imparato a suonarla con questo pezzo, ma quello che mi ha spinto ad allontanarmi da un ambito classico e accademico ha più a che fare con la vita che con la musica in senso stretto. Gli incontri e le influenze di cui parlavi e chiedevi prima, nel mio caso sono state, e sono tutt'ora, sia musicali che non musicali. In questo momento ho molti progetti che vanno dal comporre per il teatro all'improvvisare, dalla collaborazione con compositori che scrivono per me, e sempre più spesso trovo vecchio quello che solo due mesi prima mi sembrava estremamente audace. Come dici tu la chitarra è sicuramente uno strumento che per la sua natura si presta a fare da ponte tra diversi generi ed è questo il punto importante. Parlare di chitarristi come Oscar Ghiglia o come Derek Bailey non è certo una questione di cultura alta e cultura popolare. Certo la chitarra ha sempre corso il rischio di essere 'confusa'. La grande battaglia di Segovia è stata quella di distinguere bene i generi, sai quando parlava dei due lati della montagna che non si incontreranno mai. Soprattutto tra i chitarristi classici c'è sempre stata una sorta di complesso di inferiorità di fronte ai parenti più nobili e si crea spesso una confusione il cui risultato è a volte quello di diventare un po' settari nei confronti di grandi chitarristi che navigano in altri stili e ambienti. Non so se l'affermazione di Shoenberg sia da condividere completamente, certo il concetto del 'tutti' andrebbe discusso. Io credo che molte cose non siano per 'tutti', e credo che vada bene così. L'importante per me è che tutti siano in grado di accedere a un'idea, a un'informazione, ma poi ognuno se la deve un po' vedere con i propri strumenti. Ecco, non credo molto nell'idea che l'arte debba essere divulgativa. Non amo le spiegazioni prima dei concerti, non mi piace che prima di ascoltare un pezzo qualcuno mi dica: "...durante l'esecuzione ascolterete questa citazione, questo suono che vuole evocare la tal cosa..." o notizie sul cosa o chi ha ispirato il compositore. La sento spesso una sorta di invadenza alla mia purezza di ascoltatore, come se qualcuno mi regalasse un libro ma prima me lo raccontasse tutto!

Se devo essere sincero non ho mai visto molti chitarristi di altri generi dare delle spiegazioni di quello che suonano e fanno durante i concerti, Bill Frisell ad esempio è uno che va via filato, al massimo scherza un po' con il pubblico ...

Ma infatti non mi riferivo al mondo a cui appartiene Frisell, bensì a quella parte più vicina all'accademismo che si occupa principalmente di musica contemporanea.

Forse ai tempi di Segovia si poteva ancora distinguere tra i generi, adesso penso che più di differenza di generi si possa parlare di differenza nella qualità musicale, tu stessa "salti" tra Dowland (che suoni a teatro nello spettacolo "Dove sei o Musa") e tra i Book of Heads di Zorn .. sono sempre i due lati della stessa montagna?

Ma si, possiamo anche dire che sono la galleria che ho scavato dentro la

181

montagna. Io ormai non mi chiedo più e 'non' voglio domandarmi quale genere stia suonando. L'unica cosa che cerco di considerare é dove e per chi devo fare un concerto. In certi ambienti mi sento libera di suonare quello che desidero mentre in altri devo essere più rigorosa rispetto al programma. L'importante è non dover mai tradire la mia etica e la mia visione globale di quello che è il mio progetto musicale.

Torniamo ancora su Zorn e approfondiamo il discorso, che come sai mi interessa moltissimo. Sei stata la prima a eseguire l'integrale dei Book of Heads in Italia ... una bella maratona concettuale. Come sei approcciata a questi studi che erano stati composti per Eugene Chadbourne, un chitarrista/improvvisatore anni luce dalla tua esperienza e dalla tua formazione?

E' proprio qui che sta la grandezza di quest'opera. Io e Chadbourne siamo molto lontani, ma c'è un testo scritto e questo testo è aperto a molte letture e a molti approcci. Certo sono più io, data la mia formazione, ad attraversare un po' di confini nella sua direzione, e ovviamente per me questa è la parte più interessante, ma mi piace poi vedere come in certi momenti il mio lato 'classico' affiori, potrei dire, mio malgrado. Fino ad ora è l'esperienza musicale più intensa che abbia avuto e preparare l'esecuzione dell'integrale è stato uno dei momenti più gioiosi e vivificanti della mia maturità. Le decisioni che devi prendere, se pensi a Book of Heads nella sua totalità, sono moltissime. La più importante è assegnare a ogni studio un tipo di chitarra. Non puoi pensare solo a quale chitarra esprima meglio quei segni, ma anche quale sarà il flusso sonoro dato dai diversi timbri delle tante chitarre che usi. Poi c'è la reale decifrazione della scrittura di Zorn che ti assicuro è molto impegnativa! Ogni segno poi deve essere trasformato in suono e quindi devi trovare la soluzione, come farlo? Con cosa? In quale punto della chitarra? E poi arriva il momento in cui la nebbia si dipana e tu inizi a vedere il sentiero. A quel punto devi suonarli! E qui entriamo nell'aspetto improvvisativo di questi pezzi. Lui scrive che tu sei libero di farli come sono scritti, nel senso di seguire l'ordine dei segni, o di improvvisare prima, durante e dopo. Questo vuol dire tutto e niente ovviamente. Ogni studio ha la sua head, il suo principio cardine, sta a te capire qual è e capire quanto vuoi sviluppare quell'aspetto. Poi, come sempre quando si parla di improvvisazione, tutto dipende dal momento, da come ti suona il dito umido che fa squik sulla cassa, da come suona la sala, da come risponde la gente, dalla tua ispirazione insomma. Ti assicuro che è un po' come fare un viaggio, un gran bel viaggio!

La tua carriera musicale va avanti ormai da diversi anni, come hai visto cambiare il mondo musicale attorno a te e per te? Che differenze noti tra gli allievi a cui insegni e hai insegnato? E' cambiato e come il tuo modo di fare musica? Le nuove tecnologie (nuovi strumenti musicali, midi, network sociali, forum) hanno influenzato le tue scelte e la tua forma musicale? Come?

Il mondo musicale intorno a me, intendendo quello classico, mi sembra piuttosto immobile da sempre. Da quando io navigo altri mari ovviamente trovo invece cose nuove e diverse continuamente. Sono molto attratta dal numero di situazioni a volte semi-clandestine in cui si fa spessissimo una musica estremamente interessante. In ogni città c'è come un sottobosco in cui circolano molte idee e musicisti di qualità incredibile; devi solo saperlo trovare. In questo tipo di ricerca, per esempio, i network sociali sono fondamentali. Alcune informazioni non possono essere rese pubbliche, non troppo, quindi è solo attraverso la rete che puoi venire a sapere di questo o quel concerto. Credo che certi ambiti non debbano essere troppo pubblicizzati, alcuni concerti non possono essere pensati per grandi numeri perché il pubblico numeroso ti spinge a logiche più legate al compiacimento che alla ricerca pura. Per parlare delle nuove tecnologie penso che abbiano influenzato molto le mie scelte. La rete è incredibilmente potente nella fruizione delle informazioni e nel rendere vicini i posti più lontani. Fondamentale però è salire poi su un aereo e andare a vedere di persona. La mia generazione ancora fa una distinzione tra reale e virtuale , magari per i più giovani si corre qualche rischio in più.

Sempre a proposito di insegnamento, hai postato dei video dove i tuoi allievi suonano musiche di Fred Frith e di Rhys Chatham, come sei arrivata a proporre questi brani e questi compositori davvero fuori dall'ordinario? Tra l'altro come fan sfegato dei due posso dire che hai fatto davvero un gran lavoro ... li hai mai contattati?

A quattro ragazzini di seconda e terza media, devo dire particolarmente dotati e svegli, ho fatto suonare due quartetti di Frith con le chitarre elettriche. Loro hanno preso questo lavoro molto seriamente e credo si siano divertiti parecchio. Mi ha fatto molto piacere vedere che Fred Frith ha postato uno dei due video sulla sua pagina di facebook! Lui l'ho contattato via email e l'ho poi incontrato a un suo concerto dove abbiamo scambiato qualche parola. Con Rhys Chatham, ci siamo scritti e poi incontrati a Gorizia dato che suonavamo entrambi nello stesso Festival. Ho fatto suonare "Guitar Trio" ai ragazzi del CPM dove ho tenuto un paio di corsi sulla musica sperimentale ed è stata un'esperienza molto potente! Erano tredici chitarristi, un bassista e un batterista. Ultimamente, con i miei studenti, mi trovo ad affrontare anche questo tipo di musica oltre al repertorio classico. E' naturale che sia così essendo quello di cui ormai mi occupo io principalmente. Non credo che l'età giovane sia un problema, anzi. Mi pongo sempre più la domanda se sia poi giusto come tipo di approccio alla musica quello a cui siamo stati abituati noi. Comunque ho appena terminato un corso di tre anni di medie con un allievo che ha iniziato con me e che esce suonando qualche preludio di Villa-Lobos, studi di Sor, Giuliani and Co., Dowland e "Until it Blazes" di Eve Beglarian per chitarra elettrica e delay e i quartetti di Fred Frith. Ora continua alla Civica di Milano sia nella classe di chitarra classica che in quella di chitarra elettrica (nel dipartimento di musica elettronica) e credo che alla sua età sia una bella fortuna avere una visione così ampia.

Ti propongo un gioco: ti faccio alcuni nomi, che penso possano essere legati e non alle tue idee musicali, mi dici che cosa significano o se hanno un significato per te? Incomincio:

Julian Bream

L'ho sempre adorato. E' stata per me una figura fondamentale. Credo che dopo Segovia nessuno abbia avuto il peso che ha avuto lui.

Qualche tempo fa ho letto la biografia di Berth Jansch[33] e sono rimasto stupito leggendo delle frequentazioni che aveva Bream con l'ambiente della swinging London, del folk inglese e del jazz .. suonava regolarmente con loro nel pub di Les Cousins .. poi l'altra sera ho ascoltato Jeff Beck suonare Greenleaves e forse ho capito da chi l'aveva ascoltata ... forse, rispetto a Segovia, Bream ha rappresentato il lato più "amichevole" della chitarra classica, che ne pensi?

---

[33] Colin Harper "Dazzling Stranger Bert Jansch and the British Folk and Blues Revival", Bloomsbury, 2006

Penso che tu abbia ragione. Bream è più giovane di Segovia e ha rappresentato un'estetica completamente diversa. Come Segovia è stato importantissimo per la creazione di un nuovo repertorio soprattutto ad opera di grandi compositori inglesi, Britten tra tutti, e non ha imposto un'estetica personale su tutto come a suo tempo ha fatto Segovia che ha chiuso in un cassetto tutto quello che compositori lontani dal suo gusto avevano scritto. In più, come dici tu, Bream non ha avuto il timore che aveva Segovia di contaminare la chitarra classica con altri tipi. Bisogna considerare, però, che Segovia ha dovuto combattere una guerra piuttosto impegnativa durante la sua epoca. Se leggi la sua autobiografia, che tra l'altro comprende solo i primi ventisette anni della sua vita, e che io in un folle slancio ho anche tradotto, capisci che ha fatto tutto da solo. Doveva difendersi anche da grandi personaggi come Tàrrega e Llobett che per primi non credevano al fatto che la chitarra potesse uscire dai salotti. Segovia doveva essere un uomo di un egocentrismo insopportabile, ma la sua forza è stata necessaria perché la chitarra uscisse dal suo guscio. Diciamo che Bream è stato uno dei primi beneficiari di questo lascito e diciamo che lo ha usato molto molto bene, per nostra fortuna!

Italo Calvino

Sono da sempre una grande lettrice, onnivora direi. Ci sono anni interi della mia vita che sono stati dedicati più alla letteratura che alla musica, ma Calvino non è rientrato nei miei interessi, non ancora almeno. Posso dire che rappresenta una certa Italia in anni pieni di grande fascino; Calvino lo conosco più attraverso i racconti sulla sua epoca e sull'ambiente culturale e stimolante che doveva essere l'Italia di quegli anni. Proprio per rispondere a questa domanda ho recuperato una vecchia biografia su di lui che ho letto tanti anni fa e sfogliandola sono incappata in questo passaggio: "Io in fondo odio la parola per questa genericità, per quest'approssimativo. La parola è questa cosa molle, informe che esce dalla bocca e che mi fa uno schifo infinito. Cercare di far diventare nella scrittura questa parola, che è sempre un po' schifosa, qualcosa di esatto e preciso, può essere lo scopo di una vita. Soprattutto quando si vede un deterioramento, quando si vive in una società in cui la parola è sempre più generica, povera. Di fronte a un linguaggio che va o verso la sciatteria o verso l'astrazione, ai vari linguaggi intellettuali che sono sempre appiccicati, lo sforzo verso qualcosa d'irraggiungibile, verso un linguaggio preciso, basta a giustificare una vita".

Ecco, in un pensiero di questo tipo lo sento molto vicino. Ricordo con grande piacere, però, le sue Lezioni americane.

Come ti rapporti alla musica di Johan Sebastian Bach?

Non passa giorno che non la suoni!

Allora ne approfitto per tormentarti un po' sull'argomento: sono sempre rimasto colpito dal fatto che ascoltando una musica di Bach indipendentemente dalla trascrizione e dallo strumento che la interpreta ... alla fine si sente sempre Bach! Come ti sei rapportato nello studio delle sue musiche? Non pensi che, a volte l'esecuzione delle sue musiche dovrebbero essere un po' più spontanee? A me capita di pensarlo quando raffronto le interpretazioni di Glenn Gould con le stesse suonate da altri interpreti ...

La musica di Bach, come dici tu stesso, è magnifica anche se suonata da strumenti diversi da quello di destinazione; come ben sai lui stesso ha composto per esempio una partita destinandola sia al violino che al liuto, lo stesso vale per la terza suite per liuto che ha anche una versione per cello e così altre sue opere. Il Bach di Gould è meraviglioso, io sono cresciuta con tutti quei dischi, per me la sua ultima incisione delle Goldberg è l'assoluto! Per quel che riguarda il mio approccio devo dire che ho avuto la fortuna di avere dei grandi maestri che mi hanno guidata all'interno di questo mondo fornendomi di fiumi di ispirazione, informazioni, capacità di analisi ma anche di grande passione. Non dimenticherò mai le lezioni di Ghiglia sulla terza suite a Basilea!

Provo a rischiare una domanda un po' ... spericolata, Bach compose a volte senza specificare la strumentazione .. forse non era interessato al "suono della musica"? Che la Musica in questo caso sia nascosto in uno schema, in una struttura capace di parecchie realizzazioni sonore? E il momento in cui la musica rivela la sua vera natura è contenuto nell'esercizio delle sue variazioni? Bach a questo punto avrebbe composto degli ... standards ... forse è per questo che è così amato dai jazzisti?

La tua mi sembra un'osservazione molto acuta e condivisibile. Potrei anche dirti che se ascolti i tempi veloci dei Concerti Brandeburghesi a un volume piuttosto sostenuto e in qualche esecuzione particolarmente brillante ci senti elettricità

186

dentro e capisci forse il rock viene proprio da lì!

E Steve Reich?

Il minimalismo nelle sue mani è vivissimo. Lo scorso anno sono stata tre giorni a Londra per la serie di concerti che il Barbican ha dedicato al suo anniversario; il titolo era 'Steve Reich e l'influenza che ha avuto'. Ho ascoltato circa otto ore di musica al giorno per tre giorni di fila suonata da grandi gruppi che venivano da tutto il mondo. Il risultato finale, per me, tranne che per qualche eccezione, è che lui è rimasto del tutto insuperato e che è molto difficile gestire un'idea come quella minimalista senza banalizzarla o senza essere molto noiosi. Da quel giorno non ascolto più un certo tipo di repertorio post-minimalista, soprattutto americano.

Sai che è molto amato dai DJ? Gli Orb lo hanno citato a più riprese inserendo pezzi di Electric Counterpoint in Blue Room. Hai mai suonato Electric Counterpoint?

No, non l'ho mai suonato ma un tempo l'ho molto amato e sono stata sul punto di registrare la base. Mi dispiace di non averlo fatto perché ho perduto un'esperienza ma so che ora non lo suonerei più. Ho realizzato che proprio non sopporto l'idea di una base sotto sia se devo suonare io sia se ascolto altri. Ho anche studiato un pezzo in cui l'interazione con la base, da un punto di vista ritmico, era maledettamente complicata. L'ho studiato molto e potrei eseguirlo domani se volessi ma più andavo avanti più mi rendevo conto che si trattava soprattutto di un buon esercizio di riflessi per me, ma proprio non capivo perché avrei dovuto suonarlo in pubblico. Il tuo apporto personale è totalmente assente, l'unica cosa presente è la dimostrazione di un'abilità.

Ennio Morricone

Adoro le sue musiche da film, lui ha creato uno stile vero. Io ho molta ammirazione per quei compositori di colonne sonore che hanno contribuito all'atmosfera e al valore di un film non meno di chi l'ha scritto e di chi l'ha diretto. Penso a Rota per Fellini, a Badalamenti per Lynch, a Peer Raben per Fassbinder. Morricone, lavorando per molti anni e per molti registi diversi, è riuscito a imporre un suo particolare sapore anche a film completamente diversi

187

tra loro. Bellissimo il tributo che gli ha fatto Zorn in The Big Gundown.

Chiudiamo "in bellezza" … Gilles Deleuze e Felix Guattari .. credo che la loro visione filosofica rappresenti una delle più lucide interpretazioni e previsioni di quello che è successo e continua a succedere nell'ambito della musica d'avanguardia, però mi sembra che lui sia stato scarsamente recepito dalla contemporanea accademica (che mi sembra ancora ferma alla visione di Walter Benjamin), mentre è stato rapidamente adottato da altri sperimentatori (vedi il chitarrista Richard Pinhas, il Dj tuttologo DJ Spooky Paul D. Miller e le case discografiche indipendenti Mille Plateaux e Sub Rosa), come mai questo ritardo?

La musica accademica ha un'irresistibile tendenza alla conservazione. Anche quella contemporanea. Si distrugge un sistema per inventarne un altro. Il pensiero è sempre imbrigliato se pur da grandi idee. Deleuze e Guattari non potevano e non possono essere di ispirazione all'accademia. D'altra parte si tratta di due filosofi fuori dal coro anche nell'ambito della filosofia stessa. Tu parli di ritardo, io penso che tutto sommato non sia necessario. Niente è dovuto e ci sono sempre delle eccezioni. Pensa alla ricerca degli spettralisti, loro fanno una grande ricerca sul suono più che sulla forma, e questo li libera da rigide convenzioni. Insomma, non saremo proprio noi a dire all'accademia a chi deve ispirarsi! Pensa a un compositore come Fausto Romitelli! Se proprio vogliamo chiudere in bellezza ti lascio con tre paroline magiche: Trash Tv Trance!

PAOLO SORGE

(1968) è un chitarrista e compositore già da tempo presente sulla scena del jazz contemporaneo nazionale ed europeo.
Da più di vent'anni conduce una ricerca trasversale nell'ambito delle musiche d'improvvisazione, coltivando contemporaneamente vari linguaggi musicali, e dedicandosi alla composizione intesa come sperimentazione di vari equilibri possibili tra scrittura e improvvisazione.
Dagli esordi in Sicilia, passando per una parentesi romana lunga dodici anni, fino al ritorno nella propria terra d'origine, Paolo Sorge ha suonato e collaborato in veste di chitarrista o direttore di vari ensemble con moltissimi musicisti di varia estrazione, tra cui Stefano Maltese, Michel Godard, Francesco Cusa, Guido Mazzon, Butch Morris (Bologna, Angelica Festival 2006), Ab Baars e Ig Henneman, Keith Tippett, Don Byron, Elliott Sharp, Andy Sheppard, Guillermo Klein, Mark Turner, Fabrizio Bosso.
Con Francesco Cusa ha fondato nel 2004 il movimento artistico ed etichetta discografica Improvvisatore Involontario, con base a Catania.
A partire dal 2009, in collaborazione con il Centro Etneo Studi Musicali di Catania, dirige regolarmente l'OrchestraLab, workshop di musica d'insieme per orchestra jazz che prevede la partecipazione di solisti di fama internazionale e si svolge ogni anno nel periodo estivo e in vari luoghi della Sicilia.
A Catania nel 2012 ha fondato il MagmArtEnsemble, con il quale ha dato vita alla prima edizione di (Ri)scritture - premio di arrangiamento e composizione - con il trombettista Fabrizio Bosso in veste di solista ospite.
Attualmente occupa la cattedra Chitarra Jazz presso il Conservatorio "V. Bellini" di Palermo.

http://www.cesm.it/insegnanti/115-paolo-sorge.html

Quando hai iniziato a suonare al chitarra e perché? Che studi hai fatto e qual è il tuo background musicale?

La mia "facilità" con la musica si è manifestata molto precocemente: all'età di 5 anni, quando la mia famiglia abitava a Palermo, trascorrevo un pomeriggio alla settimana a casa di un anziano maestro di banda in pensione, il quale praticamente mi coccolava come un nipote. Mio padre mi lasciava a casa del maestro alle 16 e tornava a prendermi alle 20, così i pomeriggi trascorrevano a base di cioccolata, violino, biscottini, chitarra, gelatino, solfeggio, caramella, pianoforte, e così via. Alla fine del primo anno forse ero un bambino leggermente in sovrappeso! Ma certamente giocando con tanti strumenti diversi ho avuto un "imprinting" positivo e ho appreso i rudimenti del linguaggio musicale senza alcuna fatica. Grazie a questo primo approccio poli-strumentistico e felice, a 6 anni scelsi la chitarra e da allora non l'ho più lasciata.

Che studi hai fatto e qual è il tuo background musicale?

In seguito il mio percorso formativo da chitarrista è stato molto personale e forse un po' disordinato. Come chitarrista mi considero a tutti gli effetti un autodidatta. Anche i seminari estivi di Siena Jazz che ho frequentato alla fine degli anni Ottanta mi hanno offerto stimoli importantissimi per la crescita musicale. Dal Jazz, la musica che ho ascoltato di più fin da bambino attraverso i dischi, ho imparato l'importanza dello swing, del time-feel, e di sviluppare un suono e uno stile personale attraverso una prima fase di imitazione dei modelli. Nel mio caso hanno avuto sempre una grande importanza i modelli non-chitarristici. E' una fase importantissima dello studio, in cui ho imparato quasi tutto quello che so dai dischi e dai musicisti più esperti di me.
Dalla pratica della musica improvvisata, al di là dei confini del Jazz, ho imparato ed imparo tuttora ad affinare l'ascolto di ciò che accade intorno a me mentre improvviso, e a misurare i miei interventi in maniera strettamente funzionale alla musica. L'improvvisazione collettiva, non solo nell'idioma del Jazz, è un'importantissima via per imparare a gestire il proprio ego nella relazione con gli altri, a "far suonare le pause" e ad ampliare la nostra capacità di ascolto.
Ho anche studiato chitarra classica fino a 18 anni, ma interrompendo quel percorso prima dell'esame di ottavo anno. A quel punto il mio interesse per il Jazz era prevalente, e mi ero reso conto che il repertorio classico che stavo studiando in funzione degli esami in conservatorio non mi interessava molto.
In seguito ho proseguito gli studi accademici da compositore, trasferendomi a Roma e diplomandomi in Composizione nel 1998. L'interesse per la composizione è stato sempre presente in me, fin da bambino, ma anche in questo ambito devo dire che le lezioni più importanti riguardo al mestiere, l'artigianato e la tecnica del compositore le ho apprese fuori dal conservatorio, osservando i musicisti più esperti, facendo domande, leggendo libri, e facendo il più possibile esperienze pratiche.

Negli anni Novanta a Roma contemporaneamente facevo tantissime altre cose: ho preso contatto e ho cominciato a collaborare con musicisti della scena jazzistica locale, ho insegnato per 8 anni all'UM, che intanto era diventata una scuola di musica moderna di respiro nazionale. Per tre anni, nei primi anni Novanta, ho ricoperto il ruolo di chitarrista e di arrangiatore per l'orchestra giovanile italiana di Jazz, nata a Siena grazie a un finanziamento della comunità europea, e quindi ogni quindici giorni per tre anni ho avuto la possibilità di mettere a punto anche altre conoscenze, esperienze, relazioni umane e professionali che poi continuarono negli anni seguenti.

Tornato in Sicilia, la necessità di far sentire la nostra voce di artisti siciliani proiettati nella contemporaneità ha portato me Francesco Cusa, un amico e musicista poliedrico con cui avevo già instaurato da tempo un importante sodalizio artistico, a fondare nel 2004 qui a Catania il collettivo artistico ed etichetta indipendente di musica creativa Improvvisatore Involontario, che oggi conta una trentina di soci sparsi per tutta l'Italia.

In questi primi 9 anni abbiamo realizzato tantissime produzioni discografiche no-profit aiutando molti giovani artisti ad emergere, e abbiamo conquistato una certa visibilità anche a livello internazionale grazie ai tanti concerti condivisi in giro per l'Europa e ad alcune esibizioni collettive che abbiamo realizzato in Italia, in Spagna, e a New York nel 2011. E' la forza del gioco di squadra ad essere vincente rispetto all'individualismo. Credo che II stia acquistando sempre più forza e visibilità grazie all'ingresso e all'entusiasmo di alcuni dei più giovani e interessanti improvvisatori della penisola.

Con che chitarre suoni e con cui hai suonato?

Quanto alla strumentazione, penso che un suono si crei innanzitutto nella nostra mente, con le mani e con i mille gesti con cui è possibile produrre suoni attraverso lo strumento. Per questo tutti i musicisti sono sempre alla ricerca di nuovi strumenti che permettano di realizzare fedelmente le sonorità che hanno in mente.

Gli effetti a pedale che uso al momento sono pochi: un delay-looper Line6, un overdrive Fulltone, TC electronics Nova Reverb e Nova Dynamics, un pedale del volume.

Gli amplificatori a transistor che preferisco sono indiscutibilmente Polytone, ma più spesso suono con un valvolare Mesa Boogie 5:50.

Per circa 15 anni ho suonato un solo strumento, una Gibson ES 330 del 1961,

191

alla quale però ho fatto montare una tastiera in ebano del tutto priva di intarsi e delle meccaniche auto-bloccanti.

Dal 2011 possiedo una bellissima semi-acustica costruita per me da Domenico Moffa di cui sono molto contento e da allora suono prevalentemente con questa. Ne sto ancora sperimentando le moltissime possibilità espressive.

La chitarra comunque per me è soltanto un mezzo, non ho idoli chitarristici e mi interesso poco di chitarra in generale. Insomma, non mi identifico con il mio strumento. Ritengo che ci siano chitarristi con un talento decisamente orientato al virtuosismo, capaci di dedicare l'intera vita allo studio e alla disciplina della pratica musicale sullo strumento.

Io credo invece di avere un rapporto più distaccato con la chitarra. Tendo spontaneamente a pensare prima di tutto agli elementi strutturali, melodia, armonia, ritmo, agogica e dinamica. Il suono viene dopo, così come le decisioni sulla strumentazione ideale per una certa idea di musica.

Ad esempio, quando compongo passo molto tempo al pianoforte o al computer, a volte parto semplicemente da una rappresentazione grafica della musica. In questa fase invento strutture musicali piuttosto astratte, cioè non strettamente vincolate ad una strumentazione particolare. Soltanto in una fase successiva cerco di trasferire le parti che ho scritto o improvvisato dal computer alla chitarra (non sempre è impresa facile!), oppure provvedo ad orchestrarle assegnandole a diversi strumenti e trascrivendo le singole parti.

Quando improvviso, invece, provo a pensare come uno strumento a fiato, nel senso che trovo interessante concepire la dinamica di ogni frase come un arco melodico che compie il proprio percorso naturale in base a come respiro, con un approccio simile anche a quello dei cantanti. Questo approccio mi aiuta molto a considerare l'importanza delle pause, e incide molto sulle pronunce e sul respiro delle frasi musicali, credo che si senta.

Poi Segovia ci ha insegnato che la chitarra è una piccola orchestra in miniatura, e questa è l'immagine per me più appropriata se penso alle infinite possibilità polifoniche e timbriche del mio strumento.

Quali sono state e sono le tue principali influenze musicali?

Dall'infanzia a oggi le mie influenze musicali più importanti credo siano state il Jazz - dallo Swing agli anni Sessanta - la musica di Ellington, Monk, Mingus, Coltrane, Joe Henderson, Gil Evans, Jobim, Garoto, Lalo Schifrin, Bach, Villa Lobos, Manuel Ponce e Leo Brower, ma anche tanta musica sinfonica di ogni

192

epoca. Più in generale, sono sempre attratto da quelle musiche che mi trasmettono un messaggio autentico, qualcosa di originale e indefinibile che ha a che fare con il suono, l'interpretazione, l'improvvisazione o l'architettura compositiva. Mi interessa la musica strumentale di ogni genere, amo poco la canzone o il descrittivismo. Negli ultimi anni ho accumulato una serie di esperienze professionali che mi hanno permesso di coniugare tutti i miei interessi: scrittura, improvvisazione e anche la direzione di ensemble di varie dimensioni, fino alla Big Band. Ultimamente per me si sono moltiplicate le occasioni professionali a cavallo tra didattica e produzione musicale: laboratori musicali, big band dei conservatori con cui collaboro, e workshop estivi grazie alle quali ho spesso l'occasione di dirigere orchestre costituite da giovani musicisti, talvolta con solisti di fama internazionale, e scrivere per loro. Trovo molto divertente e stimolante questo genere di produzione musicale eminentemente collettivo.

Di fatto, oltre a trovarmi a dirigere e a collaborare con artisti del calibro di Keith Tippett, Mathias Rüegg, Andy Sheppard (con il quale ho anche suonato la mia musica in formazioni più piccole), Guillermo Klein, Mark Turner, e grazie alla collaborazione di Eleonora Salice, direttrice del Cesm (Centro Etneo Studi Musicali di Catania), sono riuscito a mettere a punto qui in Sicilia un vero e proprio vivaio di orchestrali e arrangiatori che cominciano a maturare le loro prime esperienze professionali.

Recentemente, nel dicembre del 2012, ho ideato qui a Catania la prima edizione di (Ri)scritture, un concorso di composizione di nuova musica per orchestra jazz realizzato in collaborazione con il Cesm e l'Associazione Musicale Etnea, di cui è presidente Biagio Guerrera e direttore artistico il compositore Emanuele Casale.

E' una vetrina di giovani compositori di varia provenienza che si muovono in territori musicali affini al jazz, in equilibrio tra scrittura e improvvisazione.

Ed è stato anche il battesimo del MagmArt Ensemble, che ho avuto il piacere di dirigere avendo accanto come solista ospite Fabrizio Bosso. E' un organico composto da 5 ance, 5 ottoni e sezione ritmica, anche se nelle mie intenzioni da questo primo "magma" potrebbero venire fuori alcune varianti nell'organico per adattarci a nuovi repertori. Infatti prossimamente ho in cantiere un mio nuovo lavoro con una versione del MagArt Ensemble in settetto, dal titolo "Ring-like".

Dal mio ritorno in Sicilia sta diventando sempre più importante per me ogni modalità di fare musica sul territorio che coinvolga soprattutto musicisti e operatori culturali residenti qui.

Per alcuni anni ho viaggiato molto per concerti e ho avuto quindi l'occasione preziosa di suonare in contesti diversi da quello nazionale, intuendo che in alcune città europee ci sarebbe un pubblico molto più vasto per le cose che faccio. Tuttavia, ammetto di non avere mai speso molte energie per promuovermi, né mi ritengo capace di tessere relazioni proficue dal punto di vista del mio interesse personale e della mia carriera concertistica.

In effetti, detesto profondamente l'idea ormai consolidata nel nostro mondo di artista-manager che si auto-promuove sul web e nella realtà concreta, anche perché facilmente si degenera finendo per auto-incensarsi! Dal momento in cui il musicista avverte la necessità di scrivere di se stesso, di parlare di sé usando la terza persona singolare o indossando i panni del manager, si verifica un corto circuito che consiste nel consumare molte ore del proprio tempo dedicandosi alle relazioni professionali, distraendosi dal proprio compito più importante: il compito di portare avanti la musica, la disciplina dello strumento, la composizione e l'improvvisazione, che oltretutto sono straordinarie occasioni per l'introspezione, che è il presupposto per ogni espressione artistica. L'ispirazione per un musicista è la virtù più importante, ma deve essere coltivata costantemente attraverso tutte queste attività, ognuna delle quali richiede un tempo giusto, di alta qualità.

La vita mi ha donato l'opportunità preziosissima di potermi dedicare alla musica non soltanto per mestiere ma anche per "professione". Intendo dire che il mio compito in questa vita, la mia vocazione, è di essere musicista sempre, non solo quando salgo su un palco. Questa mia dimensione non è separata, ma ha una sua continuità nella vita intera, nel rapporto affettivo con la mia famiglia e i miei amici. Non riesco proprio a trovare tempo e motivazioni per "creare il mio evento su facebook" o mettere il mio video su youtube o a volte perfino per fare la telefonata strategica ad una persona influente che può farmi ottenere un vantaggio professionale.

Naturalmente sono consapevole del fatto che con questo atteggiamento la mia visibilità in certi ambienti è limitata, forse anche troppo rispetto alla mia vita artistica!

Se solo ognuno pensasse a concentrarsi meglio sul proprio compito si potrebbe tornare ad una società in cui le competenze contano. In un mondo ideale avremmo alte competenze anche tra i direttori artistici, i manager, gli operatori culturali. Gli artisti più creativi, normalmente offuscati dal mercato, sarebbero promossi da chi per mansione sarebbe tenuto ad aggiornarsi e a conoscere le nuove musiche. Il Male è la moderna tuttologia, visto che ormai basta avere un computer e una connessione ed ecco che chiunque intraprende carriere, diventa tuttologo, competente di fotografia, musica, film, arte, giornalismo, scrittura creativa, fisica quantistica, filosofia indiana e ricette di cucina molecolare! Questa situazione confonde le idee, svaluta il significato della parola "competenza".

In che modo esprimi la tua "forma" musicale sia nell'ambito dell'esecuzione che nell'improvvisazione, sia che tu stia suonando "in solo" sia assieme altri musicisti?

Non suono spesso in "solo" se non a casa o in classe, per i miei studenti! Tempo fa avevo messo insieme un "solo" per chitarra elettrica e laptop in cui avevo risolto il problema della forma sottesa alle mie improvvisazioni attraverso una traccia audio elaborata prima del concerto e costruita "a blocchi" alternando moduli sonori e moduli di silenzio di varia durata, secondo una mappatura temporale prestabilita. Ad alcuni blocchi erano associati semplicemente dei filtri che si aprivano e chiudevano, o tap delay in cui rimanevano "intrappolati" alcuni frammenti di improvvisazione. Altri corrispondevano a tracce audio con poesie sonore di Cummings recitate dalla voce dell'autore registrata in un vecchio documento di repertorio (da me casualmente rinvenuto sul web).
Il patchwork prevedeva anche delle parti musicali strutturate, melodie, riff, quindi il materiale eseguito dal vivo non era esclusivamente improvvisato.
È un esempio di forma a blocchi, per cui l'improvvisazione serve a collegare tra loro blocchi diversi oppure corrisponde a quello che in composizione si chiama lo "sviluppo" di una matrice tematica, ed è un elemento più o meno costante nella mia produzione musicale.L'improvvisazione è intesa come composizione estemporanea o come elaborazione estemporanea, quindi è un linguaggio estremamente duttile e vario per quanto riguarda i materiali e le strutture adottate. Mi interessa molto l'improvvisazione per il suo carattere intrinseco di autenticità e irripetibilità. In questo senso perfino la registrazione e il successivo ri-ascolto rappresentano un tradimento delle musiche improvvisate.
Però ci deve essere un significato formale e strutturale affinché un'improvvisazione acquisti per me la giusta forza espressiva e comunicativa che cerco. Se io fisso come minimo un punto di partenza e uno di arrivo, il percorso creativo che dovrò compiere improvvisando mi porterà a suonare in un modo coerente con l'architettura musicale sottesa, e quindi a gestire il tempo e le mie scelte in maniera efficace.

L'improvvisazione radicale invece per me è un po' un'utopia come forma di espressione artistica.

Può funzionare solo in certi casi, con un numero ristretto di strumenti e con un certo tipo di musicisti, consapevoli ed abituati ad improvvisare. Inoltre ci sono elementi essenziali per il buon funzionamento della musica improvvisata dati dall'ambiente, dal setting, dal giusto atteggiamento di partecipazione da parte di chi suona e di chi ascolta.

Elabori una "forma" predefinita apportando aggiustamenti all'occorrenza o lasci che sia la "forma" stessa ad emergere a seconda delle situazioni, o sfrutti entrambi gli approcci creativi?

Solitamente preferisco avere una forma predefinita.

Quale significato ha l'improvvisazione nella tua ricerca musicale? Si può tornare a parlare di improvvisazione in un repertorio così codificato come quello classico o bisogna per forza uscirne e rivolgersi ad altri repertori, jazz, contemporanea, etc?

L'improvvisazione ha un legame indissolubile con l'idea di irripetibilità. Io sono convinto che anche gli interpreti di musica classica del Settecento o perfino del Romanticismo musicale abbiano sempre un margine di improvvisazione a loro disposizione nel contesto di una performance pubblica. Anche loro vengono influenzati nel proprio approccio da fattori esterni, quali l'ambiente acustico, l'accoglienza del pubblico, il luogo ed il momento irripetibile in cui si svolge l'azione musicale. Tutto questo rende unico ogni concerto. Ed è proprio per questa forza straordinaria che è propria della musica dal vivo che occorrerebbe dare tutti il nostro contributo per ampliare il pubblico della musica attuale. La registrazione non basta a trasmettere il respiro autentico di un'esecuzione musicale.

In che modo la tua metodologia musicale viene influenzata dalla comunità di persone (musicisti e non) con cui collabori? Modifichi il tuo approccio in relazione a quello che direttamente o indirettamente ricevi da loro? Se ascolti una diversa interpretazione di un brano da te già suonato e che vuoi eseguire tieni conto di questo ascolto o preferisci procedere in totale indipendenza?

Sono aperto da sempre all'influsso degli altri perché questo è il modo più efficace di imparare in musica. Perfino l'ascolto di una musica da soli è un'esperienza del tutto diversa dal condividere l'ascolto con altri. La stessa musica cambia significato, si trasforma.

A maggior ragione fare musica insieme a certi musicisti ti porta a suonare in maniera diversa, a volte anche ad esprimere un potenziale espressivo fino ad allora nascosto. Se ti sai porre nel giusto atteggiamento di ascolto, allora sei in grado di assorbire informazioni del tutto nuove ogni volta che ti accosti alla musica con altri musicisti. Per me la Musica ha perfino una sua vita indipendente dalla nostra, ha delle sue verità intrinseche. Se impari ad ascoltarle puoi diventare un musicista migliore!

Quali sono i "materiali" musicali (melodia, timbro, suono, struttura ritmo, etc.) che principalmente scegli e che influiscono nella scelta dei brani da interpretare o nelle improvvisazioni?

Dipende dai casi. Com'è noto, anche dalla più semplice cellula ritmica può nascere un'intera composizione o un'improvvisazione anche molto estesa. In altri casi è il timbro a suggerire la condotta melodica di uno strumento nel contesto musicale. Nell'improvvisazione conta molto il contrappunto estemporaneo con gli altri strumenti, che in solo sulla chitarra può essere anche emulato. In tutti i casi prevale la ricerca di una propria dimensione orizzontale (rispetto all'asse del tempo) e di una propria ideale collocazione, dinamica e mutevole, nella dimensione verticale.

La musica solistica o in ensemble, improvvisata o composta, nel momento dell'esecuzione chiede sempre al musicista la capacità di saper ascoltare il risultato globale più che il dettaglio, di "ascoltare dall'esterno" mentre si suona. Così facendo anche la musica "informale" genera architetture musicali credibili e comunicative.

Frank Zappa nella sua autobiografia scrisse: "Se John Cage per esempio dicesse "Ora metterò un microfono a contatto sulla gola, poi berrò succo di carota e questa sarà la mia composizione", ecco che i suoi gargarismi verrebbero qualificati come una SUA COMPOSIZIONE, perché ha applicato una cornice, dichiarandola come tale. "Prendere o lasciare, ora Voglio che questa sia musica." È davvero valida questa affermazione per

definire un genere musicale, basta dire questa è musica classica, questa è contemporanea ed è fatta? Ha ancora senso parlare di "genere musicale"?

Considero molto importante imparare suonare alcuni "generi" musicali per ampliare il proprio bagaglio. Per compiere delle scelte creative è comunque necessario conoscere e studiare la musica del passato e quella attuale, se non altro per non correre il rischio di scoprire l'acqua calda! Specializzarsi in un solo genere di musica può essere per un musicista una scelta rispettabilissima per ragioni che attengono al mestiere, o ad un autentico gusto per il revival, o alla necessità intima di dedicare un'intera vita all'approfondimento di un solo ambito del repertorio musicale. Tuttavia una scelta simile a me è sempre stata stretta. Il manierismo o l'esercizio di stile non mi interessano molto perché nella mia ricerca un obiettivo fondamentale è l'originalità, la possibilità di deviare in qualsiasi momento dal percorso tracciato, la scelta creativa compiuta nell'istante unico e irripetibile, cui perfino la registrazione ed il successivo ri-ascolto può nuocere, cambiandone il significato.

In questa direzione credo si sia sempre mosso John Cage dimostrando, e non soltanto in maniera provocatoria, la forza di questa idea Zen di unicità-irripetibilità degli eventi che si compiono in ogni istante e che soltanto in quell'istante sono necessari e possono quindi manifestarsi.

Non credo molto ai manifesti artistici quando descrivono in maniera troppo restrittiva e quindi dogmatica i confini dell'ambito creativo. Questo atteggiamento può generare autentici "tabù", bigottismo musicale e pensiero unico di cui non abbiamo nessun bisogno. Credo piuttosto che alla luce delle lezioni che ogni artista può apprendere dalla Storia e dalle proprie esperienze, un determinato gesto artistico debba necessariamente ispirarsi ad una visione personale.

La mia visione si colloca in un ambito creativo molto ampio, compreso tra scrittura e improvvisazione. In questo ambito mi muovo divertendomi a passare "con disinvoltura" dalla chitarra alla composizione, dalla direzione di ensemble orchestrali all'improvvisazione pura in solo o in gruppo. Uno dei tratti comuni a tutte queste mie attività è forse la ricerca dell'elemento imprevedibile, dell'irripetibilità propria di ogni esecuzione. Non registro spesso, perché penso che si debba incoraggiare il pubblico a dare più importanza alla musica dal vivo e meno a quella confezionata. La musica si apprezza al meglio quando ne puoi percepire il respiro naturale a pochi centimetri di distanza, sentendoti partecipe di quell'atto creativo dal momento in cui ti predisponi nel migliore atteggiamento possibile di ascolto. Il pubblico e i musicisti possono essere solo così protagonisti dello stesso processo creativo, unico e irriproducibile.

La chitarra sembra essere lo strumento (anche logico-economico-filosofico) per contrastare le teorie della scuola di Francoforte e di Adorno. La sua incredibile capacità di diffusione è dovuta a diversi fattori non ultimo il fatto di poter essere realizzata sia in forma industriale che come prodotto di liuteria in tempi relativamente brevi sia con costi contenuti, sia il fatto di poter contare su tipologie classica, acustica e elettrica adatte a diverse culture musicali e sociali e potersi basare su un repertorio classico e popolare assolutamente trasversale. Tu hai seguito un percorso assolutamente personale all'interno della chitarra, come hai sviluppato questo percorso, come sta proseguendo e come si è orientato all'interno del mondo della chitarra? La chitarra, con la sua presenza di musicisti virtuosi e assolutamente personali a qualunque livello e genere musicale può rappresentare una valida alternativa alla ormai tragicomica distinzione tra cultura alta e cultura popolare e all'affermazione di Schoenberg "Se è arte non è per tutti, se è per tutti non è arte"?

Premetto di avere un rapporto di amore-odio con il mio strumento!
Dopodiché penso che la chitarra sia uno strumento versatile e mutevole per via delle numerosissime possibilità di intervenire sulla morfologia, sulla funzionalità e sulla timbrica dello strumento, di avvalersi di una enorme gamma di possibilità che spazia dalla tecnica strumentale alla liuteria e all'elettronica. Questo spiega la versatilità di impiego della chitarra e le sue declinazioni nei più disparati contesti musicali. La Storia ci insegna del resto come le innovazioni tecnologiche apportate agli strumenti musicali camminino sempre di pari passo con le innovazioni tecniche dei grandi esecutori, ed è per questo che abbiamo innumerevoli varianti dello strumento-chitarra cui corrispondono centinaia di stili chitarristici e modalità tecniche di esecuzione, che hanno ampliato moltissimo la gamma delle possibilità. Dalle varie tecniche finger-style all'utilizzo dei trasduttori più strani passando per il tapping, "le tecniche" si sono moltiplicate a dismisura e hanno soppiantato il vecchio concetto di una sola "tecnica chitarristica" ortodossa, unica e indiscutibile. Ecco, la mia personale diffidenza rispetto ai dogmatismi è il punto di partenza fondamentale per la mia ricerca di una personalità musicale e chitarristica svincolata dai cliché pre-costituiti. Considero molto importante saper suonare alcuni "generi" musicali in

199

maniera ortodossa, perché c'è molto da imparare da tutte le musiche "di genere". Poi però si può fare un uso artistico di queste conoscenze ed abilità, che una volta maturate vanno a formare il tuo personale "patchwork" di sonorità, da utilizzare a servizio della Musica, di un'idea, di una propria visione.

Quanto all'affermazione di Schoenberg, mi viene in mente che se oggi proponessimo il Quartetto n.1 come un jingle pubblicitario eseguito dal vivo per una settimana intera non-stop all'ipermercato del centro commerciale più affollato della nostra città, potrebbe finalmente diventare un successo popolare! Voglio dire che anche il contesto storico-culturale gioca un ruolo essenziale sulla definizione di ciò che è o non è arte.

La soluzione per me è proprio quella di lavorare tutti, noi musicisti per primi, per restituire alla gente un senso critico, una sensibilità per l'arte e per la bellezza, offrire una possibilità di contattare direttamente le tante musiche viventi, di risvegliare un senso che al giorno d'oggi sembra assopito dal clima culturale dominante. Sforzarci tutti di incrementare le occasioni pubbliche per la musica dal vivo. Quale senso critico si può sviluppare in una società rispetto alla musica o all'arte in generale, quando le occasioni per fruire direttamente di tutto questo sono gestite con le regole del business e del libero mercato? Allora è il pubblico che deve crescere, diventare più colto ed esigente per poter davvero scegliere le proprie musiche, anziché accontentarsi dei soliti stereotipi proposti dal mercato.

Parliamo un attimo del tuo progetto Tetraktys e delle idee che state sviluppando con il tuo quartetto ...

Il cd uscito due anni fa con Improvvisatore Involontario è la testimonianza di un lavoro di preparazione lungo circa quattro anni, che è servito a mettere a punto un repertorio, a creare un affiatamento e soprattutto alla costruzione di un "edificio sonoro" appropriato per un repertorio così variegato, per via della commistione di linguaggi e stilemi diversi che è poi una delle caratteristiche più marcate del progetto Tetraktys.

La scelta più efficace per mettere insieme tutti questi elementi si è rivelata quella di far ricorso pochissimo all'elettronica o agli effetti, in maniera tale da "obbligarci" alla ricerca di una tavolozza timbrica ottenuta quasi esclusivamente con le quattro chitarre elettriche collegate all'amplificatore e le nostre mani!

Il termine Tetraktys .. o meglio il concetto di tetraktys .. ha dei significati filosofici, storici e matematici ben precisi: rappresentava la successione aritmetica dei primi quattro numeri naturali, un «quartetto» che geometricamente si può disporre nella forma di un triangolo equilatero, in modo da formare una piramide. Un simbolo che troviamo nella copertina del cd e che aveva estrema importanza per Pitagora dato che la sua la scuola portava questo nome e i suoi discepoli prestavano giuramento sulla tetraktys stessa .. a Pitagora dobbiamo i primi tentativi di impostare la scala musicale ..

Come mai questo titolo? Un omaggio a Pitagora o a una più generale concezione della musica?

La somma dei primi quattro numeri dà il numero 10, e nella tradizione pitagorica il paradigma- Tetraktys è rappresentato come un triangolo equilatero costruito con dieci punti. Alla base del triangolo ci sono 4 punti, e posti sui livelli superiori troviamo il numero 3, poi il 2 e infine l'1 che è il vertice. L'immagine rimanda alle potenzialità del numero come generatore, come entità che manifesta nello spazio e nel tempo le proprie capacità di "proliferare". E' una rappresentazione della creatività.

Le relazioni tra musica e matematica quindi sono note fin dall'antichità, anzi guardando alla Storia sarebbe corretto affermare che la musica è una delle possibili manifestazioni concrete della matematica nella nostra realtà. Dai numeri e dalla geometria possono scaturire codici e strutture molto rigide, che però magari nel momento della performance possono assumere un valore relativo, essere rimesse in discussione. Mi diverte molto la ricerca di questo contrasto tra il dionisiaco e l'apollineo durante i concerti. Preparo il materiale musicale con molta cura e poi mi affido all'improvvisazione per quello che riguarda l'elaborazione del materiale tematico.

Nell'intraprendere questa strada mi avvalgo di varie risorse tecniche che ho avuto modo di approfondire nel tempo.

Da circa un anno in particolare ho iniziato a conoscere da vicino gli insegnamenti di Joseph Schillinger e a partire da quelli sto elaborando un mio codice compositivo.

Parliamo di Elliott Sharp, nel cd è presente un suo brano Bubblewrap. Sharp mi ha sempre colpito per il rigore delle sue composizioni, spesso scandite da profonde relazioni matematiche, serie, algoritmi, ma tutto visto e suonato con un certo distacco ironico, senza pesantezza, con ironia ... è solo una mia sensazione o è anche quello che sento nel disco?

201

Secondo me hai perfettamente colto nel segno! Anche io ho sempre pensato a Sharp in questi
termini, e quando di recente ho avuto l'occasione di incontrarlo e lavorare con lui ne ho avuto
conferma. Penso che un atteggiamento ironico agevoli la comunicazione con gli ascoltatori, specialmente quando la musica "parla" un linguaggio complesso. Non bisogna mai prendersi troppo sul serio, altrimenti si rischia di perdere il gusto del gioco, della follia creativa.

In questo progetto sei in compagnia di tre chitarristi semplicemente eccellenti, Giancarlo Mazzù, Fabrizio Licciardello e Enrico Cassia, si intuisce benissimo l'affiatamento che vi lega ...

Enrico Cassia e Fabrizio Licciardello sono due interessantissimi e talentuosi chitarristi di Catania, che hanno alle spalle percorsi molto diversi. Ultimamente stanno riuscendo a emergere in questo contesto culturalmente depresso che è l'Italia. Il percorso di Enrico passa per il jazz europeo, la musica di Egberto Gismonti, l'improvvisazione radicale.
E' stato recentemente "inglobato" nel nostro collettivo, Improvvisatore Involontario, e infatti ha pubblicato con noi la sua opera prima "Tri Soni" in duo con il batterista Antonio Quinci, un lavoro molto interessante dal punto di vista degli equilibri tra scrittura e improvvisazione. Fabrizio Licciardello è invece un chitarrista molto diverso, avendo un'estrazione decisamente modern-rock. I suoi riferimenti sono Holdsworth, Satriani, insomma un universo musicale per certi versi molto distante dal mio.
Eppure il suo approccio allo strumento in termini di tecniche esecutive e soluzioni timbriche risulta perfettamente funzionale nel quartetto, specialmente quando improvvisiamo su cellule ritmiche o melodiche prestabilite, senza riferimenti armonici.
Giancarlo Mazzù è invece un musicista calabrese di Palmi. Ha uno stile composito, virtuoso, che deriva in misura uguale dalla pratica della chitarra classica, del jazz, e dalla conoscenza di molti strumenti a corda. Tetraktys è il luogo in cui convergono tutti questi elementi, e in definitiva il tratto comune in tanta varietà mi pare che sia proprio il desiderio di mettere insieme tanti linguaggi diversi: il cross-over piuttosto che la musica "di genere".

Anche Fred Frith è presente nel disco con il pezzo "Goongerah", Frith ha

già una lunga "tradizione" di composizioni per quartetto di chitarra, come vi siete messi in contatto con lui? Avete altri brani suoi che suonate o vi piacerebbe registrare?

Frith è un pioniere del quartetto di chitarre elettriche, un musicista che ammiro molto e a cui sono grato. Un semplicissimo contatto via email è bastato per ricevere un sacco di incoraggiamenti e l'omaggio di due partiture. Poi gli ho spedito il materiale delle prime sedute di registrazione e ho avuto la sua autorizzazione a pubblicare "Goongerah". In concerto eseguiamo spesso anche la lunga suite dal titolo "The As Usual Dance Towards the Other Flight to What Is Not".

La tua carriera musicale va avanti ormai da diversi anni, come hai visto cambiare il mondo musicale attorno a te e per te? Che differenze noti tra gli allievi a cui insegni e hai insegnato? E' cambiato e come il tuo modo di fare musica? Le nuove tecnologie (nuovi strumenti musicali, midi, network sociali, forum) hanno influenzato le tue scelte e la tua forma musicale? Come?

Poiché tutte le molteplici modalità di approccio alla chitarra co-esistono nella produzione musicale contemporanea, formando un caleidoscopio di modelli di riferimento possibili, nei giovani si sviluppa facilmente durante i primi approcci allo strumento la tendenza ad aderire in maniera un tantino dogmatica ad uno solo di questi modelli, dato che in quella fase il principiante ha bisogno di certezze ed è spesso innamorato dei propri idoli chitarristici. Come insegnante (insegno chitarra jazz da circa 10 anni nei conservatori e attualmente occupo la cattedra di chitarra jazz al "Vincenzo Bellini" di Palermo), sono in stretto contatto con decine di giovani chitarristi. A volte ne trovo alcuni più aperti della media, disponibili a sperimentare, più spesso devo contrastare una certa tendenza al dogmatismo, che non giova alla creatività.

E' curioso vedere com'è cambiato il mondo per me che ho quasi 45 anni e ho mosso i primi passi nel mondo della chitarra jazz nella seconda metà degli anni Ottanta, in un contesto in cui non c'erano né computer, né internet, né altri supporti didattici che sarebbero stati preziosissimi per un autodidatta "vorace" di studio come me.

La mia generazione musicale ha dovuto imparare tutto da sé, senza libri, insegnanti o scuole. Solo qualche disco da imparare a memoria, e poi soprattutto ci si vedeva a casa di amici per suonare, per applicare tutto quello che riuscivamo ad imparare da soli con lo strumento.

Oggi posso comporre utilizzando Logic o Sibelius, per me che vengo dalla matita 2B, poter registrare praticamente un disco a casa quando mi pare, scambiare informazioni con il mondo intero in tempo reale: sono elementi indispensabili per lavorare in maniera comoda ed efficiente.

La parte più importante del suono è invece data dallo strumento e da come agisco su di esso, più che dai pedali e dall'effettistica.

Invece vedo stranamente annoiati dall'eccesso di strumenti e informazioni i musicisti più giovani, sembrano saturi di nozioni già dopo i primi passi. Devono maturare l'idea che ciò che conta di più è trovare la propria voce, anche se può essere un percorso lungo perché è necessario studiare molto.

Ti propongo un gioco: ti faccio alcuni nomi, che penso possano essere legati e non alle tue idee musicali, mi dici che cosa significano o se hanno un significato per te? Incomincio:

Julian Bream

L'eleganza e la consapevolezza della dimensione "orchestrale" della chitarra.

I Raga indiani

L'intelligenza matematica, l'equilibrio tra complessità formale e facilità di fluire contraddistinguono la musica indiana. In essa vedo elementi molto attuali, che influenzano e continueranno a influenzare la musica contemporanea. Vorrei conoscere questa musica più a fondo.

Italo Calvino

La ricercatezza degli stili narrativi e l'uso di piani narrativi simultanei, in definitiva l'alto grado di sperimentazione nella sua ricerca letteraria non lo ha mai distolto dal ricercare un contatto diretto, intimo, con il lettore. E' un grande, altissimo modello da osservare.

Frank Zappa

Una delle menti più lucide della musica del Novecento. La sua discografia è un caso unico, è impossibile trovare qualcuno che gli somigli.

Johan Sebastian Bach

La sua musica mi ha sempre trasmesso informazioni chiare, un senso di trasparenza, di profondità e di benessere straordinari. Secondo me era un autentico visionario, con il privilegio di possedere le chiavi di una comprensione scientifica della musica.

Steve Reich

Lui ha messo a punto un linguaggio così personale, straordinario per semplicità e coerenza al tempo stesso. Amo le esecuzioni dal vivo della musica di Reich, hanno un'architettura rigorosa ma comunicano sempre un senso di "work in progress". Credo che all'origine della sua musica ci sia un atto di umiltà nella scelta di lavorare deliberatamente con materiali minimi, e un'intuizione vincente riguardo al potenziale comunicativo del ritmo.

Jimi Hendrix

Una forza creativa travolgente, un musicista mosso da un'autentica urgenza espressiva, viscerale.
Se solo fosse stato più longevo e forse più "nomade" nelle frequentazioni musicali, oggi avremmo la testimonianza di tutto il potenziale creativo di Hendrix. Se fosse vissuto più a lungo avrebbe certamente incrociato sul proprio percorso molte altre grandi personalità della musica moderna.

Giacinto Scelsi

Secondo me il coraggio ha contraddistinto il suo percorso artistico solo a tratti: avrebbe dovuto abbracciare in maniera più radicale l'arte dell'improvvisazione. Un musicista della sua statura avrebbe potuto lasciare un'eredità ben più cospicua e rilevante attraverso le proprie improvvisazioni, che come sappiamo sono l'essenza delle composizioni più importanti. Probabilmente sarebbe passato alla storia come uno dei più grandi improvvisatori del secolo.

Ennio Morricone

Le colonne sonore sono la parte più nota della vastissima produzione di Morricone, ed in esse è testimoniato ad esempio il suo straordinario talento per l'invenzione di impasti timbrici del tutto nuovi, una delle qualità più evidenti in quell'ambito.

Ma per me rimane uno straordinario compositore in tutti i sensi, aldilà delle colonne sonore.

Secondo me è un compositore estremamente versatile, in grado di scrivere praticamente qualsiasi cosa. Un solido artigianato a servizio della musica che, portato avanti con coerenza e dedizione è divenuto Arte nell'accezione comune, a portata di tutti. Straordinario!

Ultima domanda ... nel 1968 Derek Bailey chiese a Steve Lacy di definire in 15 secondi la differenza tra improvvisazione e composizione, la risposta fu "In 15 secondi la differenza tra composizione e improvvisazione è che nella composizione uno ha tutto il tempo di decidere che cosa dire in 15 secondi, mentre nell'improvvisazione uno ha 15 secondi" .. la risposta di Lacy era stata troppo ironica o corrisponde a verità?

Sinceramente la trovo un po' troppo ironica. Ho avuto l'occasione di suonare con il grande Keith Tippett, un maestro dell'improvvisazione. Mancavano tre giorni per il nostro set di improvvisazione, e si era stabilito di suonare soltanto per 20 minuti. Mi ha detto (traduco dall'inglese, ovviamente): "sono qui per dirigere un'orchestra, ma se fra tre giorni vogliamo improvvisare per 20 minuti, allora avrò bisogno di almeno 2 ore al giorno per studiare il pianoforte". Una grande lezione, da uno dei grandi della musica improvvisata!

Arturo Tallini è un musicista che persegue l'esplorazione incessante del proprio strumento, anche attraverso l'uso di strumenti alternativi alla chitarra classica come la *Scelsitar,* di sua musicista, le sonorità della chitarra midi, l'improvvisazione e l'elettronica.

Iniziata la carriera con la vittoria al prestigioso Concorso Internazionale *Città di Alessandria* nel 1987, seguita 2 anni dopo dal III premio al Concorso Internazionale *Radio France* di Parigi, ha tenuto e tiene concerti in tutta Europa, negli Stati Uniti, in Egitto, Algeria e Tunisia.

Pur non avendo mai abbandonato il repertorio classico, è oggi considerato un riferimento per la musica contemporanea per chitarra, in Italia e all'Estero. Ha collaborato e collabora con artisti di fama internazionale, dal chitarrista Magnus Andersson, alla cantante Michiko Hirayama, al gruppo di musica contemporanea Modus Novus di Madrid, al Coro dell'Accademia Nazionale di Santa Cecilia e il pianista Bruno Canino.

E' ideatore e direttore di Supernova - Otto Talenti e un Direttore che riunisce 8 fra i migliori giovani chitarristi italiani: ensemble coeso e dalla forte identità, che esplora il repertorio contemporaneo, l'improvvisazione, le possibilità dell'elettronica, con al suo fianco l'astratta poesia di J. S. Bach.

Nel 2005 ha inciso il suo settimo cd, *BLU,* con brani a lui dedicati e con la prima incisione assoluta del brano di G. Scelsi *Ko-Tha*, unanimemente considerato un pezzo ai vertici del virtuosismo strumentale.

Hanno scritto per lui compositori come M. Bortolotti, F. Razzi, A. Di Scipio, S. Tallini, Vescovo, F. Casti, M. Cardi, P. Esposito, D. Nicolau, F. Cavallone, L. Cinque, G.V. Cresta, M. Coen, M. D'Amico, S. Gacevich, M. Dall'Ongaro, O.J. Garcia, A. Amoroso, G. Boselli, M. Pisati, T. Marco, E. Cocco, M. Morgantini.

Da una sua idea è nato il software Improring, realizzato da Jacopo Senigaglia, che permette all'interprete di creare improvvisazioni in tempo reale in autofeedback.; inoltre, sempre su commissione di Arturo Tallini, Federico Scalas, della classe di Musica Elettronica del Conservatorio di Santa Cecilia, ha progettato e realizzato un software di simulazione di un apparecchio radio a onde corte pensato per l'esecuzione di Spiral di K. Stockhausen.

http://www.arturotallini.it/

Quando hai iniziato a suonare al chitarra e perché? Che studi hai fatto e qual è il tuo background musicale? Con che chitarre suoni e con cui hai suonato?

Ho iniziato a 11 anni, naturalmente con la chitarra a orecchio, che secondo me è il migliore degli inizi ... Perché? Beh, mi ha divertito da subito a possibilità di 'trovare' accordi e poi melodie a orecchio un'attività che ho svolto per tanto tempo, ore al giorno ...

Ho studiato con Pasqualino Garzia e contemporaneamente Composizione con Fausto Razzi e Canto con Leila Bersiani, al Conservatorio dell'Aquila. Poi con Bruno Battisti D'Amario, Alirio Diaz, Josè Tomàs, Oscar Ghiglia e, per finire, all'Ecole Normale de Musique di Parigi con Alberto Ponce.

Ho suonato Contreras, Tozzi, Gallinotti e Marseglia. va aggiunta la Scelsitar, una mia invenzione derivata dallo studio di Ko-Tha di Scelsi e una chitarra midi Godin, con relativo sintetizzatore Roland GR20, che adesso sto sostituendo con Ableton Live, splendido programma software.

Sei considerato a ragione uno dei chitarristi italiani più indirizzato verso la musica contemporanea, quando hai iniziato a dedicarti a questo repertorio nuovo, interessante ma anche poco diffuso? Quali sono state le difficoltà che hai incontrato?

Il primo approccio professionalmente significativo fu nel 1984: per un disco RCA dedicato tutto a nuove musiche; Guido Podestà il direttore artistico della collana, chiese a me e Vincenzo Di Benedetto, con cui allora formavo il Duo Chitarristico Romano, di registrare un brano molto difficile di Irma Ravinale, "Jointly", uno di Mauro Cardi, "Texture" e "Interludi Dialoganti" di Flavio Scogna. Per il suo brano, Scogna chiedeva, nel finale, di suonare il MI sesta corda e immediatamente scordarla di un tono sotto; io non volevo che l'effetto di glissando fosse discontinuo (come avviene inevitabilmente se si abbassa la corda con la mano sinistra). E allora presi un giracorde e lo fissai con della plastilina (allora si chiamava 'Pongo'): questo mi permetteva un bel glissando molto naturale e continuo; ricordo ancora la sua faccia stupita e la domanda "tutto questo per il mio pezzo?"

Racconto questo aneddoto per far capire il perché' del mio avvicinarmi alla musica contemporanea: su tutto, il gusto per il gioco, l'esplorazione,

208

l'ampliamento delle possibilità strumentali, il raccogliere sempre la sfida che ogni brano nuovo ci propone ...

Difficoltà? Senz'altro il fatto che molta musica contemporanea imponga di trovare gesti nuovi, soluzioni, idee molto spesso inedite e impreviste, che nessuno ci insegna in conservatorio. Il caso limite, fino a oggi é stato per me Ko-Tha di Giacinto Scelsi, con la chitarra appoggiata in orizzontale e decine e decine di gesti nuovi da inventare per poter realizzare la partitura: tanto per fare un esempio la chitarra é usata come uno strumento da percuotere con le unghie, con le nocche, sul ponte, sulla cordiera, il tutto contemporaneamente pizzicando le corde a vuoto: un vero viaggio in un altro pianeta dove gli abituali riferimenti diventano inutili e il chitarrista é costretto a costruire un rapporto nuovo con lo strumento.

Sei mai stato tentato dalla chitarra elettrica? Ormai come strumento sembra aver guadagnato un bel posto anche nella musica contemporanea. Ho notato che molti compositori la utilizzano ... però a volte mi chiedo se ne servano in quanto tale come strumento o se sono solo affascinati dalla potenzialità che ha come generatore di suoni e di effetti ...

La chitarra elettrica mi attira moltissimo, a cominciare dalla miriade di suoni 'casuali' che può produrre essendo uno strumento amplificato: il rumore del jack quando lo inserisci (se non hai abbassato il volume ..), lo strofinio sui bassi, il picchiettare delle unghie sulle corde ... tutte cose che, se amplificate e usate coscientemente creano un mondo altro che ovviamente trovo molto stimolante: Trash Tv Trance di Fausto Romitelli docet.....

Quali sono state e sono le tue principali influenze musicali? In che modo esprimi la tua "forma" musicale sia nell'ambito dell'esecuzione che nell'improvvisazione, sia che tu stia suonando "in solo" sia assieme altri musicisti? Elabori una "forma" predefinita apportando aggiustamenti all'occorrenza o lasci che sia la "forma" stessa ad emergere a seconda delle situazioni, o sfrutti entrambi gli approcci creativi?

Influenze musicali? Molto Bach e Mozart; e poi Debussy, Stravinsky, Webern, questo per citare gli autori che mi hanno sempre molto attratto e formato. Ma non sarei il musicista che sono se non avessi ascoltato molto degli Area, Miles Davis, Napoli Centrale, Perigeo....

Come esprimo la mia forma musicale? Ascoltando, facendo il gioco di sentire e reagire, sia da solo sia suonando con altri; quando improvvisi emerge in un solo momento tutto il tuo immaginario musicale e i gesti più consoni alla tua visione dello strumento, alle tue abitudini strumentali; ma anche quelli imprevisti, dettati da un istinto del momento; attraverso tutto questo, cerco di costruire una forma che arrivi al pubblico, con dei nessi, relazioni interne, richiami ecc.

Soprattutto all'inizio usavo una forma precostituita, che era quella di Suoni Notturni di Petrassi (non a caso intitolavo sempre le mie improvvisazioni Su suoni della notte): riempivo quella struttura dei miei suoni, dei miei gesti e del mio immaginario musicale. Un modo interessante e molto utile per vincere la paura del 'foglio bianco' che ti prende quando inizi ad improvvisare.

Hai eseguito in concerto uno dei brani più famosi di John Cage 4'33'', come ha reagito il pubblico e come mai proprio la scelta di questo brano?

Il brano di Cage è stato per me una scoperta entusiasmante: il silenzio, associato all'immagine dello strumentista sul palcoscenico può essere devastante, sconvolgente ed è quello che mi viene detto spessissimo dal pubblico. Il silenzio qui non è solo l'assenza del suono ma lo 'svuotamento' del ruolo, perché in questo caso ci si aspetta che lo strumentista suoni (fra l'altro io inizio ogni movimento con un 'attacco' ... sul silenzio); e quel suono, che mai arriva non ci parla solo del silenzio riempito dai suoni-ambiente ma anche di una sorta di presenza-assenza, di una promessa non mantenuta, di una potenza che non diventa mai atto; come in quegli incubi in cui si sogna di parlare ma ... la voce non esce ...

Come mai questa scelta? Perché mi è sembrato bello che un pezzo del genere con una valenza così drammatica e con una tale forza simbolica fosse inserito nel repertorio della chitarra. Inoltre credo che ai chitarristi faccia bene scoprire di quali contenuti anche il nostro strumento possa farsi portatore: i festival chitarristici ci mostrano spesso come sia molto più facile far passare pezzi di grande furbizia strumentale e poco contenuto musicale, che addormentano un po' il pensiero...è chiaro che c'è un tempo per i pezzi da pubblico e un tempo per il Nocturnal di Britten, ma forse un po' di qualità e pensiero in più ci fa bene ...

Ad Alessandria durante il Convegno di chitarra di 3 anni fa ho fatto il pezzo di Cage, prima delle "Canzoni Lidie" di Nuccio D'Angelo: lì, dove il pubblico non era certo incline alle avventure, devo dire che le reazioni sono state molto superiori alle mie aspettative.

In effetti credo che, da una parte, noi artisti dovremmo, almeno una volta nella vita, avere il coraggio di proporre cose dirompenti, e che dall'altra il pubblico tenda ad essere conservatore, solo nella misura in cui gli stimoli che riceve sono poveri di interesse: come spiegare altrimenti che 40 anni fa la RAI proponeva tutti i venerdì il teatro di prosa, da Eduardo De Filippo e Pirandello, e che il pubblico di allora, meno smaliziato di quello di oggi, non disdegnava affatto?

Si può pensare a 4'33' come a un pezzo basato sull'improvvisazione indeterminata o come un pezzo di musica aleatoria?

Come ho già accennato, credo che 4'33" sia una geniale rappresentazione innanzitutto; è chiaro, pero', che l'aleatorietà esiste, nella misura in cui sono imprevedibili i suoni dell'ambiente, le reazioni del pubblico, i rumori esterni ecc; mentre credo che l'improvvisazione sia assente dall'idea del pezzo e in fondo da tutta l'idea cageana del pensare la musica.

Tra i tuoi cavalli di battaglia c'è uno dei pezzi musicali più famosi di Bruno Maderna: Serenata per un Satellite. Come mai la decisione di trasporre per chitarra questo pezzo così suggestivo e tra l'altro non molto diffuso?

Negli ultimi anni della mia vita è successo qualcosa per cui l'esigenza di improvvisare è 'salita' da sola e si è concretizzata nell'incontro con la jazzista Marilena Paradisi: è lì che il mio rapporto con l'improvvisazione (non jazzistica, voglio precisarlo) è iniziato. E immediatamente ho voluto cimentarmi anche da solo: quella esecuzione risale ad un concerto a Milano, alla Scuola Civica nell'aprile 2007. Perché la decisione di suonarlo? La risposta è sempre la stessa: cimentarmi in pezzi che mi diano l'occasione di reinventare il mio essere musicista e mi portino ad ampliare i miei orizzonti.

Questo pezzo del 1969, scritto su un grandissimo foglio con diversi pentagrammi messi in posizione non orizzontale e non in ordine, è un gioco di combinazioni che lascia all'esecutore libera possibilità rendendolo uno degli esempi più famosi di musica aleatoria. Che scelte ha operato per poter suonare questo pezzo? Hai tenuto presente il percorso musicale scelto da Claudio Ambrosiani nella sua trascrizione del 1985?

211

Credo che l'idea di gioco di combinazioni, e quindi anche dell'alea, sia un po' lontana dall'idea di Maderna: secondo me a lui non interessa il gioco matematico o il caso, ma la capacità evocativa della partitura, da una parte, e dell'interprete dall'altra: tanto è vero che in partitura ci sono molti segni che non hanno nessun significato musicale, ghirigori, scarabocchi, macchie ... Secondo me lui in partitura, ci parla di mondi possibili: poi è l'interprete che li popola di personaggi, fantasmi, evocazioni, colori....

Ho ascoltato la versione di Ambrosini che mi piace molto, come pure diverse altre. La scelta che ho fatto è stata di smontare, variare, destrutturare le frasi proposte, studiandole con tante diteggiature diverse: in tal modo ho trasformato la partitura in una sorta di 'stanza dei giocattoli' da prendere liberamente davanti al pubblico costruendo il pezzo lì per lì. Credo che sia l'unico modo per risolvere l'aporia scritta in calce alla partitura: "improvvisando, insomma ma! Con le note scritte".

Quale significato ha l'improvvisazione nella tua ricerca musicale? Si può tornare a parlare di improvvisazione in un repertorio così codificato come quello classico o bisogna per forza uscirne e rivolgersi ad altri repertori, jazz, contemporanea, etc?

Credo fermamente che l'improvvisazione non sia appannaggio esclusivo del jazz: l'improvvisazione è gioco, esplorazione, conoscenza, elaborazione. Il problema del repertorio codificato è che a volte si ritiene impossibile suonare qualcosa che non sia scritto. Ai tempi di Bach improvvisare implicava una conoscenza talmente profonda del materiale musicale e delle sue potenzialità da poter inventare estemporaneamente una fuga a più voci, ad esempio. Oggi l'improvvisazione ci chiama ad un'attenzione estrema al suono in quanto tale, in quanto mondo da svelare e da esplorare: la lezione di Scelsi e Cage ci insegna proprio a guardare il suono come un mondo complesso da sviscerare e non più come a un mattone costruttivo per strutture stabilite razionalmente. Potremmo porci una domanda: hanno qualcosa in comune le improvvisazioni di Bach e le nostre? La mia risposta è che ai tempi di Bach l'improvvisazione si appoggiava su un 'reticolato' strutturale (tutto l'uso dei numeri, una prassi musicale ai tempi universalmente condivisa, ad esempio) che in qualche modo permetteva al sentire di riferirsi a qualcosa che gli desse garanzia di comprensibilità e certezza di universalità; oggi l'improvvisazione si appoggia necessariamente sulla certezza un po' paranoica di sapere che il proprio inconscio musicale, che si presuppone sano, sia di per sé capace di comunicazione.

È ovviamente possibile improvvisare qualcosa in un linguaggio codificato come quello tonale, ma credo sia molto difficile riuscire a fare qualcosa di molto personale in quella direzione: come il linguaggio musicale tonale, anche quello strumentale legato alla tonalità ha le sue codifiche, i suoi gesti ricorrenti, per cui una delle cose più spontanee sulla chitarra è ad esempio mettere la mano sul MI maggiore ... quando iniziai a improvvisare, dovetti inventare i esercizi che mi abituassero ad andare dove non ero abituato, insomma ricostruire una confidenza con lo strumento su basi diverse da quelle che mi avevano sorretto fino a quel momento ... ho dovuto imparare a sbagliare volutamente!

Questa tua precisazione sulle difficoltà dell'improvvisazione sul linguaggio tonale mi ricorda una vecchia intervista di Eric Clapton[34] dove si "lamentava" di sentirsi a volte ingabbiato nelle dodici battute del blues, ma di aver paura ad abbandonarle per paura che la sua band non riuscisse a seguirlo dal vivo, quando improvvisava. Penso che Clapton sia un buon esempio di improvvisatore all'interno di un linguaggio (quello del blues) ben codificato, che lui conosce alla perfezione e che è in grado di sfruttare al massimo riuscendo a essere sempre creativo e personale. Altri chitarristi, come Ry Cooder, riescono ad entrare e uscire dal codice ... non è che a volte mettere dei limiti all'improvvisazione (come muoversi all'interno di un linguaggio o adottare delle strutture definite, come le strutture di un pezzo come Cobra di John Zorn) possa essere di incentivo per la creatività?

Beh, credo che in ogni caso l'improvvisazione, anche la più libera, abbia un suo limite naturale, l'autoascolto di chi la fa. Non credo in una improvvisazione totalmente inconscia, diciamo così, di assenza totale di un autofeedback; credo in un'improvvisazione in cui l'immaginario di chi suona si metta in gioco totalmente e radicalmente e venga fuori, diciamo così, fiorisca senza limiti precostituiti, ma sempre 'sorvegliando' con l'ascolto ciò che succede. È il sottile limite fra lasciarsi andare e il dimenticare se stessi e la propria storia, un limite sottilissimo superato il quale, il rischio è l'assenza.

---

[34]   [34] Intervista a Eric Clapton pubblicata su Chitarre Anno 2 N 11 Febbraio 1987

In che modo la tua metodologia musicale viene influenza dalla comunità di persone (musicisti e non) con cui collabori? Modifichi il tuo approccio in relazione a quello che direttamente o indirettamente ricevi da loro? Se ascolti una diversa interpretazione di un brano da te già suonato e che vuoi eseguire tieni conto di questo ascolto o preferisci procedere in totale indipendenza?

Parto dalla fine: preferisco agire in totale indipendenza, tanto più che le mie interpretazioni cambiano negli anni. Ciò da cui mi faccio influenzare profondamente è la partitura, luogo esclusivo della comunicazione fra interprete e compositore: ogni segno, ogni annotazione o richiesta ci parlano, non solo in senso esplicito ma anche con una sorta di meta-linguaggio che dice altro; una partitura di Bach, ad esempio, con la sua quasi assenza di indicazioni interpretative, ci dice La Musica, La Musica! Ovvero il pensiero, la ragione, in fondo la visione religiosa del grande tedesco per cui il mondo è retto e sorretto dal divino, che si fa struttura, linee, armonie e polifonia.. Ma cosa dire della stessa quasi assenza di un pezzo di Giuliani o Sor? Li il pensiero è molto meno denso, a volte banale e ripetitivo: qui l'assenza di richieste ci parla di un pensiero non troppo intenso e dell'importanza data invece al gesto in quanto tale, quel suonare molto teatrale (in particolare in Giuliani) che credo sia la più evidente caratteristica del chitarrista pugliese.

Per quanto riguarda la prima domanda: la nostra più grande riuscita è comunicare: in tal senso è importante tener conto di chi abbiamo attorno o davanti; sempre senza perdere se stessi e la propria storia, è fondamentale far comprendere agli altri cosa facciamo per non cadere in un solipsismo un po' sterile. Questo non vuol dire che non si debba accettare il rischio di sentirsi soli, naturalmente!

Quando tu dici "Ciò da cui mi faccio influenzare profondamente è la partitura" riguarda quando tu suoni come esecutore o anche come improvvisatore? Cerco di spiegarmi meglio: quanto tu esegui un brano, ne sei l'interprete e ti muovi all'interno della struttura rigida della partitura decisa e costruita da un'altra persona, ma ne cerchi una interpretazione, una esecuzione personale che metta in risalto le tue caratteristiche di interprete, sempre nel rispetto di questa struttura di partenza. Il percorso creativo che metti in atto come interprete è diverso da quello di improvvisatore? E come?

214

Improvvisare su una partitura vuol dire . improvvisare su una partitura! Voglio dire che la partitura, poniamo la Serenata per un Satellite fornisce dei materiali di partenza che secondo me vanno sviluppati, trasformati, forse trascesi … ma è come un eterno ritorno il materiale è lì, emerge e si immerge in continuazione. Perfino in "Treatise" di Cornelius Cardew, dove, come sai, non c'è una sola nota scritta, (se non simboli musicali che in quel caso acquistano il significato di simboli grafici non pensati necessariamente come suoni) ma solo disegni, mi sforzo di stabilire una connessione fra segno e gesto musicale. In questo caso la connessione che cerco di stabilire non è di tipo 'analogico' (ad esempio, curva=glissato) ma di tipo interno, legato all'immagine, per così dire, psichica del segno stesso: allora magari una curva può evocarmi un suono morbido, una serie di linee sovrapposte suggerirmi un tessuto politimbrico, o un gesto musicale statico e continuo, una sfera un accordo pieno di eco … insomma una sorta di 'psicanalisi musicale del segno'. Per quanto il suonare non improvvisato, ti confermo quello che dicevo: la partitura è un luogo privilegiato, l'unico in cui il pensiero del compositore è stato in qualche modo fissato, con dei segni, con quella … precisa imprecisione tipica del linguaggio musicale e l'interprete è colui che riesce a scorgere il significato nascosto di quei segni.

Quali sono i "materiali" musicali (melodia, timbro, suono, struttura ritmo, etc.) che principalmente scegli e che influiscono nella scelta dei brani da interpretare o nelle improvvisazioni?

Il mio materiale preferito è l'intelligenza, il pensiero: non mi piacciono i pezzi vuoti, spesso mi chiedo perché esistano tante note sprecate, in particolare in certo repertorio chitarristico, e tante sprecate occasioni per valorizzare il nostro strumento, uno dei più affascinanti che esistano … beh, insomma i materiali che citi sono tutti molto importanti, diciamo che il ritmo mi diverte molto ma il timbro mi cattura nel profondo; e del resto lo slancio di una melodia riuscita ha un sapore unico … insomma conta quell'indefinibile astrazione che potremmo definire … buona musica!
Per quanto riguarda le improvvisazioni mi piace partire da un suono, diciamo in senso minimalista, un suono che poi si riveli un germe e che si sviluppi progressivamente, poi il resto è ascolto e reazione.

A proposito di reazione ... sei uno che suona "con" o che suona "contro"? Te lo chiedo perché so che ti piace suonare in duo (Eugenio Becherucci, Magnus Andersson).

Domanda degna di uno psicanalista. Direi che sono uno che suona 'insieme' cioè avendo sempre presente il risultato complessivo senza perdere di vista il mio apporto individuale e quello dell'altro, in un feedback continuo.

Frank Zappa nella sua autobiografia scrisse: "Se John Cage per esempio dicesse "Ora metterò un microfono a contatto sulla gola, poi berrò succo di carota e questa sarà la mia composizione", ecco che i suoi gargarismi verrebbero qualificati come una SUA COMPOSIZIONE, perché ha applicato una cornice, dichiarandola come tale. "Prendere o lasciare, ora Voglio che questa sia musica." È davvero valida questa affermazione per definire un genere musicale, basta dire questa è musica classica, questa è contemporanea ed è fatta? Ha ancora senso parlare di "genere musicale"?

La frase di Zappa ci indica credo un problema diverso: è molto facile identificare repertori codificati: la musica classica ad esempio, ha un suo modo di essere basato sull'equilibrio (tensione-distensione, fondamentalmente) per cui il suo sound è immediatamente riconoscibile, e lo stesso vale per il jazz o gli altri generi musicali.

Se Cage può dire che qualunque cosa io decida sia musica per ciò stesso lo diventa, è per la rivoluzione linguistica dell'arte contemporanea: la riflessione sul linguaggio non più universalmente condivisibile ma sempre fortemente legato al percorso personale e umano del compositore, non può che avere come conseguenza che anche la cornice fa parte dell'opera d'arte; non mi interrogherei mai sul rumore che produce una gola che beve se qualcuno non mi invitasse a farlo dichiarando che quella è musica: fatta salva la possibilità di dire "questa cosa per me non ha senso e questo pezzo non mi piace", quella è una libertà sempre assolutamente presente in tutti noi. Voglio dire che non basta definire qualunque cosa come musica per fare musica: bisogna, poi, che questo arrivi come musica, cioè smuova in chi ascolta un senso di movimento, di appagamento, di domanda, insomma una delle tante reazioni trasformative che, credo, una qualunque opera d'arte debba produrre ... insomma, non basta bere del succo di carota, bisogna farlo in modo ... espressivo!

216

E poi c'è tutta l'arte concettuale: Duchamp ce l'ha insegnato posso anche abbandonare la necessità del bello per far posto alla spinta a pensare attraverso l'opera d'arte, e forse potremmo definire 4'33'' di Cage è proprio un esempio unico di "Musica Concettuale".

Detto questo, secondo me non ha senso parlare di genere musicale: ci sono degli elementi ricorrenti da epoca a epoca per cui si può per comodità definire le musiche che ne fanno uso con un certo termine: ma il problema è che i generi sono inventati da chi parla di musica non da chi la vive suonandola o componendola; quando qualcuno scrive o improvvisa non dice mai a se stesso ora farò un pezzo impressionista o minimalista o fauve; egli vorrà esprimere se stesso, una propria ricerca e non un'etichetta di genere ... ma a cosa servono queste etichette? Forse in fondo sono utili per calmare l'angoscia di non saper spiegare l'inspiegabile, ovvero come possa avvenire che l'umanità di un individuo si possa tradurre in fatto artistico.

Zappa sapeva essere decisamente pungente quando voleva. A proposito di Cage... sai che c'è molta gente che crede che le sue musiche siano frutto di improvvisazione? Un bel controsenso se si tiene conto sia del rigore e delle strutture delle sue "music by chance" sia del fatto che John Cage non amava l'improvvisazione... tu quando esegui 4' 33'' non improvvisi di certo!

No, infatti, è tutto calcolato, nel senso di una rappresentazione musicale e metamusicale, interpretativa e metainterpretativa…

A proposito di Zappa, che ne pensi di lui?

Matto come un cavallo, creativo come un brodo primordiale

Brodo primordiale nel senso di Lumpy Gravy? Sai io credo che Zappa non fosse per nulla matto, ma molto lucido e razionale nelle sue creazioni, i suoi spartiti sono estremamente dettagliati e il rigore che pretendeva nelle esecuzioni da parte di chi lavorava con lui sono entrati nella leggenda (una volta Jürgen Ruck mi ha raccontato di che mazzo ha fatto all'Ensemble Modern in occasione delle registrazioni di Yellow Shark) nonché uno stakanovista tremendo nel suo lavoro ... non è che è stato un po' frainteso, nel senso di è badato di più, soprattutto in Italia all'aspetto freak e meno

alla musica? Come chitarrista e improvvisatore poi lui era davvero un capace di uscire dagli schemi, per ritornare al discorso di prima.

Ho ascoltato Lumpy Gravy molti anni fa e sapevo di questa cosa di Ruck; si capisce che lui sapesse sempre quello che faceva; il suo 'essere 'matto' è relativo al risultato finale, quel suono vario, esplosivo, a volte visionario, quel suo 'usare' la musica senza pregiudizi e senza inutile sacralità: l'idea artistica innanzitutto. E del resto questo è un atteggiamento anche molto americano.

Tu hai seguito un percorso assolutamente personale all'interno della chitarra, come hai sviluppato questo percorso, come sta proseguendo e come si è orientato all'interno del mondo della chitarra?

Beh, il mio percorso è sicuramente partito dal suono: fin dai tempi del conservatorio negli studi con il mio maestro di allora, Pasqualino Garzia, la ricerca di un timbro, di un colore, di quello che allora con grande approssimazione e limitatezza, chiamavo semplicemente 'un bel suono' ha indirizzato i miei studi, una sorta di punto di riferimento costante...l'attenzione al suono e il repertorio contemporaneo vanno strettamente a braccetto; e con il suono viene, immediatamente dopo, il rumore, l'uso dello strumento in modo alternativo, le richieste di compositori che ti suggeriscono una maniera inusuale di guardare l'amata chitarra: così lei si trasforma sotto le tue mani in mondo di suoni, di colori e di gesti che diventano il tuo mondo e immaginario musicale.
E oggi, la mia svolta ulteriore è nel suono elettronico, che sto studiando e analizzando come sorta di 'prolunga' espressiva del suono della chitarra, diciamo un incontro col diverso che diviene qualcosa che prima non c'era, un suono nuovo, un timbro inatteso. E per questo devo ringraziare l'opportunità datami per quattro anni dall'Emufest, il Festival di Musica Elettronica di Santa Cecilia, dove vengo regolarmente invitato a suonare e che mi ha posto in contatto con la musica elettronica in maniera significativa.

La chitarra, con la sua presenza di musicisti virtuosi e assolutamente personali a qualunque livello e genere musicale può rappresentare una valida alternativa alla ormai tragicomica distinzione tra cultura alta e cultura popolare e all'affermazione di Schoenberg "Se è arte non è per tutti, se è per tutti non è arte"?

Musica colta e musica popolare ... credo che tu abbia ragione, è una distinzione un po tragicomica; però questo non vuol dire che non si debba saper fare delle differenze: ci sono musiche in cui il pensiero è talmente semplice da essere praticamente assente, come in molta House, in parecchie canzoni, i cosiddetti tormentoni, e anche in molto repertorio per chitarra; e musiche in cui invece il pensiero, il voler esprimere un'idea musicale, una ricerca, sono densi e ben presenti. E questo vale per un'opera, poniamo, di Lachenmann o per una canzone di De Andrè, per un disco di Miles Davis o per un brano di Stockhausen; insomma non si può capire una qualunque opera d'arte se non nell'ambito del contesto linguistico che l'ha generata, definire superiore un brano di Schoenberg rispetto ad uno di Tosti è un nonsenso i due compositori appartenevano a contesti linguistici, culturali e compositivi completamente diversi.

Ha invece senso confrontare ad esempio la sonata op. 15 di Giuliani con una qualunque sonata di Mozart: l'ambito linguistico e l'intenzione formale sono analoghi, ma il pensiero? Ecco, li credo che le differenze dobbiamo saperle fare, o si cade nella tragicomica frase più volte ascoltata che Giuliani sarebbe il Mozart della chitarra ...

Per tutti, per pochi? Nella maggioranza delle persone il pensiero non va troppo di moda, credo quindi che un'opera di grande pensiero non possa effettivamente essere per tutti, anche se ci sono casi di opere splendide che tutti possono apprezzare, perché oltre il pensiero, contengono una freschezza e una naturalezza che possono parlare a chiunque, anche se a livelli diversi.

Prima, a proposito dell'improvvisazione, hai citato velocemente Giacinto Scelsi, una volta parlando di lui hai definito la sua musica come "Poetica dell'inconscio". Nel tuo disco Blu tu hai inciso l'edizione integrale di Ko-Tha, ho notato che non viene quasi mai eseguita integralmente, come mai secondo te? Ci sono delle difficoltà tecniche particolari?

Beh, devo dire che la II e III danza sono davvero molto difficili da suonare! La maggiore difficoltà tecnica è inventarsi i gesti, la tecnica per realizzare tutto quello che c'è scritto; ad esempio la chitarra con cui suono il pezzo ha le corde montate al contrario per poter permettere al pollice della MD di interagire con la MS e con i colpi (nocche e palmo della mano) che uso per produrre la miriade di suoni di cui il pezzo è composto. Ma il vero problema con quel pezzo è di dover suonare una musica nata come improvvisazione, scritta poi su una partitura e doverla restituire con quel senso di scoperta qui e ora che è tipico dell'improvvisazione! Credo che la via sia di lasciarsi prendere, una vota imparato il brano, dal suono , dalla gestualità inusuale, dallo stare seduti sul pavimento a gambe incrociate ed entrare in quella sorta di trance che il pezzo credo debba creare: una volta il mio amico Giuseppe Pepicelli, mi disse, dopo avermi ascoltato in Ko-Tha, che ad un certo punto aveva sentito di essere entrato in un'altra dimensione.

Comunque due anni fa volli fare un esperimento in pubblico: suonare un pezzo chiamato Ko-Tha improvvisando suoni, ritmi e gesti ma lasciando la stessa struttura del Ko-Tha scelsiano, un po' come avevo fatto con Su Suoni della Notte ... devo dire che l'esperimento mi fu molto utile per entrare meglio in questo paradosso tutto scelsiano di suonare un'improvvisazione ... scritta!

Alberto Pezzotta in un articolo sulla discografia su Scelsi su BlowUp Magazine ha dichiarato "Scelsi va tenuto lontano dagli esecutori accademici, che suonano in modo inamidato"[35] ... che ne pensi?

Pezzotta ha pienamente ragione, un pezzo come quello decostruisce il senso stesso dell'essere musicista accademico!

Scelsi è sempre stato visto un po' con sospetto in Italia, a parte la pessima polemica promossa da Vieri Tosatti, è stato un po' guardato come un outsider, come un autodidatta , estraneo a qualunque scuola mentre invece di recente è stata rivalutata la sua figura di "ponte" tra le extra avanguardie europee e americane, non a casa Morton Feldman l'ha chiamato il Charles Ives italiano ... pensi che lui, come Messiaen (altro nome poco apprezzato in passato in Italia), possa essere considerato un precursore degli spettralisti?

Tosatti.....si, proprio una polemica stupida e inconsistente: se la musica di Scelsi era di Tosatti, allora quella ufficialmente di Tosatti dove sta?
Per quanto riguarda gli spettralisti direi proprio di si: sia lui sia gli spettralisti entrano nel 'dentro' del suono, in maniera intima e profonda. La differenza è che Scelsi ci entrava con l'orecchio, con l'inconscio, con un abbandono anche molto mistico di tutto l'essere, mi viene da dire..... gli spettralisti attraverso un'analisi

---

35   [35] Alberto Pezzotta "I suoni di una nota sola Guida a Giacinto Scelsi per giovani temerari" BlowUp Magazine N 164 Gennaio 2012 pag 71

più scientifica, fisica del suono. Ma in fondo è comune l'amore per il suono in quanto tale, più mistico in Scelsi, più strutturato in Grisey e gli altri.

Scelsi era un profondo conoscitore della musica indiana, che ne pensi dei Raga?

Ipnosi e odori estenuati.

Estenuati o estenuanti?

No, estenuati, nel senso di uno stare a guardare una candela accesa tutta la notte finchè non si perde il senso del tempo e dello spazio ...

La tua carriera musicale va avanti ormai da diversi anni, come hai visto cambiare il mondo musicale attorno a te e per te?

La direzione che ha preso il mondo musicale, per alcuni versi non mi piace molto, mi sembra di poter dire che i fenomeni che più facilmente si affermano sono l'esatta traduzione in prassi musicale della mentalità del marketing: più una cosa è facile, maggior è il numero di persone che può raggiungere, quindi è per ciò stesso preferibile. Ma, per non perdere l'aura di musica colta, si cerca di diffondere l'idea che "... basta con la musica astrusa, che non arriva alla gente, un po' di semplicità, di sana melodia ... basta con gli steccati ... musica colta e musica pop ... "e questo lo si dice per far passare certa musica come il Nuovo che avanza, l'inesorabile evoluzione di una musica finalmente libera dalle pastoie e dai legami di un lavoro intellettuale che nessuno capisce e nessuno vuole ascoltare; ma questi discorsi nascondono secondo me il vuoto, l'assenza, il disimpegno che si propone come valore e che è invece disvalore. Anche nella chitarra c'è un bel po' di gente che cade nella trappola: ci sono personaggi che si fanno alfieri di questa Nuova Musica, accusando chi non apprezza il genere, di non capire una musica che sarebbe troppo nuova e troppo avanzata (già, mi è successo anche questo, sentendomelo dire da un chitarrista finto-classico-in-realtà-molto-pop). Insomma purtroppo il fenomeno Allevi, miete vittime anche fra qualche chitarrista che poi però non ha il coraggio di separarsi dalla figura del chitarrista classico e pretende pure di insegnare in conservatorio ...

Che dire? Il mondo va come deve andare, ma d'altra parte la parte pensante della società è tradizionalmente una minoranza, da che l'uomo è un essere sociale e deve affrontare la crisi che quotidianamente il contatto col diverso gli propone.

Ah! L'effetto Allevi! Come definizione non è affatto male! Eh sì, lì è stato creato ad arte un bel fenomeno mediatico e in molti, compreso Uto Ughi, ci sono cascati in pieno, chissà lui invece come se la ride di gusto ... tua sorella Stefania è una apprezzata pianista jazz, dato che lui si vanta di suonare jazz (oltre che di essere la reincarnazione di Brahms), non è che lei avrebbe voglia di dargli una lezione? Scherzo ... ma neanche tanto ...

Beh, in un'intervista Stefania l'ha ben bene maltrattato e infatti lui le ha scritto un po' fintamente dicendo che lui accetta sempre le critiche e rispetta la libertà di pensiero ... lui che dell'assenza di pensiero fa una cifra artistica ...

Che differenze noti tra gli allievi a cui insegni e hai insegnato?

Differenze fra gli allievi? Beh, sono le differenze del maestro! Intendo dire che quando ero un ragazzetto alle prime armi i miei allievi non è che fossero degli aspiranti concertisti, e avevano quindi esigenze e pretese molto diverse dagli allievi di oggi; adesso è un'altra cosa: i miei allievi sono tutti alla ricerca di un suonare che sia personale, che sia espressione del sé ... e diciamo che io prevedo questa ricerca come la ricerca esclusiva e più importante della formazione musicale, chi va in altre direzioni, chi cerca l'identificazione col maestro, cercando di suonare come lui, non mi interessa come allievo.
Qualche volta mi è stato detto, come fosse un difetto, che i miei allievi suonano ognuno in un modo diverso ... Ma per me è un grande complimento! Vuol dire che sono riuscito a permettere loro di sviluppare un'identità, che sono riuscito a limitare al massimo che loro si identifichino con me (anche se un minimo di identificazione dell'allievo col maestro è inevitabile): una copia è sempre una brutta copia perché lo sforzo per imitare toglie un sacco di energie a ogni ricerca personale.

Questo è molto bello! Ma forse chi ti ha fatto questa obiezione vede il suo modo di suonare come l'unico valido e intende l'insegnamento come la trasposizione e l'imposizione di una serie di istruzioni .. la tua invece mi sembra una visione più vicina alla maieutica di Socrate...

Si, è assolutamente così: chi mi ha fatto quell'obiezione crede che ci sia UN modo di suonare, il suo e a me non interessa questo; il mio modo di suonare è frutto di anni di lavoro e non voglio privare i miei allievi dello stesso piacere che ho provato io in questa scoperta. Allora, semmai, quello che l'insegnante deve saper dare sono degli strumenti: strumenti per capire la musica, per tradurre in gesti fisici sulla chitarra la propria idea musicale, per trovare un tipo di suono....

Le nuove tecnologie (nuovi strumenti musicali, midi, network sociali, forum) hanno influenzato le tue scelte e la tua forma musicale?

Il mio modo di fare musica è cambiato molto; oggi l'attenzione al dettaglio, al suono come mondo complesso, anche il singolo suono, è maggiore. Ma, nello stesso tempo, la capacità di fare nessi, di creare equilibri di masse, di articolare il discorso, si sono fatti più raffinati.

E poi c'è il discorso dell'improvvisazione e dell'elettronica, recentissima new entry nella mia vita musicale. Proprio pochi mesi fa ho debuttato con i suoni elettronici durante un concerto fatto a Santa Cecilia con Michiko Hirayama: un concerto di improvvisazioni in cui i suoni elettronici hanno avuto una parte consistente. Questo mi apre delle possibilità enormi, anche perché credo che l'unione di elettronica e strumento acustico sia affascinante e, in un certo senso, il futuro per gli strumenti acustici classici. E qui veniamo alla parte della domanda successiva:

Le nuove tecnologie: appunto, da quando, suonando ogni anno all'Emufest, il Festival di Musica Eettronica di Santa Cecilia, ho iniziato il contatto con l'elettroacustica, l'amore è cresciuto ed è diventato ... vera e propria relazione di coppia! Sono affascinato dal considerare l'elettronica come un prolungamento fisico ma anche concettuale del suono dello strumento. Dove inizia l'uno e dove finisce l'altro? Ecco, è questo che mi seduce e mi spinge a sperimentare e a cercare. Il che vuol dire ore di studio su Ableton Live, ad esempio, o anche lavorare su Improring un nuovo software che Iacopo Sinigaglia sta progettando a partire da una mia idea che porterà, credo, una grande ventata di novità nella musica acustico-elettronica e dell'improvvisazione.

A proposito di Michiko Hirayama, come sei entrato in contatto con la voce preferita da Scelsi?

Quando incisi Blu, che conteneva Ko-Tha ne mandai a lei una copia e per il momento finì lì; poi dopo qualche anno, la cantante Marilena Paradisi con cui stavo registrando "Rainbow Inside" un cd di improvvisazione totale, che stava studiando con Michiko, mi invitò ad andare insieme a lei a casa della cantante giapponese: si stabilì subito un feeling fra me e Michiko, che ben si ricordava di Blu e così è cominciata la storia.

Prima hai parlato di Bach come uno dei musicisti il cui ascolto ti ha più influenzato, che ne pensi di lui?

Bach è una musica per capire dio, senza bisogno di credere nella sua esistenza; attraverso la sua musica capisci come sia possibile scorgere l'ordine del mondo, la bellezza preordinata di ciò che sta attorno a noi, la necessità che tutto sia così .. Certo, altri tempi, altre società, altri uomini.

Una volta parlando di Steve Reich lo hai definito la "Poetica del meccanismo" tu hai suonato Electric Counterpoint di Steve Reich, un pezzo per chitarra elettrica scritto nel 1984 per chitarre elettriche ed eseguito da Pat Metheny e che tempo è diventato uno dei pezzi di riferimento nel repertorio contemporaneo. So che è un pezzo decisamente difficile e complicato basato sulla sovrapposizione contrappuntistica di 11 tra chitarre e bassi elettrici. La tua interpretazione mi sembra realizzata con una chitarra acustica e caratterizzata da un suono più scarno e meno riverberato rispetto all'originale e all' edizione di David Tanenbaum, vuoi raccontarci quale è stata la tua esperienza per realizzare questo pezzo? Ti capita di eseguirlo dal vivo?

L'esecuzione sui miei siti è dal vivo, quella su Myspace riguarda lo stesso concerto di Milano ed è fatta su una chitarra classica da concerto.
La mia impressione di quel pezzo è quella di un magma informe e un po' ipnotico da cui il solista esce e rientra in continuazione; lo trovo un pezzo bellissimo che non risente di quello che a volte è un difetto del repertorio minimalista: il cadere nell'inesorabilità del meccanismo che fagocita la stessa idea artistica che l'ha generato.

L'hai anche eseguito dirigendo una orchestra di chitarre, è diverso l'effetto che fa?

Beh, sì, è la differenza fra stare in un meccanismo che ti coinvolge e di cui sei parte e osservare e controllare un meccanismo che ti incanta; è una questione di zoom più o meno allargato.

Ultima domanda: tu sei ateo ... o la tua religione è la musica?

Non ho bisogno di una religione, il problema per me proprio non esiste; a-teo evoca una mancanza che non mi appartiene: credo che l'umanità si possa dividere, da questo punto di vista, in due tipologie, chi sente il bisogno di un dio e chi non lo sente. I primi sono esseri umani che aggiungono qualcosa alla loro vita, i secondi pensano che la vita così com'è sia già sufficiente per bastare a se stessa.

Non è un meglio o un peggio, ma solo diversità di punti di vista; con una differenza però: spetta a chi parla di dio di dimostrarne l'esistenza e non, come a volte si pretende, a chi non crede di dimostrare il contrario.

La musica come religione? Certo, la musica riempie la vita, diventa un nuovo te stesso e aiuta ad approfondire il rapporto con sé stessi, ma se diventa una religione allora serve a mascherare qualche vuoto.

Gisbert Watty nasce a Velbert (Germania). Ha studiato chitarra con Maritta Kersting al Conservatorio "Robert Schumann" di Düsseldorf e con Flavio Cucchi alla Scuola di Musica di Fiesole. Dopo il suo diploma frequenta Corsi di Perfezionamento con Eliot Fisk e Oscar Ghiglia.

La sua attività concertistica inizia nel 1990 e lo porta ad esibirsi in tutta l'Europa ed in Australia con un interesse speciale per la musica da camera e contemporanea. Il suo repertorio solistico comprende le più importanti composizioni da Bach fino alle opere più recenti ed ha eseguito inoltre alcuni dei grandi concerti per chitarra ed orchestra/ensemble (Giuliani, Castelnuovo-Tedesco, Rodrigo, Francesconi, Takemitsu, Pärt). Di particolare rilievo è la sua collaborazione con il flautista Luciano Tristaino, la cantante Frauke Aulbert, con suo fratello, il pianista Siegmund Watty e con il "trio altrove 1.3", un gruppo da camera con Luciano Tristaino e Marcello Bonacchelli dedicato alla musica per flauto, clarinetto e chitarra..

Ha registrato numerosi cd come solista, con il flautista Luciano Tristaino, il "trio altrove 1,3", la "Guitar Symphonietta", con i gruppi da camera del Orchestra Giovanile Italiana e con il Tuchfühlungsensemble. Ha suonato inoltre per programmi radiofonici e televisivi per WDR (Germania), Rai, NRK (Norvegia) e la ABC (Australian Broadcasting Corporation).

Ha tenuto Masterclasses e workshops sulla chitarra contemporanea in vari Conservatori italiani ed Università australiane e suona con una chitarra "Royal" di Paulino Bernabé (Madrid, 2010).

Gisbert Watty collabora con molti compositori di tutto il mondo ed ha commissionato un gran numero di composizioni nuove per e con chitarra.

http://www.gisbertwatty.com/

Quando hai iniziato a suonare la chitarra e perché? Che studi hai fatto e qual è il tuo background musicale? Con che chitarre suoni e con cui hai suonato?

La musica è sempre stata presente nella mia famiglia. Mio padre era un musicologo, insegnante di musica nelle scuole statali e faceva anche il critico musicale per un quotidiano. Mia madre ha sempre cantato in un coro. I miei due fratelli maggiori hanno cominciato a studiare pianoforte da piccoli; mio fratello Siegmund ancora oggi fa il pianista. Io suonavo il flauto dolce ed ho studiato per due anni pianoforte, ma ho smesso verso i nove anni. Non ero appassionato.

L'esordio con la chitarra è una storia buffa: avevo 11 anni quando i miei genitori mi hanno comunicato che le lezioni di chitarra sarebbero iniziate il mese successivo. Io ero veramente sorpreso e ho chiesto il perché. "L'avevi chiesto tu!" mi hanno risposto. Avevano ragione, ma io, in quel momento, non ci pensavo più. La Scuola Comunale di Musica aveva il numero chiuso e la mia iscrizione è finita nella lista d'attesa. Il tempo è passato e c'era da aspettare circa un anno per trovare un posto libero. Comunque, sono andato alle lezioni ed è subito nato un grande amore.

Ho sempre suonato la chitarra classica. Altri generi mi piacciono all'ascolto ma non mi è mai interessato imparare la chitarra jazz o quella elettrica, chissà perché? Ho usato l'elettrica solo poche volte per eseguire alcuni pezzi di musica contemporanea.

Quali sono state e sono le tue principali influenze musicali? In che modo esprimi la tua "forma" musicale sia nell'ambito dell'esecuzione che nell'improvvisazione, sia che tu stia suonando "in solo" sia assieme ad altri musicisti? Elabori una "forma" predefinita apportando aggiustamenti all'occorrenza o lasci che sia la "forma" stessa ad emergere a seconda delle situazioni, o sfrutti entrambi gli approcci creativi?

Ho dentro di me, penso proprio nel mio Dna, la classica formazione musicale tedesca. Sono cresciuto con tutti i grandi autori da Bach a Henze e quelle esperienze formative rimangono fino ad oggi. Un tale imprinting, ovviamente, provoca anche grandi conflitti. Infatti, avevo l'assoluta necessità di abbandonare la Germania per vivere in un posto diverso. Allargare gli orizzonti, cambiare, respirare un'aria diversa.

Da esecutore classico cerco la forma predefinita. Spero proprio di avere le idee ben chiare su quello che voglio "dire". E' per questo che studio ogni giorno.

Come è nato il tuo interesse verso il repertorio contemporaneo e quali sono le correnti stilistiche nella quale ti riconosci maggiormente?

Non ho mai fatto alcuna distinzione fra musica "classica" e "contemporanea". I compositori preferiti di mio padre erano Monteverdi e Henze, e nella sua collezione di dischi era possibile ascoltare ogni tipo di musica, anche tutte le più importanti composizioni del novecento fino alla musica d'avanguardia. La prima volta che ho cercato in casa se c'erano dei dischi di chitarra ho trovato due Lp, uno di Leo Brouwer con Henze, Cardew ed una composizione propria (oltre a Sanz e Sor) e l'altro era la famosa incisione di Julian Bream con Britten, Martin, Henze e Smith-Brindle. La scoperta del repertorio classico è venuta dopo.

Più che le "correnti stilistiche" mi interessano le personalità di ogni singolo compositore. Insomma, mi piacciono le composizioni di Steve Reich, ma Philip Glass lo trovo abbastanza noioso. Le mie simpatie e curiosità spaziano un po' dappertutto, in quasi tutti i generi. Il bello del nostro mestiere sta proprio nel confrontarsi continuamente con un brano nuovo, con quello che riesce a dare a me ed agli altri. Certo, non mi trovo in grande sintonia con la maggior parte dell'ambiente chitarristico e le loro scelte di repertorio. Preferisco composizioni con un certo grado di complessità e questo può spiegare forse anche la mia predilezione per la musica da camera.

A proposito di musica da camera, come è nata la tua lunga collaborazione con il flautista Luciano Tristaino con il vostro duo e poi con il trio altrove 1.3 con Marcello Bonacchelli al clarinetto?

Ho conosciuto Luciano nel 1991 alla Scuola di Musica di Fiesole, subito dopo il mio Diploma. E' nata un'amicizia e facciamo concerti insieme dal 1992. Negli anni seguenti abbiamo studiato e suonato tutti i migliori pezzi per flauto e chitarra per poi arrivare a scontrarci con il solito problema: la mancanza di un ampio repertorio classico/romantico veramente importante. Le composizioni per flauto e chitarra sono innumerevoli, ma quelle di valore, purtroppo, sono davvero poche. Questa situazione ci ha avvicinato alla collaborazione con vari autori contemporanei per ampliare e creare un nuovo repertorio, ma a quel punto abbiamo cercato anche di sviluppare nuovi progetti allargando il nostro duo ad altri strumenti. Per un po' abbiamo sperimentato andando avanti con varie formazioni, ma senza mai creare qualcosa di stabile. Nel 2001, invece, abbiamo partecipato ad un concerto di musica contemporanea con alcuni brani per flauto e chitarra insieme ad una prima esecuzione assoluta di un trio per flauto, clarinetto e chitarra. Ci è piaciuto talmente tanto suonare e lavorare insieme a Marcello che l'anno dopo è nato il "trio altrove 1.3". Trovo ancora oggi che questa formazione sia bellissima. Il flauto con la chitarra lo conoscono tutti, ma l'espressività e la grande varietà dinamica di un clarinetto si fonde benissimo con il timbro del nostro strumento.

Quale significato ha l'improvvisazione nella tua ricerca musicale? Si può tornare a parlare di improvvisazione in un repertorio così codificato come quello classico o bisogna per forza uscirne e rivolgersi ad altri repertori, jazz, contemporanea, etc?

Molto dipende dalla personale definizione del concetto di improvvisazione. L'alea controllata che vediamo anche in numerose composizioni chitarristiche famose come "El Cimarron" di Henze oppure "La Espiral Eterna" di Brouwer concede una certa flessibilità interpretativa, ma le opere rimangono ben strutturate e codificate. Non mi considero un improvvisatore neanche dopo aver eseguito molte volte pezzi come la "Serenata per un satellite" di Maderna, "Gli echi chiamano" di Andrea Nicoli o "Dialog über Wasser" di Vinko Globokar in cui c'è una sezione di improvvisazione libera di commento/imitazione/ornamentazione rispetto alla parte della chitarra elettrica . Rimango dell'idea che sono l'esecutore della composizione di un altro autore. La vera improvvisazione, secondo me, è totalmente "free", una composizione istantanea, alla Keith Jarrett. Non vale suonare alcune note in libertà su una base ritmica ed armonica prestabilita, ma la mia idea è forse un po' troppo rigida!

In che modo la tua metodologia musicale viene influenzata dalla comunità di persone (musicisti e non) con cui collabori? Modifichi il tuo approccio in relazione a quello che direttamente o indirettamente ricevi da loro? Se ascolti una diversa interpretazione di un brano da te già suonato e che vuoi eseguire tieni conto di questo ascolto o preferisci procedere in totale indipendenza?

Mi piace suonare il più possibile con altri strumentisti e ben vengano i loro suggerimenti. Sono queste idee oltre allo studio quotidiano che ci fanno crescere. Proprio noi chitarristi abbiamo tanto da imparare per quanto riguarda il fraseggio o i respiri. Poco fa ho eseguito la prima Suite per violoncello di Bach e non saprei più contare quante volte ho ascoltato Rostropovich, Maisky e Harnoncourt su Youtube per cercare di captare i segreti di interpretazioni straordinarie.

Quali sono i "materiali" musicali (melodia, timbro, suono, struttura ritmo, etc.) che principalmente scegli e che influiscono nella scelta dei brani da interpretare o nelle improvvisazioni?

Tutti i parametri vanno messi a fuoco nell'interpretazione della musica classica o contemporanea. Le esigenze stilistiche di alcune composizioni danno spesso un maggior risalto a una componente musicale, ma non bisogna mai trascurare gli altri fattori. Non mi sembra possibile interpretare musicalmente una bella melodia senza definire il timbro del suono ed il ritmo sottostante.

Una domanda un po' provocatoria sulla musica in generale, non solo quella contemporanea o d'avanguardia. Frank Zappa nella sua autobiografia scrisse: "Se John Cage per esempio dicesse "Ora metterò un microfono a contatto sulla gola, poi berrò succo di carota e questa sarà la mia composizione", ecco che i suoi gargarismi verrebbero qualificati come una SUA COMPOSIZIONE, perché ha applicato una cornice, dichiarandola come tale. "Prendere o lasciare, ora Voglio che questa sia musica." È davvero valida questa affermazione per definire un genere musicale, basta dire questa è musica classica, questa è contemporanea ed è fatta? Ha ancora senso parlare di "genere musicale"?

Frank Zappa ha perfettamente ragione, ma non mi sembra che ci sia un grande problema. Sappiamo tutti che certi pezzi di Cage sono più interessanti per i loro contenuti spirituali e/o filosofici. Il risultato sonoro è secondario. Come il Ready-made di Marcel Duchamp, la "Merda d'artista" di Piero Manzoni o le lattine di zuppa Campbell di Andy Warhol. Sono opere che fanno pensare, e non è poco.

La chitarra sembra essere lo strumento (anche logico-economico-filosofico) per contrastare le teorie della scuola di Francoforte e di Adorno. La sua incredibile capacità di diffusione è dovuta a diversi fattori non ultimo il fatto di poter essere realizzata sia in forma industriale che come prodotto di liuteria in tempi relativamente brevi sia con costi contenuti, sia il fatto di poter contare su tipologie classica, acustica e elettrica adatte a diverse culture musicali e sociali e potersi basare su un repertorio classico e popolare assolutamente trasversale. Tu hai seguito un percorso assolutamente personale all'interno della chitarra, come hai sviluppato questo percorso, come sta proseguendo e come si è orientato all'interno del

mondo della chitarra? **La chitarra, con la sua presenza di musicisti virtuosi e assolutamente personali a qualunque livello e genere musicale può rappresentare una valida alternativa alla ormai tragicomica distinzione tra cultura alta e cultura popolare e all'affermazione di Schoenberg "Se è arte non è per tutti, se è per tutti non è arte"?**

Che male c'è a distinguere fra cultura "alta" e "bassa"? Non ci vedo nulla di male a dare il giusto valore alle opere e ad affermare che alcune valgono più di altre. Solo così possiamo migliorare la situazione della chitarra all'interno del mondo musicale in generale. La quarta sinfonia di Brahms vale più di "Lagrima" di Tárrega. Può sembrare strano il confronto ma siamo in anni molto vicini. I concerti per pianoforte e orchestra di Beethoven valgono più dei concerti per chitarra di Giuliani ed il progetto per "La sagra della primavera" di Stravinsky è più ambizioso rispetto alle idee che stanno alla base delle "Canzoni catalane" di Llobet. Lo stesso Schoenberg darà un valore diverso al "Pierrot Lunaire" rispetto al suo arrangiamento di "Funicolì, Funicolà". Questo, ovviamente, non vuol dire disprezzare opere di valore o ambizione minori o disconoscere l'importanza di Tárrega, Giuliani e Llobet per la storia della chitarra, però la differenza rimane inconfutabile.

La trasversalità della chitarra con tutte le sue tipologie è bella ed interessante, ma bisogna evitare l'autocompiacimento per la bellezza del nostro strumento. L'obbiettivo deve essere l'integrazione nel mondo musicale generale evitando l'isolamento che ha caratterizzato la storia dello strumento in tante epoche. Certamente oggi viviamo nel momento migliore per realizzare questa idea.

Ho notato in questi ultimi anni un progressivo avvicinamento tra due aspetti della musica d'avanguardia, da un lato l'aspetto più accademico e dall'altro quello portato avanti da musicisti ben lontani dai canoni classici e provenienti da aree come il jazz, l'elettronica e il rock estremo come Fred Frith, John Zorn, la scena downtown newyorkese e alcune etichette di musiche elettroniche come la Sub Rosa e la Mille Plateux. Che ne pensi di queste possibili interazioni?

Le interazioni fanno sempre bene, servono ad allargare gli orizzonti … Però, ognuno di noi deciderà in maniera personale il grado di avvicinamento fra queste realtà. Mi ricordo di aver assistito molti anni fa a Düsseldorf ad un concerto dell'Ensemble di Glenn Branca che eseguiva alcune delle sue sinfonie, proprio quelle piene di chitarre elettriche e con un volume sonoro che supera quello dei motori accesi di un aereo. A dire la verità non mi è piaciuto per niente, mi sembrava sterile e noioso, ma è anche vero che mi ha colpito profondamente, fatto riflettere molto, tanto che mi ricordo ancora oggi benissimo tutta la serata.

A proposito di chitarra contemporanea, sembra ormai essersi creata una piccola scena musicale di chitarristi classici dediti a un repertorio innovativo e contemporaneo, siete in contatto tra di voi o operate ciascuno in modo indipendente? Ci sono altri chitarristi attivi in Germania che magari sono sconosciuti al pubblico italiano e che ci puoi consigliare?

Ognuno di noi lavora individualmente, ma tutte queste realtà messe insieme formano certamente una scena musicale, piccola, ma vitale ed interessante. Stiamo nella nicchia (la musica contemporanea) della nicchia (la chitarra); se ti impegni poi anche nella musica da camera diventa una situazione nuova ed originale! Un elenco di altre persone impegnate nel nostro campo, per fortuna, potrebbe diventare lunghissimo. Voglio elencare soltanto alcuni chitarristi attivi in Germania: Jürgen Ruck, Reinbert Evers, Seth Josel, Michael Schröder, Wilhelm Bruck, Theodor Ross, Aleph Gitarrenquartett … e l'elenco potrebbe essere ancora molto più lungo.

La tua carriera musicale va avanti ormai da diversi anni, come hai visto cambiare il mondo musicale attorno a te e per te? Che differenze noti tra gli allievi a cui insegni e hai insegnato? E' cambiato e come il tuo modo di fare musica? Le nuove tecnologie (nuovi strumenti musicali, midi, network sociali, forum) hanno influenzato le tue scelte e la tua forma musicale? Come?

Le nuove tecnologie hanno cambiato veramente tutto. Personalmente penso che sia del tutto positivo nel mondo della musica o della cultura in generale. Il flusso di informazioni permette un aggiornamento costante. Una situazione impensabile anche soltanto venti anni fa che favorisce in particolare i settori di nicchia e di scarsa visibilità come la musica contemporanea o quella da camera.
Un esempio: due anni fa ho ascoltato "Abandoned Time" per chitarra elettrica ed ensemble di Dai Fujikura su Youtube, un pezzo bellissimo che mi ha colpito molto. Ho fatto una ricerca e dal suo sito ho scaricato poi la partitura di "Sparks",

una breve composizione per chitarra sola e poco dopo l'ho eseguito in concerto. Il tutto senza perdere molto tempo o denaro.

E come vedi la crisi del mercato discografico, con il passaggio dal supporto digitale al download in mp3 e tutto questo nuovo scenario?

Quale crisi? Io non mi preoccupo di certo per le difficoltà finanziarie di alcune aziende multinazionali che hanno problemi con le loro quotazioni in borsa e non si interessano davvero per il lato artistico del prodotto che vendono. Il digitale ha aperto a tutti noi incredibili possibilità che erano impensabili soltanto dieci anni fa.

Hai suonato sia come solista sia con trio altrove 1.3 in due dischi Kappa e Hard Chambers della casa discografica Move Records, eseguendo brani di compositori australiani, come è nata questa collaborazione? Ci vuoi parlare della scena musicale contemporanea australiana, le sue peculiarità e differenze rispetto a quella europea e americana ... io sono rimasto piuttosto indietro ...

Questa collaborazione nasce dalla mia amicizia con Thomas Reiner. Lui è tedesco di nascita, ma vive dall'inizio degli anni ottanta in Australia. Oggi è il direttore del Dipartimento di Composizione della Monash University di Melbourne. Siamo sempre stati in contatto ed io ho eseguito molte delle sue composizioni per chitarra. Una delle quali è "Flexions" del 1995/96 per flauto e chitarra, scritto per il mio Duo con Luciano Tristaino. L'abbiamo inciso per una trasmissione della radio Abc e sucessivamente è stato incluso in "Hard Chambers", un cd monografico dedicato alle composizioni cameristiche di Thomas Reiner. Dopo la nascita del "trio altrove 1.3", lui si è subito interessato anche alla formazione flauto, clarinetto e chitarra. E' venuto nel 2003 in Italia ed abbiamo fatto un concerto dedicato alla musica australiana nel Monash Center di Prato e nel 2005 siamo finalmente riusciti ad organizzare la nostra tournée in Australia. Nell'occasione abbiamo suonato un concerto trasmesso dalla Abc, un confronto fra la musica contemporanea italiana e quella australiana. "Kappa" è stato inciso subito dopo il concerto e contiene proprio le composizioni australiane nate in quel momento (opere di Melanie Chilianis, Paul Moulatlet, Steve Adam e Thomas Reiner) più altre due composizioni aggiunte in seguito per completare il cd (di Philip Czaplowski e Brendan Colbert).

La scena musicale australiana è un melting-pot creato dall'incontro di tante culture diverse. Molti provengono dall'Europa, ma forse hanno più legami ed affinità con la cultura statunitense. I paesi dell'Asia poi sono i loro "vicini di casa". La loro peculiarità sta forse nella ricerca e nell'uso della musica elettronica ed elettroacustica, nella diffusione dell'improvvisazione, un fenomeno veramente impressionante, nel frequente utilizzo di elementi aleatori anche in composizioni strutturate. Non avendo una "Storia" alle spalle (a parte ovviamente quella degli aborigeni), c'è una creatività meno condizionata dal passato.

Nel 2000 e nel 2001 hai invece pubblicato con la casa discografica italiana ARS PUBLICA due dischi: il primo un doppio cd da te curato insieme a tuo fratello Siegmund intitolato Tuchfühlung 2 Körperkonturen e il secondo Vocelettronica, due progetti molto particolari ...

Particolari sì, ma proprio per questo molto stimolanti, di grande arricchimento personale. Come sempre quando sono coinvolte tante persone nella nascita di qualcosa di nuovo.
Tuchfühlung 2 Körperkonturen era un evento del 2000, progettato da Norbert Bauer con il Kunsthaus Langenberg. Sono stati invitati 250 artisti internazionali a confrontarsi con il contorno di un corpo umano esponendo i risultati nel centro storico di Velbert-Langenberg. Ci hanno permesso di formare un Ensemble per l'occasione (Tuchfühlungsensemble: Luciano Tristaino, flauti; Michelangelo Rinaldi, oboe, corno inglese, didgeridoo, percussioni; Siegmund Watty, pianoforte, Håkon Thelin, contrabbasso ed io alla chitarra) invitando alcuni compositori a far "cantare" l'acciaio del contorno della figura umana, ispirandosi al tema della mostra per nuove composizioni musicali. Questo era naturalmente un punto di partenza con molte implicazioni: qual'è il rapporto fra musica ed il corpo umano? Fra musica e le arti visive? Possibile che una statua in acciaio possa ispirare una composizione musicale? Quali idee specificamente musicali possono derivare da un oggetto fisico, ecc.? Il primo cd "Singender Stahl" presenta opere con idee ed approcci liberamente sviluppati da ogni compositore con l'unica limitazione data dall'organico strumentale (Ida Helene Heidel, Maurizio Pisati, Björn Sverre Kristensen, Joerg Todzy, Øyvind Torvund e Riccardo Vaglini). Il secondo cd, un'idea del compositore australiano Ross Hazeldine, riunisce le sei opere della suite "Resurrection". Un ciclo di composizioni indipendenti, della durata singola di ca. 5 minuti. L'unione

musicale deriva dall'interazione degli strumenti con un nastro che documenta la distruzione della statua a forza di martellate, nel vero senso della parola! Nessun autore (Volker Heyn, Ross Hazeldine, Andrée Greenwell, Paul Panhuysen, Rainer Linz e Sachiyo Tsurumi) aveva delle informazioni sul lavoro delle altre persone coinvolte nel progetto fino al termine della stesura di tutte le composizioni. I cd sono la documentazione "live" della prima esecuzione assoluta di tutte le composizioni.

"Gli echi chiamano" per chitarra e cd di Andrea Nicoli è stato scritto nel 1995 durante la guerra nella ex Jugoslavia. La parte elettronica è in larga parte una rielaborazione e trasformazione di voci che esprimono l'orrore per quella tragedia. La chitarra dispone di un certo numero di frammenti scritti che servono per un dialogo improvvisato molto intenso e profondo. E' una bella composizione elettroacustica, un genere ancora poco sviluppato per la chitarra classica.

Come sono nate invece le collaborazioni con Massimo Lauricella e Fabrizio De Rossi Re?

Avevo saputo da un lavoro di Piero Viti sul repertorio contemporaneo che Massimo Lauricella aveva composto un'opera per flauto e chitarra. Conoscevamo la sua musica e Luciano aveva già eseguito un suo pezzo per ensemble. L'abbiamo contattato per ottenere la partitura, ma lui non ce la voleva dare perché non era più contento del pezzo. L'aveva ritirato, ma comunque ci diceva che l'avrebbe riscritto quando fosse riuscito a trovare un po' di tempo. Alcuni mesi dopo ha cominciato a lavorarci ed è nato "E tu, in triste ombra", una composizione bellissima completamente nuova, senza alcun legame con il lavoro precedente, pubblicato poco dopo la prima esecuzione assoluta su un suo cd monografico uscito in Spagna presso la Uniò Musics.

"Venus' song" per flauto, clarinetto e chitarra di Fabrizio De Rossi Re è nato dalla possibilità offertaci dal Theater der Stadt Velbert di commissionare una composizione nuova ad un autore italiano. All'epoca non ci conoscevamo di persona ed abbiamo concordato tutto al telefono e via e-mail. Terminato il pezzo mi ha dichiarato che aveva trovato la base di partenza per la composizione nella canzone rinascimentale per soprano e liuto "Venus, Du und Dein Kind" di Matthias Waisel (1592) perché pensava tutto il tempo al fatto di dover scrivere un brano per un teatro tedesco, un pubblico tedesco, un chitarrista tedesco con i capelli biondi e gli occhi azzurri! L'ispirazione dei compositori è spesso una storia veramente buffa ed intrigante.

Nel 2013 è uscito invece il cd Venus' Song, New Music for Guitar 1, con musiche di Fabrizio De Rossi Re, René Mense, Thomas Böttger, Thomas Reiner, Andrea Nicoli... la tua collaborazione con la ARS PUBLICA di Riccardo Vaglini ed Andrea Nicoli continua ormai da diverso tempo.

Avevo da molto tempo il desiderio di pubblicare un mio cd dedicato alla musica contemporanea. Con brani che mi hanno accompagnato per anni e che ho suonato molte volte. Formazioni diverse (chitarra sola, flauto e chitarra, chitarra e pianoforte, chitarra ed elettronica, flauto, clarinetto e chitarra) assemblate però con l'idea di un concept album del tutto personale. Insomma, volevo assolutamente evitare la solita successione di brani solistici uno dopo l'altro, un ascolto che trovo spesso molto faticoso. Per un prodotto così atipico è veramente difficile trovare una casa discografica ma fortunatamente due miei amici, i compositori Riccardo Vaglini ed Andrea Nicoli hanno fondato nel 1998 la casa editrice ARS PUBLICA e mi hanno aiutato in tutti i modi per realizzare il progetto.
E la collaborazione prosegue: Andrea sta scrivendo una nuova composizione per voce, flauto e chitarra. Ho appena finito l'editing di due composizioni di Thomas Reiner ("Geister" per soprano, flauto, due chitarre e fisarmonica e "Half Moon Bay" per flauto, chitarra e pianoforte) che saranno pubblicate da ARS PUBLICA alla fine dell'anno su un cd monografico del compositore. E voglio registrare "Addio, Lolita mia" per flauto e chitarra di Riccardo perché il cd New Music for Guitar 2 è impensabile senza questo pezzo!

Che ne pensi di Julian Bream?

Il numero uno, il migliore! Ho avuto anche la fortuna di ascoltarlo per la prima volta a sedici anni ed era il mio primo concerto di chitarra. Lui fa tre note ed io rimango catturato. Potrei andare avanti all'infinito. Anche oggi ho guardato un suo video su Youtube e non riuscivo a staccami per l'energia che trasmette.

E in confronto a Segovia? Non vorrei scatenare una polemica o un confronto inutile ma ho sempre pensato che la forza di Segovia fosse nel suonare tutto come ... "Segovia", mentre di Bream ho sempre apprezzato la

sua capacità di adattarsi ai diversi spartiti e di essere stato un grande propulsore della contemporanea andando a suonare quelle cose atonali che a Segovia non piacevono poi così tanto ...

Anch'io, ovviamente, ho una maggiore affinità con Bream. Va detto però che anche lui suonava tutto a modo suo (e forse lo facciamo tutti!). Ma loro sono i due chitarristi più importanti del '900 ed hanno creato un repertorio fondamentale di alto valore per tutti noi. Io stesso eseguo spesso alcune composizioni di Castelnuovo-Tedesco e Ponce e non posso che ringraziare Segovia per quello che ha fatto. Può sembrare paradossale, ma gli stessi "Quatre Pièces Brèves" di Frank Martin non esisterebbero senza la sua figura carismatica.

I problemi del repertorio sono altri. Per fare due esempi: come mai i grandi compositori russi da Čajkovskij a Prokoviev e Šostakovič non hanno scritto per il nostro strumento. Ed i chitarristi russi che hanno fatto? O, forse ancora peggio, perché nessun chitarrista austriaco o tedesco ha chiesto a Schönberg e Webern di scrivere altre opere per o con chitarra. E loro erano davvero interessati visto che l'hanno utilizzata in composizioni molto importanti.

Fortunatamente molti chitarristi contemporanei seguono l'esempio di Segovia e Bream ed il repertorio importante per e con chitarra si arricchisce ogni anno. E questa mi sembra la strada da seguire.

Chiudiamo in bellezza parlando di Giacinto Scelsi?

Personalità unica, al di là dei sentieri comuni.

Tu hai suonato Ko-Tha... un pezzo quasi metafisico... potrebbe accompagnare la visione dei quadri di De Chirico... è così difficile suonarlo, ho notato che le sue interpretazioni variano moltissimo tra loro? Come mai di solito i chitarristi si "limitano" a suonare solo la prima parte?

E' molto bella la tua idea con i quadri di De Chirico. Bisognerebbe provarla!

La musica di Scelsi mette in discussione tutta la tradizione occidentale e riflette una spiritualità profondamente influenzata dalle filosofie e religioni orientali. "Ko-Tha" ci costringe ad inventare un approccio completamente nuovo allo strumento. Saltano tutte le "certezze" acquisite in anni di studio e la ricerca deve andare molto oltre la parte tecnico-strumentale.

237

Le opere di Scelsi nascono come improvvisazioni registrate su nastro e successiva trascrizione in partitura da parte di altri compositori o interpreti. Ascoltando i nastri di "Ko-Tha" presso la Fondazione Scelsi a Roma è possibile constatare che la partitura pubblicata differisce in molti punti sostanziali dalle improvvisazioni. Alcuni interpreti del pezzo eseguono fedelmente il testo scritto e pubblicato ma altri, e penso che sia un'idea del tutto legittima, lo interpretano con un approccio improvvisativo. Scelsi non ha mai pubblicato commenti relativi alle sue composizioni. Non sono riuscito nemmeno a capire cosa vuol dire "Ko-Tha". L'unica indicazione interpretativa sta nel sottotitolo "Tre Danze di Shiva". Penso che il primo movimento, in forma ternaria lento-veloce-lento, possa essere rappresentativo di tutta l'opera. Devo ammettere che non ho mai osato affrontare le altre due parti per la loro incredibile difficoltà esecutiva. Basta guardare le indicazioni metronomiche del secondo movimento che arrivano a 184!

E... Steve Reich?

Non sono un appassionato. Trovo la sua musica più interessante che affascinante, ma ultimamente mi ha molto colpito "2x5", bellissimo. Un pezzo quasi sinfonico in chiave rock. Mi piacerebbe molto eseguirlo.

Ma a quel punto dovrai imbracciare una chitarra elettrica ... sicuro di lasciare la classica?

I brani di Steve Reich sono probabilmente i più "classici" dell'intero repertorio per la chitarra elettrica. Non è richiesta alcuna conoscenza particolare per gli effetti idiomatici dello strumento. Non a caso "Electric Counterpoint" viene eseguito spesso anche con le chitarre classiche. Ed è buffo che la più bella e convincente interpretazione di "Nagoya Guitars" che io conosca non è realizzata da due chitarre classiche, ma quella con le chitarre elettriche di Kevin Gallagher. Trovo geniale l'uso di differenti sonorità per i vari motivi musicali. Un'idea di "orchestrazione" difficilmente realizzabile con la classica.
Suonare la chitarra elettrica non significa abbandonare la classica. Io mi sono innamorato da giovane della chitarra classica e ho sempre snobbato quella con le corde di metallo. Per questo motivo non ho un'istintiva confidenza con la chitarra elettrica quando la prendo in mano. Ma il problema maggiore non è tanto la pratica strumentale quanto la padronanza dell'impianto tecnico e degli effetti sonori. Io non mi interesso ad uno strumento che possiede solo un volume

maggiore: l'attrazione deriva da altri mondi sonori, diversi, nuovi ed affascinanti. E' questo il bello dei pezzi di Romitelli, Murail o Dufourt per citare alcuni dei brani più famosi per la chitarra elettrica. Ci vorrebbe un po' di tempo libero per immergersi in questo mondo...